陕西省教育厅哲学社会科学重点研究基地项目
"两周时期华夷关系研究"（项目编号:15JZ007）成果

周秦伦理文化研究丛书

两周时期华夷关系研究

冯盛国 著

中国社会科学出版社

图书在版编目(CIP)数据

两周时期华夷关系研究/冯盛国著. —北京:中国社会科学出版社,
2016.11

ISBN 978 - 7 - 5161 - 9415 - 7

Ⅰ.①两… Ⅱ.①冯… Ⅲ.①古代民族—民族历史—研究—中国—
周代 Ⅳ.①K289

中国版本图书馆 CIP 数据核字(2016)第 290691 号

出 版 人	赵剑英
责任编辑	孙铁楠
责任校对	林福国
责任印制	张雪娇

出　　版	中国社会科学出版社
社　　址	北京鼓楼西大街甲 158 号
邮　　编	100720
网　　址	http://www.csspw.cn
发 行 部	010 - 84083685
门 市 部	010 - 84029450
经　　销	新华书店及其他书店

印　　刷	北京明恒达印务有限公司
装　　订	廊坊市广阳区广增装订厂
版　　次	2016 年 11 月第 1 版
印　　次	2016 年 11 月第 1 次印刷

开　　本	710×1000 1/16
印　　张	16.75
插　　页	2
字　　数	280 千字
定　　价	78.00 元

目　录

序

王　晖

　　冯盛国博士的《两周时期华夷关系研究》即将出版，其书是在他的博士论文基础上修改而成的。其文写作过程中的甘苦，我也十分明了，盛国嘱我为其书写个序，作为指导老师，我欣然应允。

　　中国历史上习惯把西周、春秋和战国称之为"两周"，时间长达八百多年。八百多年的两周时代是华夏民族形成最为关键的时期，但这也是华夷关系最为复杂的时期，古今学术界所盛称的"华夷之辨"之主要问题也在这一时期。鄙人以为华夷关系的复杂性表现在两个方面。其一是秦汉之后的华夷之辨简单化，因为经过编户齐民之后已经高度行政区划型的郡县制之下，在编户齐民之内且经过政治教化就逐渐"华夏化"了。《白虎通·王者不臣》篇说："夷狄者，与中国绝域异俗，非中和气所生，非礼所能化，故不臣也。"《白虎通》此所言正是秦汉以来的夷狄情况，并非两周时期的夷狄。在二十五史中，夷狄也真是"与中国绝域异俗""内中国而外夷狄"；被称为"夷狄"的往往是处于华夏之外的外国、外族，所谓蛮夷戎狄的居住地在行政区划的地图上也往往一目了然，臣服的少数部族也是"羁縻州"之类，也绝对在华夏的"中国"之外。然而，两周时期的华夏诸国与四方的夷蛮戎狄则杂然而居、犬牙交错。而且先秦时人们聚族而居，居住在中原的华夏诸侯部族之中也常有戎狄蛮夷"插花"而居的情况。春秋后期东都洛邑之西伊阙之南便有"阴地之戎"（即"陆浑之戎"）；卫国都城之下便有"戎州"之戎，以至于卫庄公登城望见"戎州"之居，惊叹地说：

1

"我，姬姓也，何戎之有焉？"（《左传·哀公十七年》）这种华夏与戎狄杂居的状态为"华夷之辨"带来了辨识上的困难。

其二是两种时期的"华夷之辨"常常是既有"文明"的判定标准，也有"文化"的判定标准。"文明"标准的使用与判定是比较固定且比较容易。《礼记·王制》云："凡居民材，必因天地寒暖燥湿。广谷大川异制，民生其间者异俗，刚柔、轻重、迟速异齐，五味异和，衣服异宜。脩其教，不易其俗。齐其政，不易其宜。中国戎夷，五方之民，皆有性也，不可推移。东方曰夷，被发文身，有不火食者矣。南方曰蛮，雕题交趾，有不火食者矣。西方曰戎，披发衣皮，有不粒食者矣。北方曰狄，衣羽毛穴居，有不粒食者矣。中国、夷、蛮、戎、狄，皆有安居、和味、宜服、利用、备器。"这种东夷南蛮"有不火食者"，西戎北狄"有不粒食者"且有"衣皮""衣羽毛穴居"的现象，都是从文明层次而言的，这类"华夷之辨"则是容易辨析的。而从文化层次去辨析"华夷之辨"则是比较困难的，因为文化层次的"华夷之辨"常常是变动不定的。西周春秋是中国历史上宗法组织结构最健全、完善的社会，周初的封邦建国，也是以姬姓为主的。据《荀子》讲，周初分封七十一诸侯国，姬姓就有五十三国，占绝对多数。然而，《春秋》一书严夷夏之别，"内其国而外诸夏，内诸夏而外夷狄"（《公羊传·成公十五年》）。而在《春秋》及其三传中，就把姬姓的吴国摈弃于"诸夏"之外，视之于夷狄而耻与为伍。《春秋》记述有三次吴国与诸侯的会盟，其体例皆为"会吴于某地"。《春秋·成公十五年》记述鲁国、晋国、齐国、宋国、卫国、郑国、邾娄等国各派使臣"会吴于钟离"，《公羊传》云"曷为殊会吴？外吴也。曷为外也？《春秋》内其国而外诸夏，内诸夏而外夷狄"；《春秋·襄公十年》记述鲁公、宋公、卫侯、曹伯、莒子、滕子、薛伯、杞伯、小邾子、齐大子光"会吴于柤"，《穀梁传》云"会（吴），又会，外之也"。从这三次与吴国会盟的诸侯来看，吴与鲁、晋、卫、郑、曹等国是姬姓之国，其余齐、宋、莒、邾娄（小邾）、滕、薛、杞等国皆为异姓；这些异姓之国不仅是异姓，而且多是东方的三四流小国，和吴国根本不在一个等次上，但这些三四流的小国尚且被视之为"内""诸夏"，而与周王室同姓且春秋中期以来能抗衡于强楚的东方大国"吴国"，却被视之为"外""夷狄"，是不是很不公平？

所以"华夷之辨"的困难在于它的主要标准不在于血缘宗族的因素，也不在于文明强大与否的因素，而在于文化的因素，在于礼仪的因素；而且也不是一成不变的，而是一个不断变化的过程。

盛国博士这本书以西周金文与古文献资料相结合探讨夷夏关系的史实和互动问题，以民族学的问题和历史学的史实相结合分析"华夷之辨"与华夏民族的融合问题，并把两周时期华夷之争的史实放到先秦历史地理、气候环境变迁的大背景去分析、去认识，就赋予了"华夷之辨"这个古老话题以新的学术意义和价值。

盛国博士的论著我觉得还有两点值得一提。其一，此书明确提出了区分与辨别华夷的标准，认为这应是周代礼仪文化。愚以为这一点把握住了华夷之辨的要害之处。两周时期正是华夏文化圈不断发展壮大之际，华夏集团也像滚雪球一样越来越大，儒家率诸子百家之首不失时机地提出了"华夷之辨"的问题，"内诸夏而外夷狄"，在民族融合过程中，确立了五方之民以华夏文化集团为核心的地位。因此在探讨华夏民族形成、发展、壮大的历史过程中，两周时期无疑是非常重要的阶段。

其二，盛国的论著从历史长时段的角度考察华夷冲突的历史背景。西周到战国时期，无论是西周时期周王朝率领诸侯向南方发展，还是西周晚期到春秋乃至战国初期，西北方面的戎狄侵扰中原华夏诸国，其目的在于争夺资源。这种资源的争夺，在地理气候环境因素突变期则尤为激烈。盛国博士正是抓住了这一重要的历史现象，对两周时期华夷冲突的形成及产生的背景、原因给予了合理的解析，是值得肯定的。西周时期周王朝屡屡用兵于东南夷，表面上是要解决东南夷"不廷""不臣""不贡"的问题，实际上则是周王朝要通过战争牢牢地控制东南夷，打通"金道锡行"，以达到青铜器原料源源不断地供给周王朝这一目的。而西周晚期至战国时期西北戎狄多次侵扰中原诸国，其最重要的原因也是地理气候环境的恶化，直接导致农牧分界线的南移，戎狄部族为地理环境所迫，便南下猎获中原国家衣食田地资源，而导致了一系列战争。有关这些章节，盛国其书都有比较精彩的论述，值得读者一读。

2016 年 8 月 6 日

第一章 绪论

第一节 先秦华夷关系问题的研究现状

一 华夏族群形成时间问题的研究现状

先秦时期是华夏族初步酝酿形成的重要时期，时间上指从华夏族群形成雏形到秦朝统一全国这一历史时期。汉民族的形成曾经是一个非常重要的史学问题，为当时著名的"五朵金花"之一。华夏族作为汉民族的前身，其形成也经历了一个非常漫长的过程。在讨论华夏族群形成的问题上，往往会有一些用词不是很准确的情况，早期的学者都讲汉族，也讲华夏族，到了最后也讲中华民族和其他某一种民族，在上面不同的语境中所表达的概念都是不一样的，在这里我们只是从一般意义上介绍，在本章后面对此进行辨析。徐杰舜认为汉民族的形成不是一蹴而就的，经历了夏、商、周、楚、越等族从部落到民族的发展过程，然后又经历了蛮、夷、戎、狄融合成华夏民族的阶段，最后在汉代才形成汉族。① 徐先生的观点应该说具有一定代表性，即认为华夏族形成经历了较长时间。陈连开提出的汉民族形成三阶段论与徐杰舜的观点接近。陈先生认为，汉族的前身，以华夏为族称，在先秦经历了三个发展阶段，即起源阶段、民族雏形的形成阶段与华夏民族的形成阶段。华夏的起源，以黄河中下游两大集群的融合为核心，同时在吸收四方优秀成分的基

---

① 徐杰舜：《汉民族形成三部曲》，载袁少芬、徐杰舜主编《汉民族研究》（第一辑），广西民族出版社 1989 年版。

础上形成夏人、商人、周人三支，经过夏、商、周三代融合为一体，在西周形成华夏民族的雏形，经春秋战国的民族大迁徙与大融合，在战国实现了华夏的大认同，华夏已经形成稳定的民族共同体。华夏民族是大融合的结果，对四夷而言，又都有一部分分化出来融合于华夏之中。① 而覃东平先生则著文认为，汉族的历史可以追溯到传说中的三皇五帝时期，从炎黄部落进入中原，到融合东夷、九黎的一部分后逐渐壮大。夏商时期，在融合了周边诸多民族的基础上，周朝自称中国，或称华夏。② 以上观点都是当时一些代表性的观点，持有类似观点的学者还有朱绍侯、史继忠等人，其都认为汉族的形成是一个漫长的过程，华夏族是汉族的前身，并且在这当中融合了其他族群。

对于华夏族形成的时间，学者们存在较大分歧，大致说来，可以分为三种，即华夏族形成于周代说、华夏族形成于夏代说和华夏族形成于春秋战国时期说。第一种说法的代表人物为杨荆楚和史继忠。杨荆楚认为，黄帝部落的后裔建立了夏王朝，强大的夏部落形成夏族，前后经历夏、商、周三代十六个世纪的漫长历史进程，进入中原地区的戎、狄、蛮、夷部落逐渐与华夏部落融合，史称华夏。③ 史继忠也主张周代华夏说，认为华夏族的标志是周礼与华服。④ 第二种说法的代表人物田继周依据摩尔根和恩格斯的说法，认为民族是在原始社会末期随着部落"合并"和"融合"而成，正是由于"五帝"时期频繁的战争和兼并，贫富开始分化，阶级关系出现。同时，田继周还将夏族与夏朝相结合进行考虑，认为二者不仅有地缘的前提和同样的历史时期，以及夏朝的建立是夏族名称的来源，而且夏朝统治的领域和四百多年存在的事实，对夏族各种

---

① 陈连开：《论华夏／汉民族的形成》，《烟台大学学报》1991 年第 2 期。又见陈连开《中华民族研究初探》，知识出版社 1994 年版。

② 覃东平：《试论汉民族形成的过程、特点和条件》，《贵州族民族研究》1997 年第 2 期。

③ 杨荆楚：《汉民族成为世界第一大民族浅析》，载袁少芬、徐杰舜主编《汉民族研究》（第一辑），广西民族出版社 1989 年版。

④ 史继忠：《汉族的形成及其历史地位》，《贵州民族研究》1993 年第 2 期。

特点的发展和稳固具有制度意义。田继周用了较大篇幅论证夏朝、商朝和周朝的渊源关系，认为在文化上三代是一体的，虽然国名或朝代有差异，但是三者之间互相均为前代的诸侯国。周人之所以不称周族，就是在前代已经有了固定的称谓。① 除了田继周之外，周伟洲也同意华夏族作为一个"民族"形成于夏代的说法，他认为使用同样的语言和文字，过着同样的经济生活，并由此产生共同的文化和心理状态，最后形成狭义的民族。如果对照中国历史，事实上黄河中下游的氏族、部落和部落联盟，发展到国家阶段时，即夏朝诞生后，华夏族也就随之产生了。② 翁独健主编的《中国民族关系史纲要·序言》中，也认为华夏族是形成于夏代的。③ 徐杰舜先生主张华夏族形成于春秋战国时期。他在《汉民族形成三部曲》中说，春秋时期，由于民族的融合，形成了一个既非夏非商非周非楚非越，又非蛮非夷非戎非狄的次生民族——华夏族。同时，他又列举了华夏族群与周边族群在语言、风俗、族群观念等方面的差别来支持自己的观点。④ 第三种说法代表人物当属沈长云先生，沈先生在《华夏民族的起源与形成过程》认为，早期的夏商国家是建立在氏族组织而非地缘组织的基础之上，在西周的分封制之后，华夏族才由部落状态向民族共同体转化，这一过程最终完成在春秋战国之际。在该文中沈先生指出"华夏"名称在夏之后整整六百年间并未出现，因而将夏朝的建立视为华夏族的最后形成是有问题的。⑤ 沈先生引用马克思关于民族形成的理论，民族的形成与文明社会及国家的产生在时间上一致的，对于中国的情况而言，摆脱血缘关系按地区进行国民划分的这个阶段是在春秋战国之际完成的。

通过上面的介绍我们可以看出，各家对于华夏族的形成时间是

---

① 田继周：《夏族的形成及更名汉族》，《民族研究》1990 年第 4 期。
② 周伟洲：《周人、秦人、汉人和汉族》，《中国史研究》1995 年第 2 期。
③ 翁独健：《中国民族关系史纲要》，中国社会科学出版社 2001 年版，第 5 页。
④ 徐杰舜：《汉民族形成三部曲》，载袁少芬、徐杰舜主编《汉民族研究》（第一辑），广西民族出版社 1989 年版。
⑤ 沈长云：《华夏民族的起源与形成过程》，《中国社会科学》1993 年第 4 期。

有分歧的。民族应当是什么？对于民族的概念，学术界现在一般都接受斯大林的概念，即具有共同地域、共同经济生活、共同文化和共同心理素质的人们的共同体。固然这样一种描述性的概念可以为我们的研究提供一个思路，其实这个概念是一个政治的产物，其目的就是要把犹太人划到这个概念之外，使其不能成为一个民族。这个概念的前提是"民族不是普通的历史范畴，而是一定的时代即资本主义上升时期的历史范畴"①。显然，中国上古时期的情况并没有资本主义和近代化的背景，用这个概念来描述三代的关系明显是有问题的。所以笔者在行文之中，只在中华民族的意义上使用"民族"的字眼，具体的概念辨析将在本章后面涉及。华夏是一个族群，按照目前研究的现状来看，族群主要强调族群内部的共同特征以及排他性与归属性的特征，国内学者在这个问题上更强调族群成员在内部特征一致性基础上的排他性与归属性，而且更重视内部特征的相同性。这样看来，中国早期的族群出现应该是一个逐渐形成的过程，其中共同性就是早期的礼制萌芽、宗教性建筑的建造、文字的出现、青铜工具的运用和基本的归属与认同。就地理界线上而言，就是中原地区出现了族群汇聚的情况，形成一种合力。在考古文化上就是二里头文化时期，文明因素的出现，也伴随着华夏族群的酝酿期，核心的问题是这种文明因素的积累一直没有中断，上古三代一直在累积。这个可以被称为早期文明的凝结因子，正是这种萌芽，经过不断成长，到战国时期称为典型的华夏族群。任何一个族群的形成都要经历一个漫长的过程，华夏族群的逻辑起点就应该从夏朝开始，因为这个时期具备了夏的内部认同的基础，同时也形成自己的特征，也有了其他部族对于核心族群的认可。也就是说，在政治地理的意义上形成一个核心部族和核心地区，地理意义上中原和四周，文化意义上的"中心—边缘"开始出现。按照有关学者的研究成果，只有核心部族的领土达到一定规模，并且跨越不同的

---

① 《斯大林全集》第 2 卷，人民出版社 1953 年版，第 300 页。

经济区，才能形成核心国家，夏朝基本上具备了这个条件。① 在文化上表现为认同礼仪文化的部族和不认同礼仪文化的部族相互对立。具备了这些条件，就具备了族群凝聚的可能性和现实性。华夏族群与周边非华夏族群的差别也就出现了，"华夷之辨"也因此出现，因此这里也就成为我们研究的起点。

二 华夷关系和族群冲突问题研究现状

在华夷关系与思想的研究方面，早期傅斯年先生的论著《夷夏东西说》可以说是当时特定历史条件下的产物，对于历史上的夷夏研究有开启性的作用。傅先生指出，三代的争夺主要是围绕东西方来展开的，并认为夷与殷属于东系，夏与周则属于西系，三代的变迁就是东西之间的竞争。② 之后，徐旭生在《中国古史的传说时代》中又提出三集团说。炎黄集团以炎帝、黄帝为代表，处于西方陕西、甘肃黄土高原地区，后来顺着黄河东进，进入华北平原一带，即后来华夏族的主体；风偃集团，即太皞（风姓）、少皞（嬴姓，嬴同偃）之后裔，散布于淮、泗、河、洛之东方平原，即后来东夷诸族；苗蛮集团，即南方民族，主要在江西、湖南一带。③ 这种分析方法在一定意义上可以给我们提供一些思路，指出华夏集团在早期也只是诸多族群当中的一个，比起傅斯年先生的分析向前推进了一步。在早期历史研究当中，蒙文通在《古史甄微》中也主张三集团说。④ 如果从现在考古学的文化分类方法来讲，这样的分析仍然显得粗糙。在文化区系的分类方面，著名考古学家苏秉琦先生提出六个区系的理论，除了中原地区的文化之外，在辽河、海河、黄河

---

① ［日］黄川田修：《华夏系统国家群的诞生》，《三代考古》2009 年第 3 辑。
② 傅斯年：《夷夏东西说》，时代文艺出版社 2009 年版，第 223—261 页。
③ 徐旭生：《中国古史的传说时代》，广西师范大学出版社 2003 年版，第 45—76 页。
④ 蒙文通：《古史甄微》，巴蜀书社 1999 年版。

与长江流域均有其他文化存在。①

　　对于早期的族群研究，前辈学者做了许多工作。典型的有田继周先生的《先秦民族史》，在该书中作者按照时间顺序对三代的民族关系进行了研究，并按照东西南北族群的关系进行了断代史式的研究，为该研究奠定了一定基础。但是，由于当时条件所限，并未就华夏族群与周边族群的问题进行深入分析。② 早期的民族史研究中涉及先秦部分的也较多，王桐龄③、林惠祥④、吕思勉⑤、宋文炳⑥、吕振羽⑦、王钟翰⑧都做过中国民族史的研究，有过卓越的贡献，也为我们进一步研究提供了宝贵的思路。不过本书的着眼点并非先秦时期的民族史研究，而是要分析华夏族群与周边族群的关系问题，这里面既有冲突和对抗，也有融合与统一。还有就是在先秦这一历史时段，华夏族群，或者以早期国家的形式与周边族群发生的历史真实状态以及在此基础上产生的华夷区分的思想，前后有哪些变化。在分析古人华夷思想的基础上，本书指出了其产生的背景和原因，进而分析了中国地理气候因素对族群关系的影响，以及这些综合效应对历史进程和知识思想的影响。本书认为这当中包括三种运动历程，即族群关系的演进历程、华夷思想的演变历程和气候地理诸多因素造成独特的华夷进程，三种进程在华夷问题研究中相互交织、密不可分。

　　对于族群关系和认同的理论研究，海内外学者均做了许多工作。自20世纪60年代以来，在西方研究民族的英文文献中出现最多的是ethnic group。ethnic的基本含义是指在语言、文化、历史、

----

① 苏秉琦：《关于重建中国史前史的思考》，《考古》1991年第12期。后收入苏秉琦《华人·龙的传人·中国人——考古寻根记》，辽宁大学出版社1994年版，第114—123页。

② 田继周：《先秦民族史》，四川民族出版社1998年版。

③ 王桐龄：《中国民族史》，北平文化学社1934年版。

④ 林惠祥：《中国民族史》，商务印书馆1998年版。

⑤ 吕思勉：《中国民族史》，东方出版社1996年版。

⑥ 宋文炳：《中国民族史》，中华书局1935年版。

⑦ 吕振羽：《中国民族史》，生活·读书·新知三联书店1950年版。

⑧ 王钟翰：《中国民族史》，武汉大学出版社2012年版。

血统、族源上有共性的全体或者次群体的，或与这样的群体有关的。西方的民族概念近年被广泛应用，但是往往会有民族国家的含义，中国古代史上符合斯大林的四个共同特征也可以被称为民族，因此汉代以后我国主体民族被称为汉民族，其他共同体被称为少数民族。族群是英文 ethnic group 一词的汉语译法。最初的意思是"非基督教的""非犹太教的"或"异教的"，到20世纪30年代，这一词语才被认定为研究人类文化差别所使用的概念。20世纪70年代以前，"族群"一词是主流人群指称"他者"的婉转用语，被当作一个存在于较大社会中具有不同起源、历史记忆和文化特征的亚群体，或"少数民族"。在国外的定义中，以马克斯·韦伯为代表，他把族群定义为："某种群体由于体质类型、文化的相似，或者由于迁移中的共同记忆，面对他们共同的世系抱有一种主观的信念，这种信念对于非亲属社区关系的延续相当重要，这个群体就被称为族群。"① 挪威人类学家弗雷德里克·巴斯（Fredrik Barth）在著名的《族群与边界》一书中注意到，族群不但有客观性特征，而且还有归属性和排他性。他认为造成族群最主要的是边界，而不是语言、文化、血缘的内涵，族群的边界不一定是地理的边界，主要是社会边界。② 所以，国外对于族群概念的界定经历了三个层次，即由强调族群内部的共同特征到强调排他性与归属性再考虑二者特征的结合。我国学者在这个定义上是强调族群成员在内部特征一致性基础上的归属性与排他性，而且更重视内部特征的相同性。尽管在表述上存在差异，但是大家基本都认同：拥有共同的起源、文化、语言、种族而被其他人或自己人认为是构成独特的群体的一群人。本书基本接受王明珂的观点，认为族群可以指称一个族群体系中所有层次的族群单位。如果我们把中华民族共同体称为民族，即大融合后的共同体中华民族，那么对于历史上一个阶段的华夏就应

---

① Marx Weber, *The Ethnic Group*, *In Parsons and Shills Etal* (eds.), Theories of Society, Vol. 1, Gleerol Illinois, The Free Press, 1961, p. 306.

② Fredrik Barth, *Ethnic Groups and Boundaries*, *The Social Organization of Culture Difference*, Brown and Company Boston, Massachusetts, 1969.

该称为族群，对于历史上其他的部族群落也可以称为族群。这样既能展示我们在研究中的平等意识，又充分考虑到族群的两个基本方面，一为共同的渊源，包括世系、血统、历史记忆、祖先神话等；一为文化，语言、宗教、习俗、生产方式等。

台湾学者由于与海外联系密切，他们在吸收海外的成果方面往往比大陆学者先行一步。安德森的名著《想象的共同体——民族主义的起源与散布》①提出虚拟构建共同祖先的思维方式，对王明珂先生的研究应该启发很大。王先生在一些研究当中指出，族群有"冒荫"现象，即虚拟自己的祖先以达到凝聚族群心理的作用。在《华夏边缘：历史记忆与族群认同》一书中，王先生多次谈到某些族群会虚构自己的祖先并和伟大英雄拉上关系，达到凝聚自己族群的目的，同时也将自己与他者区分开来，在周边族群华夏化的进程中会不断地形成这种文化现象。②这种研究方式可以解释困扰多年的周人族源问题，部分戎狄的困扰问题也可以得以解释。

北京大学马戎教授的研究成果主要集中在当代民族社会学的研究，其继承了费孝通的若干思想，中华民族的多元一体格局，中华民族的发展沿着民族主义和文化主义两条线索前进，形成独特的民族文化精神。③笔者认为这里的文化就是滥觞于先秦的礼仪文化。

三 华夷观念问题研究现状

以上这些研究在帮助我们理解族群概念和族群认同方面有一定价值。历史学的研究也为本书提供了必不可少的资料。有学者通过排比《左传》《国语》和铭文资料，指出华夷思想的前后变化，力图恢复历史真实。台湾学者张其贤在《春秋时期族群概念新探》一

---

① ［美］本尼迪克特·安德森：《想象的共同体——民族主义的起源与散布》，吴叡人译，上海人民出版社2011年版。
② 王明珂：《华夏边缘：历史记忆与族群认同》，台湾允辰文化事业有限公司1997年版。
③ 马戎：《民族社会学——社会学的族群关系研究》，北京大学出版社2004年版，第141页。

文中，对相关问题进行了探讨。张先生认为"诸夏"并不是一个族群概念，而是一个政治集团概念，这种政治集团的成员虽然带有族群色彩，但是这种观念并未发展成为族群意识。春秋时期的"蛮""夷"称呼，其主要含义不是"文化落后之人"，而是"外人"，因此在"诸夏"之人的认知中，他们和"蛮""夷"的主要区别，不是先进与落后的区别，而是一种内外之别。文化先进与落后虽然存在，但是不像内外之别那样被经常提及。① 作者在这里已经注意到西周和春秋时期对于若干概念的认识是不一样的。但是，毕竟思想史的问题是相当复杂的，具有这样的思想，并不一定就不具备那样的思想。西周确实是政治联合体，主要和政治意识联系在一起，族群意识的出现是一个争议较大的问题，有待进一步研究。春秋时期应该分几个阶段来看待，早期华夏族群面对少数族群的侵袭时，压力巨大，《公羊传·僖公四年》载："南夷与北狄交，中国不绝若线"，华夏族群团结一致对外，以求自保。

李峰先生在《西周的灭亡——中国早期国家的地理和政治危机》中也对这个问题进行了阐述，他认为在西周时期，戎的概念意味着尚武的外族，而夷则意味着可征服的外族，这种差别可能是政治因素多于文化和种族的因素。铭文资料证明，异族确实被征服而成为向周王朝纳贡的臣属部族。西北的戎狄有相关记载的很少，很可能是战国之际人们构造出来的，并非信史。在金文中，如果称一个族群为"戎"，周人更多的是将其视为政治或者军事上的对手，而不是文化或者种族上的"他者"。至于夷，在金文中的书写与"人"相似而又有区别，该字的金文外形就是一个跪着的人，这清晰地揭示了"夷"被当作奴隶或者仆人的来源。周人的华夏是对夏王朝文化的追随和对共同文化与种族起源的追寻，"华"这个字可能出自华山，它坐落在连接渭河谷地政治中心与洛京的中轴线上。"戎"用来称谓文化、种族和道德上与华夏不同的人群，在华夏族群内部无论有多么敌对，无论如何是不能用戎来称谓的。相反，戎

---

① 张其贤：《春秋时期族群概念新探》，《政治科学论丛》2009 年第 39 期。

狄与某个华夏国家关系多么亲密，两者之间的差别确实是根本的。①

　　李克建《儒家民族观的形成与发展》②虽然着眼于整个中国历史阶段，但是对两周时期的情况论述的也相当充分，一些重要的问题都有所涉及，并且认为周礼的形成是华夏族形成的标志，有一定的合理性因素。周礼确实在华夏族形成过程中起了重要作用，但是一个民族的形成需要诸多条件来配合，并且华夏族的形成时间目前也是一个有争议的问题。该文作者在其博士学位论文中主要是进行思想史的探索，对于"夷夏之辨""华夷一体"的思想都有所谈及，"尊王攘夷"和"五服制"都贯穿在礼制的大旗下进行分析，并且认定在早期文化当中存在着如族群中心主义的因素，将四周蛮夷认定为低等落后的民族，将定居农业认定为先进的生产方式，从而将畜牧或者游牧经济认定为落后的生产形态。根据最新的研究成果，游牧经济所包含的丰富技术和独特的生产方式，在文明层次上并不见得一定落后于农业文明，不过是人类为了适应大自然不同的气候地理条件而采取的最为有效的获取物质资料的手段。在这一方面，海外学者进行了深入的研究，拉铁摩尔在《中国的边疆》一书中也对该问题进行了研究，与该研究相关的论文有辛迪的博士学位论文《两周戎狄考》③。该文深入探讨了两周时期的戎狄，其中涉及了殷商时期方国与戎狄的关系，指出商代虽然包含中商与四土的观念，但是还没有华夏族群与戎狄的概念，即使出现戎狄的说法，也多是后人以春秋时期观念所推演产生的。对于不同时代戎狄的内涵并不一样，西周主要是指外人的意思，到了春秋时期才开始出现文明与野蛮的区分。蛮夷戎狄作为族群的称谓并非是这些族群对自己的称呼，往往是华夏族群对他们的"他称"，直到春秋早期戎狄诸部还没有形成族群意识，春秋战国之际才开始有族群意识的

---

① ［美］李峰：《西周的灭亡——中国早期国家的地理和政治危机》，徐峰译，上海古籍出版社2007年版。

② 李克建：《儒家民族观的形成与发展》，博士学位论文，西南民族大学，2008年。

③ 辛迪：《两周戎狄考》，博士学位论文，北京大学，2005年。

出现。

在先秦民族关系的研究方面，海外一些学者多有启示性的论著。例如，高津纯也在《先秦时期的"诸夏"与"夷狄"》中把华夷思想的出现定位在战国中期，虽然可以给人以启迪，但是却忽略了一个思想的产生需要一个漫长的历史时期。① 香港浸会大学陈致教授《夷夏新辨》的观点比较中肯，指出华夏族群的出现可能在夏代就已开始，并在西周时期才出现华夷有别的观点。② 但是本书是要展示总体的演变规律，所以把先秦研究的起点仍然定在二里头时期的夏朝。陈致在研究华夷问题上是有创意的，正确区分了西周春秋华夷观的不同，指出西周时期的华夷主要有地理的区别，还包含政治联盟体的区分。到了春秋时期，由于西周王朝的衰亡，缺少一个强有力的政权来抵御少数族群，戎狄大量进入中原地区，形成了华夷共处的局面。这时主要依靠文化来作为区分华夷。陈致认为华夷有四个标准，即以地理分、以民族分、以政治分和以文化礼俗分。以地理分就是指中原与四周，早期有关中国的论述也源自地域上有优越性；以民族分就是指华夏族群与四夷的问题，这里面问题比较复杂，陈致主要指以血缘来区分民族；以政治分是指尊奉周天子；以礼俗文化分就是以礼俗法度为主要依据，在春秋时期是区分华夷的主要标准。这四条基本上概括出了两周时期华夷区分的标准，但是华夷区分没有完全展开，对于不同时间段的区分标准并未说明，也没有指出文明的差异。这篇文章对这个问题的研究是相当重要的一篇。

沈长云先生 1994 年发表在《河北师院学报》上的《由史密簋铭文论及西周时期的华夷之辨》一文中，通过对由该器引起的战争中国家的分析，指出夏是有亲属关系的政治联盟，而联盟的中心以姬姓和姜姓为核心，加入这个政治联盟便是夏，否则就是夷。这篇

① ［日］高津纯也：《先秦时期的"诸夏"与"夷狄"》，《日本秦汉史学会会报》1999 年第 1 号。

② 陈致：《夷夏新辨》，《中国史研究》2004 年第 1 期。

文章发表较早，分析视角有一定的启发意义。① 就是在西周时期，华夷并没有春秋时在文化上的高下对比，也没有文明与野蛮的差异。在区分华夷上就是政治上的遵从与反抗，由于周人的国家体制就是血缘联合，可以认为区分华夷的标准就是在政治上对周政权的态度，也就是政治上服从还是反叛。沈先生的问题非常有价值，使得我们在分析华夷问题时在不同的时代用不同的标准，华夷观念本身是一个变化的过程。业师王晖先生在其著作《商周文化比较研究》中对不同方国和族群的文化保留与继承问题进行了详细梳理，在该书前言的第一部分，王晖先生以晋国所处方位为例子，指出虞、夏、晋几代都以参星为分野，在秦代统一之前，一般来说各个方国与族群都在文化传统上保持了自己的独立性，使得不同的文化能够独立生存，这是先秦社会的特征之一。②

王晖先生 2003 年在《民族研究》上发表了《西周蛮夷"要服"新证》一文，对西周王朝对待东南蛮夷和西北戎狄的策略进行分析，从金文资料来看，东南诸族确实承担着一定的贡赋，包括金（铜）锡、丝织品、禾谷粮食、包茅等。所以说东南诸族被纳入了贡赋体系，与周族诸侯基本一样。而西北的戎狄却不是这样的，在西北，周人基本一直运用防御策略，也没有缴纳贡赋的记载。该文进一步分析了造成这状况的原因，东南地区物产丰富、农业产量高，西北地区物产贫乏并且凶猛好战等几个因素在起作用。③

林沄先生关于北方民族的研究可谓令人耳目一新，在分析早期进攻周人的戎狄时，林先生认为其可能是来自西方的民族，而且是长途奔袭而来，要不然就不会出现像师同鼎中有俘获大量战车的情况，这种说法可备一说。④ 林先生揭示了北方草原文化带的形成，结合国外的相关研究，我们可以认定，游牧经济并非独立出现的，

① 沈长云：《由史密簋铭文论及西周时期的华夷之辨》，《河北师院学报》1994 年第 3 期。

② 王晖：《商周文化比较研究》，人民出版社 2000 年版。

③ 王晖：《西周蛮夷"要服"新证》，《民族研究》2003 年第 1 期。

④ 林沄：《林沄学术文集》（二），科学出版社 2008 年版。

而是在农业经济和畜牧经济的基础上产生的一种经济形态。在西周到战国之际，中国北方一直处在这种游牧经济形成的过程之中，这个过程深刻地影响了北方的族群关系，西周的戎狄与这些族群关系密切。由于游牧经济自身的特点，其必须依靠农业经济才能存活下去。这就使得在两周时期，来自西北方向的族群问题和东南方向的族群问题不一样，无论从统治策略，还是武装斗争以及服从的方式，都大相径庭，这在研究中应该引起我们足够重视。林先生的学生杨建华在《春秋战国时期中国北方文化带的形成》① 一书中，从考古学的角度对北方文化进行梳理，认为北方文化带的形成大致经历了三个时间段，大概在战国晚期基本完全形成，其是由于地理气候的复杂作用在欧亚草原文明和中原农耕文明互动的过程中形成的。该书作者在分析时将中国北方按照由东向西的顺序分为三个区，在时间上和空间上分析更加完备。在这方面，台湾学者也做了深入的研究，其中杜正胜先生的长篇论文《欧亚草原动物文饰与中国古代北方民族之考察》具有代表性。该文整理了从殷商到西汉初期，环绕着燕山南北以及长城内外地带出土的北方民族文物，以文饰为中心，按照时间划分为殷商—西周、春秋—战国早期、战国中期—汉初三大段落。该文结合考古实物和史料，认为从戎狄到匈奴不同族群不同文化的演变，北方始终处在一个变动的状态，中原与北方之间相互影响。该文在论述中着重指出中原的北方国家三晋、秦和燕都有"夷狄化"的倾向。② 对于西周的军事防御方面研究当推周书灿先生《中国早期四土经营与民族整合》③ 一书。该书作者运用金文与文献相结合的方式针对周人对边疆的征服和控制做了有益的探讨，分方位对西北和淮夷的战争进行了论述，并对于周代文化向不同地区的辐射做了探索。该文切入的角度主要是统治方式与策略，还有中央与地方关系等方面。

---

① 杨建华：《春秋战国时期中国北方文化带的形成》，文物出版社 2005 年版。

② 杜正胜：《欧亚草原动物文饰与中国古代北方民族之考察》，《"中央研究院"历史语言研究所集刊》1993 年第 64 本。

③ 周书灿：《中国早期四土经营与民族整合》，合肥工业大学出版社 2011 年版。

第二节　本研究的价值和创新

第一，注重华夷关系问题的动态化考察。

华夏族群与周边族群的关系是在斗争中有融合，我们在分析这些关系时要努力指出其中变化的过程，并且尽量要细化。夏王朝与东夷之间有密切的关系。通过甲骨文可以看到，商代的方国与商王之间存在着臣服的关系。分析西周和春秋华夏族群与四夷区分标准的差异，西周的华夷分别在于从政治区别到文化区分的转化，西周时期的华夷问题与春秋战国面临的都不一样，西周时期在更多意义上是国家政治的区分，也就是内外统治上的区别，对于戎狄异族的战争和交往都是以维护西周统治安全作为出发点的。春秋时期，华夏面临较大的压力，尤其是春秋早期，保卫华夏文化成为当时霸主政治的自觉。所以西周的华夷问题与春秋不一样，而春秋的华夷问题与战国的又不一样。春秋前后随着矛盾的演变，华夏族群对待蛮夷的态度也发生转变。儒家是一个理想化的学派，面对"礼坏乐崩"的历史事实，儒家提出一系列方案，而对于华夷问题，也是这样。有时就仅仅是思想，"应该这样"和"是这样"是不同的，对于"五服"他们就进行了整齐划一的设想，这就是典型的"应该这样"的问题。对于先秦古籍当中战国时成书的著作，学者们研究时往往会说，"虽然该书成书于战国，但是应该反映了西周春秋时期的状况"之类，这种模糊的说法导致先秦史研究缺少准确性，往往会丧失公允，难以说服人。

第二，在华夷关系的研究中，严格区分"事实"和"思想"。

准确分析古人的思想及其产生的背景和土壤。在对待夷族的问题上，西周时夷大多是对手的意思，到了春秋，出现了夏尊夷蛮的思想，这意味华夏乃文明之所，而夷狄则为野蛮落后的族群，并且提出用夏变夷的主张。其实就儒家而言，孔子对于蛮夷是宽容的，主张以德感化，认为可以平等相处，到了孟子那里对于夷狄就非常严苛。荀子的时代，主张采取更加严厉的手段对付夷狄，可以看出儒家思想前后变化很大，而相关研究者并未指出来。

第三，在华夷关系研究中充分重视中国特殊的地理气候因素。

在中国特殊地理环境下，西北地区的族群与东南族群不一样，而在以往的研究中这方面并未凸显出来。从西北方面来讲，华夏处于守势，以防御为主，而对于东南则采取攻势，以征服为主。同时，东南诸族在西周时被征服，向周王纳贡，纳入西周的管理范围。西北诸族虽然有史料表明其有朝贡的行为，但是笔者认为那是战国思想家们虚拟的理想状态，并且为孤证。实际的情形是在西北方面周人一直处于疲于应付的状态，最后戎人的进攻也是西周亡国的原因之一。在中国文明时期，要特别重视东亚大陆的地理特征及其变迁的因素，由于东亚大陆是一个相对封闭的大陆形态，所以对华夏族群的融合与扩大是一个重要的因素，也就是为文明发展奠定了一个地理上的疆域。而气候的变迁则是族群移动的重要诱因，气候干冷化的趋势使得生活在固定地域的族群会产生生产方式的变化，同时会导致部分族群的移动，这一点可以帮助解释早期周人的迁徙路线问题。春秋时期就是一个气候干冷化的过程，导致周边族群内迁，加速了融合的进程。

气候的问题也涉及在东亚地区降水量由东向西递减的问题，即经度的地带性问题，这导致游牧经济形态本身也出现不同的差异，所以导致400毫米等降水线呈东北—西南走向，在不同的历史时期会有移动，目前仍有继续研究的空间。关于气候变化的问题应该进行细化研究，不但要分析气候变化的趋势，还要分析气候变化的节奏，因为缓慢比快速的气候变化对人群活动更能产生重大影响。西方史学中的长时段理论可以与此相关的研究结合起来。

第四，分析族群冲突背后的资源争夺和经济因素。

在分析族群关系时，要特别重视社会经济的因素，战争背后的推动力量。西周时期对于战略性物质的争夺，比如铜矿石的争夺，只有控制了这种战略物资，周王朝的统治才能继续。所以在相关铭文当中有许多"俘金""献金"的记载，都从一个方面说明当时西周和东南诸族的战争与铜有着密切关系。除了铜之外，还有一些特殊产品也具有地域垄断性，比如食盐、玉石，也可能成为争夺的对象。资源丰富的东南方自然成为西周经营的重点。要从事件的表面措辞中发现事件背后的真相，发现中国先秦史上在许多文化现象掩盖下的秘密。

第五，在华夷之辨的研究中，注重历史遗产的总结。

即对当前民族的理解与分析，在东亚秩序的确定过程中，古代的五服制度有哪些我们当前可资借鉴的成果，台湾部分学者的研究成果表明，在春秋时期戎狄的概念在很大程度表示内外之别，很少涉及先进与落后的思想，这种观念很可能是战国时期的思想家强加上去的。这里面就有五服制度中包含的东亚特有的处理国与国关系的方法与原则，这种层级的控制与影响，以及主张文化教化、以德服人等思想可以成为西方国家遵从的制度，也可以成为在处理国与国关系陷入困境之后的一种选择。同时要看到以德服人的观点在孤立的理解时会发生的问题，历史上的事件告诉我们，如果缺少了武力支持的纯道德说教，可能会出大问题，必须深刻认知这种道德说教背后的意义。现代国际关系的理论是脱胎于欧洲早期的国家关系理论，在中华民族日益强大的今天，我们对于当今国际关系理论应该有更大的贡献，其中互相尊重，不将自己的意志强加给对方的处理方式可能会对未来国际关系理论产生建设性的智力支持。

第三节　本研究的理论和方法

一　主要的研究理论

（一）超越族群界限的全球视野和眼光

许倬云①、葛兆光②等学者所提倡的，以族群的交涉和竞争为

---

① 许倬云：《寻索中国历史发展的轨迹》，载许倬云《江渚候潮汐》（一），三民书局2004年版，第159—160页。

② 葛兆光：《"宅兹中国"——重建有关中国的历史叙述》，中华书局2011年版，第277—285页。

着眼点，用宏观和合理的视角，不但要从中国看周边，也要从周边看中国，多角度地思考问题。众所周知，由于华夏族群的历史中更多的是以自身作为叙事主体，在人称和价值观上更多地将自己的价值取向强加到周边族群的身上。中原地区在文明程度上一段时间领先于周边族群，造成了自身的优越感，便将自身的文化与价值作为判断的标准，将本来属于文化的差别也当成文明的标准。披发左衽在本质上只是习俗的差异，与文明的高低关系不大。在生活习惯方面，肉食衣裘、随水草迁居也为华夏所歧视。往往用周代礼仪的标准去要求北方游牧民族，婚姻形式方面的妻后母也被看作落后的象征。族群中心主义是问题的本质，在世界范围内以本族群为中心的现象屡见不鲜，但是像中国早期这样发展为一种思想的也许并不多见。实际上，由于我们的历史叙事系统是以华夏族群的历史系统来进行的，早期的文明记载对于这个问题，也自然形成了自身的不足。因此对该问题进行深入的分析，需多从外部的视角加强认识，结合考古资料，以还原早期的文明现状。在本书的研究中，尽量用全球化的视野展开叙述，不但要有中国的视角，而且要有世界的视角。

（二）在研究中运用长时段理论

分析一个较长时期的华夏族群与其他族群的关系，力求解释其中内在的本质规律。长期来看，由于地理气候的原因，西北族群从西周开始一直对中原王朝有威胁，直到春秋时期，一部分族群内迁，到战国时期形成南北对立的文化区，即北方文化带的最终形成。这其中有着气候变化和经济交流的因素。对于南方族群，征服和融合显然是主体，在较长的时间段上来看，这些问题就会更加清晰。北方草原文明与中原农业文明的冲突是全方位的，从生产方式、生活方式、价值观等许多方面一直存在差异。正是这种文明形态的差异导致中国历史上早期研究中存在一定共性因素，这是一些长期的因素，即气候变化、地理位置的差异和亚洲大陆固定的海陆关系等。

（三）借用"相互作用圈"理论进行研究

"相互作用圈"的概念是张光直从葛德伟那里借来使用的。在他的一篇讨论北美东部侯泼威廉的文章里，葛氏必须处理两项显著的特征：分布广泛的侯泼威廉式遗物中间在世俗性的、日常生活上的和非墓葬中的各方面很显著的差异性。葛氏用这个名词主要来指称各区域之间在葬仪上或宗教上的相互作用，但他也很明显地暗示说，相互作用圈也可以建立在他种的相互作用活动的基础之上。这里所谈的中国相互作用圈似乎涉及范围比较广泛的诸种活动。我们可以借用的另外一个概念是本奈特最初用于秘鲁的所谓"地域共同传统"。它的定义是："文化史的总单位……在这里面其构成文化在一段时期之间彼此发生关系。"本书选用葛德伟的概念，因为它比较有叙述性，并且不言自明。

相互作用圈理论就是指不同文化没有单方向的交流，一般都是双向交流的，北方民族也曾将许多先进的技术带入中原地区，典型如赵武灵王"胡服骑射"。其实在早期历史的研究中，我们必须摆脱华夏中心主义的束缚，用开放的眼光和视野去分析不同时期中原与周边的文明对比。在行为习俗这些表象的差别背后，围绕技术层次和这两种生产方式研究的最新成果，对于不同文明的发展程度和价值而用不同的视角做出客观的评价。

二　主要的研究方法

（一）在材料的选择上大量使用金文

利用青铜器铭文来研究西周历史，前辈学者的研究产生了许多成果。与本书相关的有小盂鼎铭文的分析，而史密簋铭文、多友鼎铭文、鄂侯驭方鼎铭文、禹鼎铭文、师寰簋铭文等都分别包含许多问题，涉及战争的规模、起因和性质。本书认真收集金文资料，充分运用金文资料对所涉及的相关问题进行研究，力求恢复早期周王朝与周边族群的关系，在切实可信的史实下，得出公允的结论。金文作为出土文献的重要性，应该是众所周知的，毕竟铭文是当时的原始资料。铭文的撰写者看待历史的角度以及如何记载历史，是我们研究先秦历史不可或缺的。[①]

（二）在研究中采用比较的方法

本书力求将历史研究中的历时性与共时性结合起来，将夏、商、周三代的族群关系进行比较，找出其融合的轨迹。对于西周与春秋时期的华夷观进行对比，找出其异同，分析其产生的原因。在西周时期，周人对待西北族群和东南族群也不一样，政治策略相差较大，对待西北族群以防御为主，而对待东南族群则以进攻为主。在战国时期，统一已经成为历史的潮流，周边国家也开始融入华夏文化圈，同时在北方也出现统一的趋势，即北方草原文化带经过较长时间酝酿也开始形成。长期以来，我们更重视华夏化的研究，却忽视了这种去华夏化的趋势，北方草原文明与农业文明的对立也需要进一步研究。

（三）考古学资料在进行文化研究中的作用重大

早期的庙底沟二期关于"花瓣"图案的传播问题，就可以运用考古资料进行分析。在夏朝时期，夏族群与东夷各族群的密切关系，也可以讲是中原文明与岳石文化的密切关系。在西周时期的周边族群和王朝也有遗址和考古报告给我们提供研究资料。中国上古三代为青铜时代，青铜器的造型及纹饰等器物学的研究也可以对文明发展程度提供研究资料，例如北方草原的大釜、虎形牌饰等。把青铜器作为文化载体，用来分析族群关系。

（四）综合运用多学科的知识展开研究

除了如上所述的方法之外，本书还涉及历史地理学、气候学、民族学和经济学的若干知识。具体地名和方位的问题在本书中显得非常重要，气候变迁导致族群冲突的加剧和生产方式的变迁。最主要的问题就是农牧分界线的移动导致不同生产方式人群的整体性迁徙，不同族群价值系统的优劣是运用经济学中的评价方法，关键是看对整个社会的福利是提升了还是下降了，如果能提升整个社会的

---

① ［美］李峰：《西周的政体——中国早期的官僚制度和国家》，吴敏娜等译，生活·读书·新知三联书店 2010 年版，第 22—23 页。

福利就是最优的。

三 民族、族群概念辨析

本书主要研究对象是先秦时期中原人群与周边人群的关系以及产生的思想观念等。在先秦很长的一段时间里，中原人群的主体华夏族视周边的"戎""狄"为一类，并将这些人群称为"夷"。由于这些周边人群人数较少（相对于中原主体人群而言），所以后代的研究者遂将其称为"少数民族"。实际上，周边这些人群在先秦时期是否可以被称为"少数民族"，在先秦一定时期的人群是否可以称为"民族"，仍然值得商榷。这些概念对于本书比较重要，需要认真探讨。

（一）"民族"一词的历史和定义

关于民族最早出现的时期，《中国大百科全书·民族卷》认为：

在中国古籍里，经常使用"族"这个字，也常使用民、人、种、部、类，以及民人、民种、民族、种人、部人、族类等字。但是，"民"和"族"组合为一个词则是后来的事。1903 年中国近代资产阶级学者梁启超把瑞士—德国的政治理论家、法学家 J. K. 布伦奇利的民族概念介绍到中国来以后，民族一词便在中国普遍使用起来，其含义常与种族或国家概念相混淆，这与西欧的民族概念的影响有密切关系。①

一些学者考证，在中国古籍当中使用"民族"这个词最早是在《南齐书》②和唐代李筌所著兵书《太白阴经》③，在前者中指代当时中原的汉人，后者指代"社稷"与"民众"。这两个例子在使用上属于特例，在此之后，"民族"一词并未流行起来。直到鸦片战争之后，"民族"才被广泛使用并且被赋予新的内涵。

---

① 《中国大百科全书·民族卷》，中国大百科全书出版社 1986 年版，第 302 页。
② 邸永君：《"民族"一词见于〈南齐书〉》，《民族研究》2004 年第 3 期。
③ 茹莹：《汉语"民族"一词在我国的最早出现》，《世界民族》2001 年第 6 期。

近代使用"民族"和其他新概念一样，往往通过日文译本作为中介，"民族"这个词的再次使用便受到日文词汇的启发。所以梁启超先生可能是最早把我国各个族群称之为"民族"的学者。最早对中国冠以"汉族""藏族""蒙古族"的人是黄遵宪，他在《驳革命书》中称"倡类族者不愿汉族、鲜卑族、蒙古族之杂居共治，转不免受制于条顿民族、斯拉夫民族、拉丁民族之下也。"①"民族"一词在中国古老文化中固已存在，是在晚清民初这一特殊的历史阶段被作为一个语词符号经日语系统又重新焕发出了生机。在民族词汇发展的过程中，"中华民族"作为独立的词语开始流行起来，孙中山先生在进行革命号召时，曾一度把"中国人"称作"一个民族"，随后孙中山先生又提出五族共和的思想。② 在这里孙中山先生把中国各族均称为"族"，合在一起的国家政治共同体被统称为"民族"。可见，在汉语系统当中，"民族"是很早就存在的一个词语，到了近代，随着西学东渐和近代革命浪潮的风起云涌，民族才有了近代化意义。从一开始这个词语就呈现出多元的性质，并且其内涵也在不断变化之中，早期学者在使用这些词语时未能达成统一的共识。

有关"国族"的讨论也比较长久，孙中山先生在 1924 年的《民族主义第一讲》中将 nation 表述为"国族"，并且讲"民族主义就是国族主义"。20 世纪 90 年代，宁骚先生再次讨论与国家概念密切关联的"国族"和作为国族组成部分的"民族"这样两个相互区别的概念，并建议保留对 56 个"民族"的称呼，提出"中华民族"可以定义为"国族"。③ 英文"nation"一词既有生物学、人类学（体质、文化）的含义，在欧洲还有政治实体的含义，而 state 则更多的具有政府机构的含义。从词源的本意来看，英文的

---

① 韩锦春、李毅夫编：《汉文民族一词考源资料》，中国社会科学院民族研究所理论研究室印，1985 年，第 33 页。

② 孙中山：《中国问题的真解决》，载《孙中山选集》，人民出版社 1981 年版，第 63—67 页。

③ 宁骚：《国家与民族》，北京大学出版社 1995 年版，第 5 页。

"nation"一词是从拉丁文派生出来的，一种解释是以出生共同体为特征的人类集团，即在特定地理区域的人类集团。另一种解释是拥有相同祖先的部落或人群集团，在古罗马时期，居民并不构成民族，因为民族主要用来称呼外部部落。民族是一个与国家相结合在一起的政治概念，但民族与国家的关系由于民族形成的不同方式而不同。

梁启超在20世纪20年代曾经以"国民"的概念来表示全体中国人。在这个意义上，国民的政治意味是很强的，包括了全体中国人的含义，还应该包含政治实体和地理疆域的因素。后来出现的中华民族则是在近代救亡图存背景下的一个政治概念，在西方没有对应的词语，可以说这是近代中国人民族精神、民族意志觉醒后为了加强团结和争取独立时使用的一个特殊用语。

"国族"与"民族"是两个不同层次的概念，对于"国族"概念的正确理解有助于打开理解和应用民族概念的思路。那么，"国族"就是具有政治实体含义的整体，"民族"可以是局部族体。"民族主义"一词在西方国家中往往与独立的政治实体联系在一起，如果我们谈到在一些地区存在着少数族群的"地方民族主义"时，就可能被误解为带有政治分裂倾向的事情。我们把"nation"翻译成"国族"，那么"nationalism"也应该对应为"国族主义"，在国内的地方民族主义就难有对应的译法，也不能去再造一个词语。在西方国家，"ethnic group"被主要视为文化群体，并不具有政治含义。相比之下，如果按照西方国家对"ethnic group"的理解，中国在20世纪50年代"识别"出来的56个"民族"是否符合其标准，则是一个需要深入分析讨论的问题。[①]中国的汉族是在几千年的文化与民族融合过程中逐步形成的，从形成历史、血缘混杂和人口规模来看，汉族与中国其他群体不可相提并论，实际上是多个族群的混合体。将汉族称为一个族群，从学术意义上讲也是比较科学的，但是在目前的术语调整中，又

---

① ［美］郝瑞：《再谈"民族"与"族群"》，《民族研究》2002年第6期。

不失为一个比较可行的方案。华夏是汉族的前身，我们在表述时称之为族群，主要是强调其文化和心里认同特质，并且与"中华民族"这样的概念区分开来。我们在研究中将华夏称为族群就是这个道理。

对于民族的定义有许多种，其中斯大林的定义对于中国学界影响较大。斯大林把"族群"与"种族"和"部落"区别开来，强调民族是资本主义上升时期的历史范畴，并非普通的历史范畴。在这个概念当中他主要指近代资本主义生产方式下的民族，并且和民族国家联系在一起，明显带有政治实体的含义。[①] 对于我国具体国情而言，我国政府把各个少数族群称为"民族"其实还是基于斯大林的关于"民族"的定义和民族产生的历史阶段的观点，由于中国的族群虽然停留在资本主义以前的状态，认为已经卷入了"资本主义的旋涡中，已经不同于古代民族，而是又一种类型的现代民族"[②]，所以把他们都称为"民族"。在我国的研究中，曾经专门讨论过汉民族的形成问题，并展开了关于"民族"一词翻译的大讨论，对于"民族"译法也激烈争论过，但并未达成共识。

我们考察西方社科文献当中与"民族"有关的词语，大致有四个，第一个词语是"race"，就是生理上的差别并通过遗传的体质特征表现出来，即为几大人种。第二个词语是"ethnicity"，表示族群性或少数民族性，在英文文献中很常见的相关词汇是"ethnic group"，其在中文则译作"族群"。第三个词语是"nationality"，也可以译作"民族"，这个用法多见于20世纪50年代的著作而现在通常指代"国籍"。第四个词语是"nation"，与中文的"民族"相对应，正如前面已经论述的那样，在这个词语中包含着更多的政治属性，含有民族和国家的含义。所以，在研究族群问题时多倾向于使用"ethnic group"，在研究民族主义的文章中则多使用"na-

① 《斯大林全集》第2卷，人民出版社1953年版，第289—358页。
② 马寅：《马寅民族工作文集》，民族出版社1995年版，第160页。

tion"词根的词。在我国先秦历史研究中，有民族主义的萌芽，但是主要为文化差异和心理认同，故我们采用前者。在当代西方民族理论中，影响最大的是英国著名社会学家安东尼·史密斯（Anthony Smith），其为"族群—象征主义"的主要代表人物。在安东尼·史密斯看来，民族只是人们身份认同的多种类别之一。由于作者在研究中对于民族主义作了强调，其实这是西方近代民族国家的共同特征，人类群体在新的政治基础上统一称为某种新的共同体，进而出现"nation"（民族）的概念。这种思考明显是西方国家的经验，对于今天的西方世界仍然有重要作用。[①] 在殖民地国家，"民族"则是经过了一个民族构建的过程，是伴随着当地"民族主义运动"的产物。[②] 安德森认为东西方所走的路径是不同的，西方可以称为"市民模式"，东方可以称为"族群模式"。实际上西欧近代民族—国家的原创模式强调"重组人群"和法律政治关系，也包括历史上国土和文化意识。东方模式则强调出生的共同体和本土文化，而血缘谱系在其中起了重要作用，在情感上有号召力和动员效果。史密斯认为，在第二种，即从东方模式的民族意义上来讲，在强调血缘关系的情况下，民族基本上就涵盖了族群的意思，所以，对于先秦的华夏人群而言，称为族群是恰当的。

（二）"族群"一词概念辨析

在中国历史发展中，逐步形成了具有中国特色的族群和族际关系，并在中国本土产生了相应的观念体系。在世界各地复杂变化的人类社会中，不同地区在历史进程中逐步发展出来本地的人文观念和社会规范，各地的语言体系也形成了对本地各种社会现象和人文观念的专用名词。在人文学科的研究中，我们不必完全遵照西方的话语体系来构建中国的社会模式，也不可以用自己的一套独特的方式去进行研究，否则融入不了国际学术范围。我们必须有全球的视野和眼光，能用适合中国的方式进行研究与分析，

① Anthony Smith, *National Identity*, Reno：University of Nevada Press, 1991.

② ［美］本尼迪克特·安德森：《想象的共同体——民族主义的起源与散布》，吴睿人译，上海人民出版社 2011 年版，第 95—124 页。

还要能与国际学术接轨，能进行有效的沟通。在"族群"概念的界定上，要充分研究其中共同的部分，又要考虑差异。在中国上古历史中，政治意识并不强，也没有与近代的国家政治建立关联，倒是在文化和心理上我们可以找到和"族群"契合的东西。比如西方学者 T. H. 埃里克森认为"族群是由它与其他族群的关系而确定的，并通过它的边界而明显化，但（族群）边界本身即是一种社会的产物，其强调的方面各有不同而随着时间变化而变化"。① 在先秦的历史当中，我们更多的是接触"文明"的问题，在一定的意义而言，就是人的社会化程度，在先秦的情况是文化的差异起了巨大的作用，这其中也有文明层次的差别。事实上，这两种因素是混合在一起的，有时是交织在一起的，我们在对这些因素进行梳理时，要保持客观理性的态度。在不同的时期，族群认同也不一样，历史是那样的丰富多彩，完全不是一个概念所能涵盖的，我们将历史放到一个真实的场景中，去尽可能地还原"真实"。

前面说过，我们把华夏人群以族群来称谓，对于周边人群，如果他们形成了认同意识，也把他们称为族群，理由是"我群"与"他群"的边界意识。可惜的是，毕竟到了最后作为文本的载体是以中文为主体的，一些当时的真实情况可能永远湮没在历史的长河之中。不过，运用考古学的相关材料和文献的相互对证，可以弥补这一方面的不足。族群群体的形成、维系与发展，通常与其整体或作为其成员的个体利益分不开，正是这种现实的利益冲突强化了族群的认同，"我群"与"他群"的边界也变得明晰起来。在世界历史上，发生过族群利益超越阶级的问题，一战之前各国的无产阶级政党加入本国的利益集团，就是利益先在族群内部分配的典型事例。关于族群的称谓，有"自称"和"他称"的区分，在先秦历史中的族名多是华夏族群根据自己的想法提出，后来周边族群也乐

---

① Thomas Hylland Eriksen, *Ethnicity and Nationalism: Anthropological Perspectives*, London: Pluto Press, 1993, p. 38.

于接受。

　　综上所述，对于民族概念在中国的发展有了初步轮廓，在本书中，我们将华夏称为族群，将周边有认同意识的人群也称为族群。如果发展层次较低，也可以称为部落。由于在民族学的研究中，这一块目前是比较有争议的问题，我们只讨论与本书相关的部分。

第二章　西周时期的华夷关系

　　华夏族群的形成是一个有争议的话题，本书认为华夏族群的形成是一个历史的进程，经过较长时间的发展，不断融合吸收其他族群的文化才最终形成。中华历史的起源是夏朝，早先海外的研究者对夏朝开始不予承认，认为应该从有明确文字起源的商朝开始来进行中国历史的研究。随着考古的发展，越来越多的考古资料支持夏朝的存在。本书把西周以前的族群关系可以称为华夷关系可能更为合理一些。

　　华夏族群与周边族群的关系可能很早就出现了，至少可以追溯到庙底沟文化二期，因为带着玫瑰花图案的图像迅速向四周传播，可以证明文化中心已经出现，并可能对周边的族群产生了重大影响。在二里头文化时期，中原文化的中心地位就比较巩固了，形成了可以成为日后华夏族壮大的凝结因子。作为凝结因子，在民族文化形成中地位和作用是非常重要的。有夏一代，关于华夏的观念已经开始出现，商代时期周围有许多方国，并且出现了与周边族群作战的卜辞，即使是在鬼神观念的笼罩下，华夷观念也有了进一步发展。到了西周时期，随着华夏族群主体性意识的增强，华夷观念逐渐发展起来。夏商周三代都是一脉相承华夏的文化传统，自然为华夏的正统代表。

第一节　西周之前的华夷问题

一　华夏与四夷问题的起源

（一）华夏族群的起源

早在庙底沟时期，中原文化的共同基础可能已经形成。这种共同基础的表现在文化因素上就是一种特殊花纹的出现，著名考古学家苏秉琦先生认为，庙底沟类型彩陶上的花纹，很可能就是生活在华山一带华族的图腾。这种纹饰就是菊科和蔷薇科两种植物的花卉图案，而且花瓣、茎蔓、花叶齐全。

庙底沟类型的遗存中心在华山附近，正好与华族发展的地区相似，分布情形也相像。仰韶文化庙底沟可能就是形成华族核心的人们生活遗存，而庙底沟的主要类型之一的花卉图案可能就是华族得名的由来。这种花卉图案是土生土长的，在一切原始文化中是独一无二的，华族也只能是本土的。[①] 苏秉琦先生在对半坡和庙底沟两者的文化遗存进行比较后，指出两者之间是并存的关系，并不存在前后的继承关系。1981 年他发表《姜寨遗址发掘的意义》一文，又一次谈到半坡与庙底沟两个类型是同时并存的关系，主要理由是"半坡类型的重要文化特征因素包括壶罐形口尖底瓶、鱼纹彩陶盆等，庙底沟类型的重要文化特征因素包括双唇口尖底瓶、蔷薇科（玫瑰或月季）花卉图案和鸟形彩陶盆等，它们都有自己的完整发展过程"[②]。距今约 6000 年前分化出一个支系（以宝鸡北首岭上层为代表），在华山脚下形成以成熟型的双唇小口尖底瓶与玫瑰花枝图案彩陶组合为基本特征的"庙底沟类型"，这是中华远古文化中以较发达的原始农业为基础的、最具中华民族文化特色的"火花"（花朵），其影响面最广、最为深远，波及中国

---

① 苏秉琦：《关于仰韶文化的若干问题》，《考古学报》1965 年第 1 期。
② 苏秉琦：《姜寨遗址发掘的意义》，《考古与文物》1981 年第 2 期。

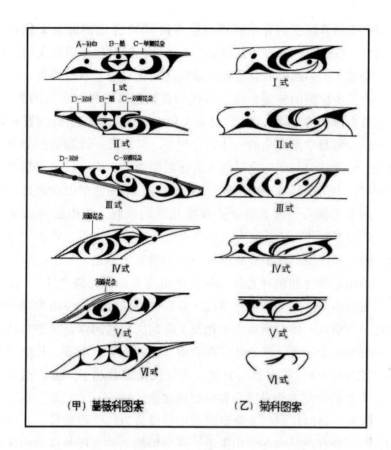

图1　蔷薇科与菊科图案六种式样比较①

远古时代所谓"中国"全境。②

　　晋文化在中原文化和北方两大古文化区系的沟通和融合方面起到了巨大的纽带作用，使得两大区系连接在一起。文化的交融也产生了陶寺遗址这样比较发达的文明，是文明起源重要的代表。对于

---

　　①　该图选自网络上唐晋先生博客文章，为未刊稿《苏秉琦先生与彩陶研究》。
　　②　苏秉琦：《谈"晋文化"考古》，载苏秉琦《华人·龙的传人·中国人——考古寻根记》，辽宁大学出版社1994年版，第27页。该文原载《文物与考古论集》，文物出版社1987年版。

华夏文化的开始我们完全有理由追溯到 6000 年前的仰韶文化庙底沟时期，在这一时期是华夏因素的扩张期，同时也伴随着文明的曙光，开始了国家起源的新历程。庙底沟文化彩陶艺术的传播，不仅是一种艺术思潮的传播，也是古代华夏族艺术思维与实践的趋同，标志着更深刻的文化认同。① 后来文化中心区从陶寺遗址的晋南转向豫西，但是中原文化的主体没有改变，具有统一认同的趋势没有改变。玫瑰花纹与华山之间的关系还需要进一步研究。根据学者们的研究，山岳崇拜有一个逐渐转移的趋势，早期的华山应该是山岳崇拜的重要据点。随着春秋齐鲁文化区的兴起，泰山崇拜后来居上，但是早期作为山岳崇拜的应该是在今天豫西一带，距离华山不远。玫瑰型花瓣就是华夏族群早期最为明显的标志，华山则凝聚着早期的山岳崇拜和精神寄托。从造字角度看，华就是"花"，像一个花瓣的形象。在仰韶文化东庄—庙底沟类型时期，中国大部分地区逐渐凝聚成一体，形成中国相互交融的文化共同体，其空间结构可以分为三个层次，核心地区在晋南、豫西和关中东部，代表器型就是花瓣纹彩陶。② 在这一时期，不仅仅是审美趋于一致，而且产生了重要的华夏文化大融合和深刻的文化认同。

在新石器时代仰韶文化诸因素中传播最为广泛的就是庙底沟类型，这一遗存就分布在华山附近，这与华族最初发展与活动的区域是吻合的，华山可能因为华族最初居住而得名。③ 这种花瓣是文化的载体，就是以华山一带，也就是以晋南、豫西、陕东的交界地带为中心向外传播的。从字源的角度看，甲骨文中"华"有如图 2 中的写法。

对于这一组字的识别，早期学界分歧比较大，郭沫若先生早年解释为"华"是对的，但是由于证据不足，自己没有坚持，认为"唯苦华山偏在陕西，离殷京过远，亦有未安"。唐兰则释读为"羔"。胡光炜、朱芳圃以羔为昌若的缓读；丁山、杨树达读羔为

① 王仁湘：《中国史前的艺术浪潮》，《文物》2010 年第 3 期。
② 韩建业：《庙底沟时代与早期中国》，《考古》2012 年第 3 期。
③ 任继昉：《华夏考源》，《传统文化与现代化》1998 年第 4 期。

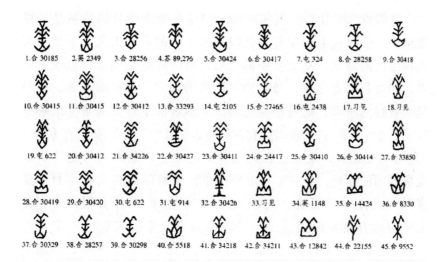

图 2　甲骨文当中"华"字各种写法①

嚳；闻一多则说羔羊从昭省声，羔即昭明。华是殷代先公的名字。②
这个字分为上、下两部分，上面为 ✿，是芈而不是羊，下部是山。
在卜辞当中"山"与"火"容易混淆，大致说来，山是平底的，
形似笔架，没有火焰之点；火是圆底的，如元宝形，有火焰之点。
这是诸位学者释读这个字的失误所在，罗振玉和唐兰都是讲下面部
分读为火字，才引起误读。孙诒让释读为"岳"字，在学术界影响
深远。商人有山川崇拜的传统，尊崇华山是可以讲通的。作为地理
名称，华指称华山是没有疑问的。商人的统治势力一直到了陕西东
部，甚至关中一代，将华山包含在其中也是自然的，因此在甲骨文
当中出现华山的"华"是可以理解的。孙诒让释读为"岳"，就是
依据《说文解字》中的甲骨文卜辞，华即是大山之名，与河在卜辞
中往往同版出现或者同辞并举。商人有自然神崇拜，山与河都是极
重要的神祇。③

---

①　詹鄞鑫：《华夏考》，《华东师范大学学报》2001 年第 5 期。
②　陈梦家：《殷墟卜辞综述》，中华书局 1988 年版，第 342 页。
③　詹鄞鑫：《华夏考》，《华东师范大学学报》2001 年第 5 期。

　　夏的意义是什么？其实与华、河这些商人崇拜的地祇是一样性质的，所以在卜辞中有时会以地理名称的形式出现，于是具有地理指代的意义。夏有光明的意思，对应的就是黑暗，也就是四海，四海非四方之海，乃是四方阴暗的地方，乃四晦之地。夏乃聪明睿智之所聚，地处中原之所。有学者从甲骨文的角度来解释"华"与"夏"两字，对错参半。那么，"夏"应该在哪里？"夏"历史悠久，应该也在比较重要的地方，最大的可能性就是夏禹建国的夏地。《左传·定公四年》讲晋国始祖唐叔"封于夏墟"，杜预注："夏墟，大墟，晋太原晋阳也。"由此可以看到夏最早的地方就在山西南部一带。如果从地望上来看，"华"与"夏"在是存在分歧的，"华"的庙底沟在今河南省陕县，即豫西一带靠近陕西地方，而"夏"则在山西省南部汾河流域，即陶寺文化。对于这个问题的解释，笔者认为这是两个不同的文化意蕴合集的结果。

　　《尚书·舜典》云："蛮夷猾夏。"孔传云："夏，华夏也。"《尔雅·释诂》云："夏，大也。"《左传·定公十年》云："裔不谋夏，夷不乱华。"孔疏："中国有礼仪之大，故称夏，有服章之美，故谓之华。"这些意思都是后来的解释，已经距离"夏"本来的意思比较远了。东汉许慎《说文解字》载："夏，中国之人也，从夊，从页，从臼。臼两手，夊两足也。"其实任何民族都是两手两足，并非中国之人的特征，只能是望文生义。之后诸多学者将这一解释予以继承，在《汉书》《后汉书》《战国策》中均指明夏是中国的意思，其实都是颜师古、李贤、鲍彪等人因袭许慎的解释。根据学者的研究成果，"夏"的意思有三种，第一种是就上面讲到的"中国之人"；第二种"夏，舞也"；第三种"夏，大也"。曹定云对"夏"字做了系统梳理，认为存在两个流传的系统，周和秦使用的夏是"舞"之夏。在东方六国使用的形声字"夏"，这个夏在甲骨文中作"𤞤"，声符为"𧈢"。后面这个夏是"夏"人之夏，作为中国的意思是后产生的。商代甲骨文，经过研究确实有"夏"为本义的甲骨文，以前学者有争议，认为在《合集》8984应该读为"夒"字，根据曹定云的研究，其实该字就是夏朝亦即夏人的"夏"，如下：

> 己巳卜，雀氏 🐾？十二月。
> 己巳卜，雀不其氏 🐾？

（《合集》8984）

在甲骨文当中，夒字写法是这样"🐾"，特征是头上无长发，头上有缺口或呈"🝿"状，身后有尾巴。这些都与夏字不一样，夏字长发竖起来，有手，并且做蹲踞状，也无尾巴。在上面的甲骨文中，雀是商代的方国，其地望在豫西一带，就是夏代统治的中心区域，在商灭夏之后，一部分人会留下来，成为商人服役的对象。氏的意思就是挈领，被带着去服役。这样一来，意思就更加明确了，夒为商人的先祖，不可能去为商人服役，因此将该字解释为夏是合理的。[①] 因此夏在商人的观念里是长发之人，生活在中原一带。

夏字最初意义是某一种人群特征的概括，包含着外貌特征和地望因素，长发且居于中原，这基本上是与《说文解字》的说法一致。倒是作为跳舞的形象与原始意义有所出入，主要是宗周和关西所使用的意思，可以认为是衍生义或者另外的字。学者们在分析夏字的时候，将这两者放在一起，产生了较多解释，往往与历史事实擦肩而过。王仲孚先生总结了多位学者关于"夏"字的观点。朱骏声主张"夏"与夏天关系密切，为人露手足之形；赵铁寒认为"夏"是蛇图腾转化而来；程耀芳则认为"夏"为夔的衍化体，夔是原始国都；戴君仁认为"夏"有大的意思，同时又有舞蹈的意思。[②] 这些观点都没有从甲骨文最基本的含义着手，也没有区分

---

① 曹定云：《古文"夏"字考——夏朝存在的文字见证》，《中原文物》1995 年第 3 期。

② 王仲孚：《试论文献史料中对于夏史研究的重要性——兼释夏》，载郑杰祥主编《夏文化论集》，文物出版社 2002 年版，第 680—686 页。

"夏"字在流传中的地域差别和变迁，均失之偏颇。

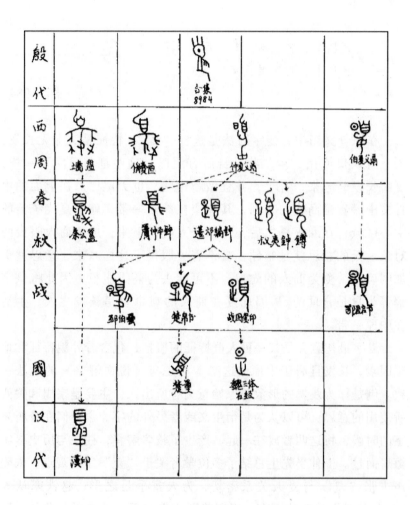

图3　商至汉代"夏"字各种写法①

通过对华夏族群和字源的考察，可以看出华是比夏更早的观念，在华山附近的地域，同时还有带着玫瑰花瓣这样的文明因子向

---

① 曹定云：《古文"夏"字考——夏朝存在的文字见证》，《中原文物》1995 年第
3 期。

四周传播，现实文明比其他地区更为先进，并且出现了强势传播的趋势。"夏"字在甲骨文中的出现表明在殷商人的观念中夏人是中原高大之人，头发竖着的形象，这里的高大可能是文化和地位高大的意思。

其实在所谓的华夏族群开始凝聚的时候，周边的文化也在同步发展，只是由于种种原因，并未形成凝聚核心，二里头逐渐汇聚成为文明发展的领头羊。关于这种力量的来源，原因可能比较复杂。有洪水形成说，还有文明碰撞说、文化杂交优势说等，除此之外，还有环境反馈理论和边地效应理论等。王晖先生综合了俞伟超、王巍等学者的观点，提出黄河中游文明中心区的形成与山东龙山文化和良渚文化之后的断层现象是尧舜时期大洪水的产物，中原文明是四面八方汇聚而成的。① 何驽先生认为中原文明的形成主要是取决于中原文化与北方文化的碰撞和融合。② 农业文化和畜牧业文化的碰撞和交错在西方学术界是相当流行的观点，对于我们的分析也有启发作用。以上几种解释都有一定的道理，碰撞和融合是大家都认可的，差异在于原因的侧重点不一样，洪水形成说重点关注黄河中游和下游文明的对比，其合理成分是不言自明的。而文明碰撞说则重点关注农业与畜牧业的问题，也不能说是有问题的，现在的研究认为欧亚草原腹地是众多文明的发祥地，中国处在其东南部，受其影响自不待言。易华在研究这个问题时走得更远，认为黄帝族就是当时北方游牧族群，华夏文明是游牧与农耕交融，但是以游牧为主体。③ 我们只能将其看成一种实验性质的冒险的尝试，当华夏文明在诸多文明系统中取得相对的优势时，正是中原文化的凝结因子形成之时。在华夏族群形成的时候，中原周围还有一些文明，而早期这些拥有不同信仰、社会观念的族群集团，经常与中原的华夏族群

---

① 王晖：《尧舜大洪水与中国早期国家的起源》，载王晖《古史传说时代新探》，科学出版社 2000 年版，第 95 页。

② 何驽：《中国文明起源考古探索的新思考》，载陈祖武主编《从考古到史学研究之路——尹达先生百年诞辰纪念文集》，人民出版社 2007 年版，第 197 页。

③ 易华：《夷夏先后说》，民族出版社 2012 年版。

形成紧张的关系。

（二）华夏系统国家群的形成

文明是延续和积累的，前面讨论过的华夏族群是处于庙底沟时期，在考古纪年下限应该是属于公元前 3600 年。到了公元前 2000 年黄河中游的二里头文化，这时出现了早期王朝，这个王朝是在中原出现的早期政体。这时候出现了早期礼乐文明的萌芽，从二里头文化发现的大型建筑基址、青铜器的形制及组合来考察，该文化集团保持有系统并富于逻辑的祭祀活动，即早期礼乐制度。这些器物也是祭祀使用的"礼器"。[①] 其实将这些制度称为礼乐制度可能是不准确的，其核心是祭祀制度，就是对于神灵的崇拜，主要是对祖先神的崇拜。青铜器是礼器，用于祭祀，玉器也是通神的物品，大型的祭坛也是为了与神沟通，所以作为早期华夏文明的几个要素都指向了祭祀文化。我们可以认为这是早期华夏族群文化的特征，可以称之为中原特色祭祀文化，其核心是对祖先神崇拜。[②] 后来的礼乐文化就是从祭祀文化衍化发展而来，其中人文理性是转化的契机，时间就在商末周初。西周的思想可以明显看到理性化的进步。[③] 所以后来华夏族群的价值系统和审美取向都与早期的祭祀文化密切相关。祭祀文化可以说是在礼乐文化之前华夏族群的文化特质，是否坚持和认可这些特征是夏商时期华夷区别的重要标志之一。在二里头文化时期出现的绝非一个国家，而是一系列邑制国家即诸侯国家构成的联盟，应总称为国家群。王国的统治者乃诸侯之长，当时情况是众邦林立，王室能够直接控制的地方很小，各个族邦都有自己的封地和属民。早期王朝在统治各族邦的手段上，宗教仪式无疑是重要的一种手段，二里头文化时期形成的祭祀文化（早期礼乐文化）发挥了重要作用。把这种依靠早期礼乐文化维持的早期国家，

---

① ［日］黄川田修：《华夏系统国家群之诞生》，《三代考古》2009 年第 3 辑。

② 何飞燕：《出土文字资料所见先秦秦汉祖先神崇拜的演变》，科学出版社 2013 年版。

③ 陈来：《古代宗教与伦理——儒家思想的根源》，生活·读书·新知三联书店 2009 年版，第 11 页。

称为邑制国家群。其特征就是遵守礼乐观念，并且一直处于扩大的趋势之中。同时在下层社会所遵守的礼俗也具有华夏族群的特色，体现了华夏族群的价值取向，例如在饮食、服饰、丧葬、社会和社会观念等方面。礼仪和民俗是密不可分的，共同构成一个完整的价值系统。[①] 凡是认可华夏价值系统的即为华夏族群，否则为非华夏族群，不认可华夏早期礼俗的这些族群与中原族群最大的区别在于他们没有接受礼乐文化，换言之，这些集团是"非礼乐系统"集团的后裔。[②]

1. 长江中游：肖家山—角山类型（二里头至西周）

2. 长江中游：北部为湖熟文化（二里头至西周）

　　　　　　南部为马桥文化（二里头至殷墟）

3. 浙南闽北周围：马岭文化（二里头至殷墟前后）

4. 黄河下游：岳石文化（淄河以西—二里头至殷墟一期，淄河以东—二里头至周初）

5. 冀、豫北：夏家店上层文化（殷墟至西周）

　　　　　　夏家店下层文化（二里头至殷墟）

6. 渭水上游：寺洼文化（二里头至西周）

这样一种早期礼乐文化形成之后，自然形成了在地理上和文化上的差异，这两种力量反映在观念上，就形成了华夏与四夷的思想，并对中国历史产生深远影响。这些非华夏的国家曾经也创造了高度发达的文明，与中原王朝之间进行着互动。族群关系和这些思想的出现在时间上有一段距离，大约经过一段时间的族群融合之后，人们才会自觉地区分族群，并对族群问题进行思考。礼乐文化的自觉意识在周代才出现，华夷观念也至少在二里头文化时期就已经出现，并且伴随着一定的武力征服。在这个时候文明才进入自觉的思考，进入人类总结自己历史的阶段，这一切都伴随着周人理性精神的高涨。在一个神权笼罩一切的背景下，人群是不会进行这样

---

① 钟敬文主编：《中国民俗史》（先秦卷），人民出版社2005年版，第11页。

② ［日］黄川田修：《华夏系统国家群之诞生》，《三代考古》2009年第3辑。

的思维的。

当夏作为一个明显发达的地区在东方这片土地上出现的时候，也就昭示着"夏"开始在中原大地出现。在人类历史发展的长河中，当一个地区出现一种明显高于周围地区的文明时，是什么原因造成的？是夏族自身发展的结果，还是有其他机制导致中原文化的提升，对这个问题进行分析也可以帮助我们理解夏与周边的关系。苏秉琦提出的文明产生的"满天星斗说"，就是将公元前3000年到前2000年左右文明出现的态势划分为六大区系：以燕山南北长城为中心的北方，以山东为中心的东方，以关中、晋南、豫西为中心的中原，以环太湖东南部、环洞庭湖和四川盆地为中心的西南部，以鄱阳湖—珠江三角洲一线为中心的南方。[1] 安志敏则提出了黄河中游文明中心区的说法。[2] 对于这两种说法如何融合的问题，王晖则给出了一个解释，那就是因为尧舜时期的一场大洪水。正是由于这一场大洪水出现，导致部落大迁徙，迫使长江、黄河下游的族群急剧向黄土高原的豫西、晋南和陕西东部一带迁移。[3] 这样一来造成人口的密集化，文化也必然相互交融，这正是中原地位迅速提升的诱因。在国外关于这一方面的理论就是"相互作用圈"理论，张光直在文章中用这个理论来分析中国文明的形成，认为两种文化会在相互作用时彼此互相吸收，在相互作用的基础之上，会强化彼此之间的相似性，对外交往与内部社会的复杂性是相辅相成的。[4] 王晖认为洪水造成的文明在中原的集中正好说明了这一问题，就是不同文化区的人们向中原的集中造成中原社会的复杂化程度的提升，成为华夏进入文明时代不可缺少的因素之一。有学者对中原文化区的形成进行具体分析，将原因归结为两个最主要的因素，即距今

---

[1] 苏秉琦：《中国文明起源新探》，辽宁人民出版社2009年版，第29—30页。

[2] 安志敏：《试论文明的起源》，《考古》1987年第5期。

[3] 王晖：《尧舜大洪水与中国早期国家的起源》，《陕西师范大学学报》2005年第3期；王晖：《古史传说时代新探》，科学出版社2009年版，第91页。

[4] 张光直：《中国相互作用圈与文明的形成》，载本书编写组编《庆祝苏秉琦考古五十五年论文集》，文物出版社1989年版，第1—23页。

4000 年左右气温的降低与洪水的频发。但是这种影响并非唯一的因素，并且对不同地区的影响也是不一样的，长江下游应该比较大，黄河下游则次之，也可能频繁的祭祀活动放大了气候的影响，这样就强化了中原地区的比较优势，同时人口的汇聚也加剧了文化融合的进程。① 中原地区的交流作用不可忽视，这一点，就是地理上的天然优势。

我们关注的是，在这一进程中当不同族群的文化在形成的时候，必然会留下各自文化的烙印和影响。虽然许多学者对于大洪水造成的人口向中原汇聚可能会有微词，但是学界基本上都认可这种汇聚的事实，在族群交汇的过程中文化因素会在交融时各自保留不同的成分，这个恐怕是日后族群进一步融合的基础。笔者在思考这一问题时认为这里面应该包含着东方特有的族群融合道路与文化精神。在漫长的历史长河中，能够对周边产生融合性的基础可能就是来自这里，在早期确实经历过一个较大规模的融合，在文化上奠定了基础，并且固化下来一些在日后不同族群均认可的东西。其中最为主要的就是早期文字的产生，这种共同的文化纽带，统一的汉字是非常了不起的族群融合的成果，也是进一步融合的基础。汉字在东亚地区的相对统一现象与近东地区文字产生的丰富多彩而形成鲜明的对照。根据现有的证据，充分成熟的文字系统最早于公元前3100 年在苏美尔诞生。这种文字并没有维持多久，很快就被原始埃兰文字、埃及文字、印度河河谷文字和米诺斯文字所取代。而且苏美尔楔形文字诞生仅几个世纪就被与之没有语言系属关系的阿卡德语所采用，接着又被赫梯语和别的邻近语言所采用。

在汉字产生的历史上，现在看来比较成熟的文字是甲骨文，那是商代卜辞的记载，那么夏代有没有文字，答案应该是肯定的。文字的起源问题可以追溯到半坡时期，而中国文字可以组词成句表达一定的思想，就是距今 4500—4000 年的龙山文化时期。在此

① 王巍：《公元前 2000 年前后我国大范围文化变化原因探讨》，《考古》2004 年第 1 期。

之前，不同的地方均出现了文字性的符号，但是都不能算作中国文字的产生。① 这一时期与 4000 年左右的族群大融合在时间上基本是吻合的，这里昭示着重要的信息，就是族群在中原的汇聚作用而加速了汉字的产生，甚至这一过程更像一个突发事件。所以蒲立本先生在论文中指出，一定有某种力量刺激了汉字的产生，并且试图探究这种刺激力量的源头。② 这种力量就是来自不同族群的融合，因为交流的需要，统一的汉字出现了，也许语言上还有差异，但在表达某一种意义时所用的符号合在这个时候统一了，能够组词成句。

嵩山地处中原，使之成为四方辐辏的文明中心。文明因素在此积累，广泛吸收周围的文化精华，多种文化因素的相互交融，这是中原能够迅速崛起的动因。③ 夏王朝的核心地区在二里头，夏王朝后期都城也在此。在当时，夏文化确实是一支高于周边诸文化，具有核心地位的文化。

在继承了以上文明成果的基础上，对周边族群在文化上产生了绝对性优势，这种地位是因为它具备包容和涵化的能力。中原的地位固然很重要，但是文化上的垄断性优势是一个文化制高点，促使中原地区成为核心地区。一些学者在论著中涉及华夏族形成问题时认为，华夏族为一个复合体，是一个多部族的融合体，不应该将华夏族看成与苗族、东夷并列的远古部族，进一步分析华夏族形成应在西周中期之后。④ 这是只看到了融合的因素，没有重视差别，更没有注意到华夏礼乐文化形成与发展的轨迹，同时在分析族群融合时忽略了主体与客体。谢维扬先生在早年发表文章认为，华夏族在夏代就已经形成，与夏代国家形成是同步的，其说甚是。⑤

---

① 王晖：《中国文字起源时代研究》，《陕西师范大学学报》2011 年第 3 期。
② ［加］蒲立本：《上古时代的华夏人和邻族》，游汝杰译，《扬州大学中国文化研究所集刊》1998 年第 1 辑。
③ 杜金鹏：《华夏文化之根——嵩山地区在华夏文明起源及早期发展中的地位》，《中原文物》2002 年第 2 期。
④ 叶林生：《"华夏族"正义》，《民族研究》2002 年第 6 期。
⑤ 谢维扬：《论华夏族的形成》，《社会科学战线》1982 年第 3 期。

二　夏商时期的华夷关系

（一）夏朝时期的华夷关系

《左传·宣公三年》云："昔夏之方有德也，远方图物，贡金九枚，铸鼎象物，百物而为之备，使民知神、奸。故民入川泽、山林，不逢不若。魑魅魍魉，莫能逢之。用能协于上下，以承天休。"① 在这一段话中，我们看到了有远方贡金的记录，应该是早期夏国与其他方国关系的生动写照，由方国提供贡赋，而夏周则在精神上控制方国。这里既有原始巫术的因素，也是一种对山林鬼怪的控制方式。二里头文化与周边文化的交流，从广度与深度来看，是以二里头文化对周边文化的影响为主，周边文化对二里头文化的影响居辅。如果从时间上来看，在第二、三期对周边地区有较大影响，而受到周边地区下七垣、岳石等文化的影响，主要在第四期。② 这说明当时的夏代文化确实是比周边诸文化先进，而青铜礼器在夏代后期，开始受到东夷文化的影响。从地区上看，二里头文化对江淮、江汉、巴蜀、晋中盆地、甘青高原以及北方草原，主要是以输出为主，而对南部马桥主要是输入与输出相平衡。这呈现出东方和南方文化较高，北方、西北方和西南方文化水平较低的格局。

这就是说，处在黄河下游的文化和长江下游的文化是比较高的，由于某种原因的影响并未形成文明中心，而是在文明产生的前夜汇聚到中原来，在中原形成了中国早期文明。夷在甲骨文中与尸同，像蹲踞的人形，东方之人喜欢蹲踞，故用此来表示东方之人。在金文中借用"弟"字来表示，像一个带着弓箭的人，才开始出现带弓之人的意思。③《说文解字》当中已经将夷直接解释为："从大从弓。东方之人也。"其完全是用金文"弟"的形象来解释。古文字"大"与"人"相通，用"大人"来表示"大"，解释是对的。

---

① 杨伯峻：《春秋左传注》，中华书局 1981 年标点本，第 669—671 页。

② 中国社会科学院考古研究所编：《中国考古学·夏商卷》，中国社会科学出版社 2003 年版，第 137 页。

③ 谷衍奎：《汉字源流字典》，华夏出版社 2003 年版，第 177 页。

在段注中将人字解说为大字，并且与天、地、人三才结合起来理解，已经完全是后起之义了。

从古文献来看，夷并不是一个统一的族群名称，是夏人对自己东方居民的一个通称。夷犹人也。商代甲骨文和青铜器铭文称东方为人方。周代文献称东方之人为东夷，青铜器铭文写作东尸。①《后汉书·东夷传》载："夷有九种，曰畎夷、于夷、方夷、黄夷、白夷、赤夷、玄夷、风夷、阳夷，故孔子欲居九夷也。"这些夷的名字都是根据《竹书纪年》的记载。其实夷人自己到底如何称谓自己，已经无所稽考，一些学者说夷人没有族的自觉，恐怕也难以成立。这个问题与我们将要继续讨论的其他族群一样，没有留传下来的文字，最后都融入到了华夏族群当中。我们面对古史时，能够重构的固然是重要的一部分，还有多少就这样消失在茫茫的历史尘埃之中。到了商周时期，夷人才逐渐被华夏文化所同化。在这一进程中，夷人文化在早期并非是在夏人礼乐的系统。可能有一个重要因素，就是族群汇聚形成的汉字系统对于中原文化地位的巩固起了举足轻重的作用，成为文化凝结的纽带，也成为文化传递继承的重要载体。从文明发展的程度来看，夏朝时期，东夷文化和夏朝文化是旗鼓相当的，岳石文化与二里头文化分属不同的系统，到了二里头四期，二里头文化向岳石文化融合程度明显强化了。夏政权在夷夏两个族群之间曾经易位，羿代夏就是夷人夺取了夏的政权，后又为另一夷人韩浞所取代，经过仲康和相，至少康时才"复禹之绩"。《左传·哀公元年》曰："昔有过浇杀斟灌以伐斟鄩，灭夏后相，后缗方娠，逃出自窦，归于有仍，生少康焉，为仍牧正。惎浇能戒之。浇使椒求之，逃奔有虞，为之庖正，以除其害。虞思于是妻之以二姚，而邑诸纶，有田一成，有众一旅。能布其德，而兆其谋，以收夏众，抚其官职。使女艾谍浇，使季杼诱豷，遂灭过、戈，复禹之绩。祀夏配

① 严文明：《夏代的东方》，载中国先秦史学会编《夏史论丛》，齐鲁书社 1985 年版，第 168—169 页。

天，不失旧物。"① 在这一段文字当中，与前面叙述的细节有些出入，但是基本内容是相吻合的，大致说明了少康复国的经过。东夷族群曾经夺取夏政权应该没有问题。羿在中国文化中以善射而著称，后羿射日的神话也为大家所熟知，这也证明了东夷为挽弓之人这样的意象。《史记·夏本纪》载："太康崩，弟中（仲）康立，是为帝中康。" 在《左传》襄公四年和哀公元年的相关记载中，都没有仲康继位的材料。在古本《竹书纪年》中则如下记载：

> 后相即位，居商丘。
> 元年，征淮夷、畎夷。
> 二年，征风夷及黄夷。
> 七年，于夷来宾。
> 相居斟灌。②

这些材料是有出入的，在《太平御览》和《帝王世纪》中有"有穷后羿"和"韩浞"二世。③ 夏在建国后一段时间里国力比较弱小，东方夷人势力强大，成为严重威胁，甚至直接夺取了夏政权。这种情况到了少康继位之后才有所改变，东方诸夷开始臣服于夏，或被征发，或宾服于夏。《后汉书》中有"少康即位，方夷来宾"的记录。夏王朝与东夷的关系是对外关系的主要部分，夷在这里是指东夷。在本书中夷有一个广义用法，就是相对于华夏的四夷，在这个意义上，不管蛮、夷、戎、狄，均可称为夷人。在夏代，东方有九夷，其力量是强大的，文化程度也很高，并且一直与夏政权进行战争。对于中国上古历史的研究，在华夷关系研究方面，傅斯年的《夷夏东西说》影响很大，他将三代放在一起作为整

---

① 杨伯峻：《春秋左传注》，中华书局 1981 年标点本，第 1606 页。
② 方诗铭、王修龄：《古本竹书纪年辑证》，上海古籍出版社 2005 年版，第 6—7 页。
③ 范祥雍：《古本竹书纪年辑校订补》，上海古籍出版社 2011 年版，第 11 页。

体进行分析，认为在夏代应该是夷夏互胜，东方不仅经济好，而且在文化上东方更胜一筹。① 傅斯年的认识切中要害，指出了华夷之间的这种状态。我们在前面已经说过，二里头文化与岳石文化的交流是比较充分的，但是这种交流和融合没有达到有些学者所说的那种密切程度。② 夏和东夷并非是以国家联合体的形式轮流执政，是不同族群在国家建立时对政权有所争夺，其代表人物益与夏启争夺，古本《竹书纪年》云："益干启位，启杀之。"还有上文讲过的后羿、韩浞代夏，致使大概四十年的时间里夏政权被东夷控制。在少康之后应该出现华夷关系新局面。古本《竹书纪年》云：

> 后芬继位，三年，九夷来御，曰畎夷、于夷、方夷、黄夷、白夷、赤夷、玄夷、风夷、阳夷。
>
> 帝泄二十一年，命畎夷、白夷、赤夷、玄夷、风夷、阳夷。
>
> 后发继位，元年，诸夷宾于王门，再保庸会于上池，诸夷入舞。③

这说明当时东夷已经被征服，愿意向夏进贡，也许是征服代替了野蛮的屠杀，要对夏王朝承担一定的义务。总体说来，华夷关系是战争性常态，前期主要是对立与冲突，后期则主要为臣属关系。

（二）商王朝时期华夷关系

商代的华夷问题首先要说明的是商是夏的属国。在夏朝衰落之际，商夺取了夏的政权，继承了夏的文化传统。夏商之际的转换是不同族群入主中原的问题，上古三代始终有这样一个问题。夏商周

---

① 傅斯年：《夷夏东西说》，时代文艺出版社 2009 年版，第 193 页。
② 程有为：《中原文化、海岱文化的互动与汉民族的形成》，《郑州大学学报》2006 年第 2 期。
③ 方诗铭、王修龄：《古本竹书纪年辑证》，上海古籍出版社 2005 年版，第 12—15 页。

族群是共时存在的，不过此消彼长，在不同时间入主中原，在文化传统上是彼此继承的。

我们在论述夏对待外族群的观念时着重讨论了其与东夷的关系。夏应该是依靠血缘关系来维系的统治权，我们原则上不反对这样的观点，在上古时期，血缘在早期会成为族群识别的重要因素之一，但是说夏代以此作为划分我群与他群的依据似乎依据并不充分。倒是商代王朝与方国的资料由于有甲骨文的支持，更加牢靠一些。

夏朝的族群关系主要是与东夷族群的关系，而商朝的族群关系则是在与周边的关系衍化过程中形成的，并在东西南北四个方向上都有出现。商原属于夏朝统治下的一个属国，关于商的起源有多种说法，近年来随着考古材料的丰富，可以勾勒出商起源的大致情形。从早期的郑州商城到后期的殷墟遗址，商人在武丁之前一直处于不断迁徙的过程中，商人"不常厥邑"。其原因解释也较多，有水患说、土地贫瘠说、族群斗争说等，无论如何，商人在迁徙的过程中不断与周边族群进行文化交流应该是没有问题的。商人在攻灭夏之后继承了夏的文化遗产，"殷因于夏礼"，继承了华夏文化并且将其发展壮大。商人在领土上也不断拓展，使得华夏族群进一步壮大。在几个方向上不断拓展，商朝形成了众多"方国"。甲骨文的"方"字，徐中舒先生考释则为耒的象形，即一种古代的农具，为掘地的木锸。"方"字在甲骨文中有方位的意思，对于四方的方位风神均有单独的称谓。方国在卜辞中四个方位都有，其东方方国23个，西方方国60个，南方方国12个，北方方国8个，地望待考方国55个。[①] 东方方国主要指除了胶东半岛以外的山东地区，淮河附近以及江苏、安徽、河南交界地区，主要有人方、林方、攸方、元方、盂方、旁方、㐅方等方国。西方方国最多，集中在今河南西部，山西西部、南部、陕西渭河流域，以及陕西与山西、内蒙古、

---

① 孙亚冰、林欢：《商代地理与方国》，中国社会科学出版社 2010 年版，第 259 页。

甘肃的交界地区。有舌方、鬲方、沚方、羌方、周方等。南方方国主要分布在今河南南部、安徽南部、湖北地区以及江西中北部。主要有雇国、息方、贝国、虎方、髳方等。北方方国主要分布在今山西北部、河北北部和辽宁西部，主要有土方、下危、冪国、竹国、宋国等。这些方国分布在东西南北四个方向，对于商王朝的影响也各不一样，按照与商王朝的关系，可以分为三类，第一种一直与商王朝为敌，第二种与商王朝为友，第三种则摇摆不定，时叛时服，也就是亦敌亦友的关系。① 经过统计，在这三种关系当中，只与商王朝为敌的最少，与商王朝作为朋友的最多。这种朋友其实就是小国对大国的臣服，商王朝与属国之间是一种统属与被统属的关系，方国对商王朝的义务有为王打仗、戍边、贡纳祭祀用品、进献占卜材料、青铜等，除此之外还必须为商王提供女子、贞人、巫人、牺牲、士兵、人牲等。

根据陈梦家先生在《殷墟卜辞综述》中的研究，武丁时期方国很多，并且指出在武丁卜辞中常有"允有来艰自东（西、北）"的记载，这是边地诸侯报告敌国之入侵，没有"来艰自南"的记载，而郭沫若先生便说："足见殷人南方无劲敌"，这正好说明了在防御与进攻上的方位问题。② 总体来说，西北经常遭到侵扰，东南则主要是中原王朝进攻的对象，这与物产和民风等几个因素有关系，到西周时仍然基本沿袭这样的态势，很值得研究。我们用几个典型的方国卜辞来概括分析商王朝与方国的关系。甲骨文中经常出现的土方是属于第一期的方国，而在第一期之后就消失了，可能与武丁的征伐有关系。关于舌方的地望，大部分学者认为其在陕西北部或者在更加偏远的西北地区。在武丁时期，舌方与商王朝联系密切。舌方并非一个非常强大的方国，其参与骚扰商王朝的军队最多不过6000人。在甲骨文中也有友好相处的时候，即使在友好的时候，双方也有战争的记载，舌方仍然发动对商王朝的袭击。羌方是西方

---

① 孙亚冰、林欢：《商代地理与方国》，中国社会科学出版社 2010 年版，第 257—258 页。

② 陈梦家：《殷墟卜辞综述》，中华书局 1988 年版，第 269 页。

的古老部族，也是一个特殊的部族，在卜辞中其族人经常被商王当作牺牲来祭祀祖先。商王朝对羌方的战争也经常动用大批军队，有时一次就达到13000余人。这个部族在卜辞的一、三、四和五期均有出现。在周人崛起时，这个部族与周人联盟，是协助周人征伐商国的众方国之一。人方是东方族群，从早期到晚期的卜辞都有人方的影子。大量的用兵东夷而削弱了商王朝的军事实力，这可能是商王朝亡国的重要原因之一。① 盂方可能位于今河北中部一带，商王经常在盂方境内举行田猎活动，盂方的统治者也经常被看成商王统治者的侯伯。到卜辞的第五期时明显的叛商，在帝辛时而遭到大规模军事征伐。

商王朝的族群观念突出了地域观念，这是与夏完全不同的地方，既然有了四方的意识，实际上就是强化了中心的观念，称周围族群为方国，就是突出的地域性。夏朝称氏是血缘的话，那么商朝称方就是地缘。最为著名的就是商王为四方占卜是否丰收，分别有东土受年、南土受年、西土受年和北土受年。另外可以看到商王朝严酷压迫异族的情况，除了战争镇压，将被俘的酋长砍断肢体、剥掉头皮等，非常残酷。前面说到还将被俘获的羌人大量作为牺牲，来祭祀祖先。商代也有族群歧视，将周边族群在甲骨文中写作动物性的标志，如羌、蛮分别是羊与蛇，一方面可能是用图腾来表示该族群，另一方面也包含着商人对于周边族群的歧视性心理。殷商之人在鬼神的威严之下，实行残酷的族群压迫。胡厚宣先生曾经对俘获的方国伯长用来祭祀的问题进行研究。殷人征伐方国，俘获了方国的伯长，也用来祭祀。自廪辛、康丁至帝乙的卜辞中用方国伯长来祭祀共计16条，有羌方和危方。征伐俘获了方国伯长，不但用来祭祀宗庙和祖先，而且砍下头来，在头骨上刻上铭文，用以纪念胜利。这种头骨刻辞，胡厚宣先生一共统计了11片。② 这说明当时对异族的压迫还是相当严酷的。在上古时期，压迫剥削的单位可能

① 张光直：《商文明》，辽宁教育出版社2002年版，第246页。
② 胡厚宣、胡振宇：《殷商史》，上海人民出版社2003年版，第174页。

是以族群为单位的。在血缘关系紧密的夏商西周时期，资源先在族群的范围内分配，可以称为平行分配，当商王征服了某一方国，获得纳贡，就会使商王获得不同的贡物。

第二节　西周时期的华夷关系

一　华夷视野下周族渊源考略

西周时期是中国历史上文化大发展的时期，也是中国理性精神高涨的时代，形成了中国文化的根基——周代礼乐文明，为日后在文化上区分华夷奠定了基础。中国上古三代的文化史是一个不间断的连续过程，关于周人族属出身问题，在学术界是有争论的。20世纪30年代钱穆先生提出周人起源于山西说。1931年，钱穆先生首先提出："周人盖起源于冀州，在大河之东。后稷之居邠，皆今晋地，及大王避狄居岐，始渡河而西。"① 这一说法的影响是比较大的，陈梦家、邹衡、许倬云、王玉哲等先生基本上认同钱穆先生的观点。另一种观点是周人起源于关中说，主要有张光直、刘起釪、胡谦盈、尹盛平等学者。主张周人起源于晋南说的学者，把周人尊夏作为一个理由，周人以夏人自居，在《尚书》的《康诰》《君奭》《立政》诸篇均有反映，分别为："惟乃丕显考文王，克明德慎罚，不敢侮鳏寡。庸庸、祗祗、威威、显民。用肇造我区夏，越我一二邦，以修我西土""惟文王尚克修和我有夏""帝钦罚之，乃伻我有夏，式商受命，奄甸万姓。"在这几处关于"夏"的叙述中有一个共同的特点，就是放在商纣王失德的背景下讲的，讲周邦修德而获得天命。这明显是为自己统治的合理性进行一种理论构建。这种构建不是历史事实的陈述，是为周朝寻找合理性的依据。周乃夏人之后，代表华夏正统，当然可以推翻殷人的统治。

---

① 钱穆：《周初地理考》，载钱穆《古史地理论丛》，生活·读书·新知三联书店2004年版，第7—8页。

关于周族源头问题，也有研究者认为必须在分析方法上做出调整，对文化因素分析的考古学方法和族群认同的一致性提出建设性的意见，并结合先周文化的探索历程，对考古资料与文献资料的对应问题做出了分析。① 这些思考让我们可以以更加批判的态度去审视关于周族族源的研究成果，《史记·周本纪》云："公刘虽在戎狄之间，复修后稷之业，务耕种，行地宜，自漆、沮渡渭，取材用，行者有资，居者有蓄积，民赖其庆。"从目前的情况来看，周文化早期迁徙的具体过程仍然不是十分清楚，到底是从郑家坡北上豳地，又经历一个南下的过程②，还是只有一次南下的过程，然后从武功漆水一带转移到岐山一带③，现在学界仍有分歧。基于气候的干冷化导致了族群南下的理论，许多学者对这个问题进行了深入的研究，采用严谨准确的科学方法绘制了周族群迁徙的路线图，将历史科学的分析等同于自然科学研究方法，采取精确的年代学与气候温度降水指标，绘制出周族迁徙图。④ 这种研究方法揭示了地理气候与族群迁徙的密切关系。关于气候地理因素与历史发展的关系，有不同的说法，有的研究者就会陷入地理环境决定论的泥潭，而有的研究者则过度强调文化决定论，所以在这两者之间来回摆动。越是在上古时代，生产力水平越是低下，地理气候的因素影响也就越大，在西周早期的历史研究中，我们必须充分估计气候变迁对于族群迁徙的影响，这样才能接近历史的真实。

周族群到底是从哪里演变而来，可以说目前是有分歧的，除了上面介绍的山西说与关中说之外，还有一种观点认为其来自于今陕西东北部及山西西部一带，属于戎狄的族群范围。其实很早

---

① 马赛：《考古学文化与族群关系的思考》，《文博》2008 年第 5 期。

② 尹盛平先生主张这一观点，认为郑家坡是周文化早期，大致经历了北上，然后南下的过程。参见尹盛平《周原文化与西周文明》（江苏教育出版社 2009 年版）。

③ 李峰：《先周文化的内涵及其渊源探讨》，《考古学报》1989 年第 1 期。

④ Chun Chang Huang and HongXia Su, "Climate Change and Zhou Relocations in Early Chinese History", *Journal of Historical Geography*, 2009.

之前徐中舒先生就曾专门指出周人出自于白狄，只不过当时的论述还不是十分充分。沈长云先生结合考古与文献资料，认为周族来自朱开沟—李家崖文化，在气候变迁的大背景下逐步转移到渭水流域的岐山一带，并开始逐步农业化。在学理上，这一推论是当前关于周人起源解释中一种比较中肯的说法，也可以避免山西说与关中说的诸多不足，可以认为是关于这个问题研究的最新成果。① 在周族迁徙的路线上，我们认为总体的路线是一个由北到南的过程，就是公元前 2000 年至前 1500 年前后，气候干冷化使得鄂尔多斯地区的农业文化逐渐向畜牧业文化转变，半农半牧的朱开沟人群向南迁移，在公元前 1500 年左右形成了李家崖文化，接着继续南下一直到达关中地区，所以迁徙是在一个比较长的时间内进行的活动，其距离也比较长，从鄂尔多斯一直到关中平原。在此之前的研究都将路线放在武功、岐山和旬邑以及泾阳之间来讨论，其实这几个地点距离并不太远，这种先后的争论意义也并不大，我们只要把握周族迁徙的趋势并且解释其背后的原因，基本上就勾勒出了历史的基本轮廓。

周族的姬姓与黄帝的姬姓是一致的，通过文献来看，白狄族中也有一部分人为姬姓，从侧面佐证了周族起源与白狄说的可靠性。周人称自己为夏人，更大程度上是周族为了获得对商代的合法性而构建出来的，周人与夏人的关系并不能在文献和考古上得到支持，周人姬姓，夏人姒姓，完全不一样。夏人的后裔为杞、鄫二族，有时周人因为杞用夷礼而将其称为夷。《方言》讲"自关而西，秦晋之间，凡物之壮大者而爱伟之，谓之夏"。夏有大的意思，周人在讲夏的时候主要是在这个意义上讲的，即讲自己同盟的强大，与夏人扯上关系还有一点就是刻意隐藏自己的夷狄性，力求将自己的族群与夷狄区分开来。在这个过程当中，农耕化、对于中原文明的继承、礼仪规范的延续都是我们要认真思考的因素。

---

① 沈长云：《周族起源诸说辨证》，《中国史研究》2009 年第 3 期。

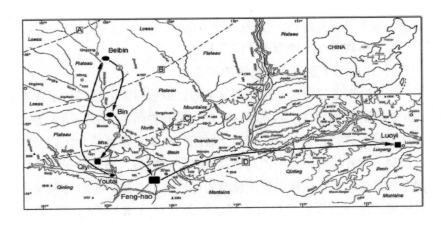

图 4　早期周族迁徙路线①

综上所述，我们认为周族是来自于鄂尔多斯的狄族人的一支，其经过长途跋涉，在内蒙古与陕西北部一带发展为李家崖文化，然后继续南下一直到达渭水流域，与当地从事农耕的羌族联合起来，在关中地区发展壮大，完成了由半农半牧向农业生产的转化。这其中气候的影响作用重大，公元前 2000 年到前 1500 年是导致北方农牧交错带形成的原因之一。以往的研究者利用考古材料只是在距离渭河较近的地方寻找周族群的形成轨迹，思路受到较大限制。这种短距离的迁徙对于生产方式影响并不大，对于摆脱戎狄性的作用也不大。在《史记》等文献的记载中可能混淆了不同时期的问题，将周族说成是一个有农业传统的民族。周人自称夏人之后，实际上是在强化自己作为华夏族群的意识，在这里极其重要的作用就是文化，就是将殷商从夏王朝继承下来的文化传统继承下去。由此可见，王朝与"正统"的意识应该是起作用的，华夏文化的作用是功不可没的。

---

① Chun Chang Huang and HongXia Su，"Climate Change and Zhou Relocations in Early Chinese History"，*Journal of Historical Geography*，2009.

二　西周时期王朝与夷狄的关系

（一）西周王朝与西北戎狄的关系

西周时期的族群关系是比较复杂的，以往研究者已经做了许多探索，我们在处理这个问题时，决定变换一种角度，将与周人的关系作为核心进行归类，把西周历史时期的族群关系概括为防御型和进攻型。大致说来，对于西北族群主要是防御型，而对于东南诸族则主要是进攻型。这样，按照地域的标准来分，然后依据时间顺序来梳理，进一步分析西周时不同阶层是如何认识与其他族群的关系的。

1.《诗经》中所见之戎狄

在西北地区，关于周人与西北诸族的关系主要为与猃狁的关系，在金文中多称之为戎。在《诗经》中有几首作品涉及西北地区的族群关系问题，即《小雅》当中的四篇，分别为《采薇》《出车》《六月》和《采芑》。《采薇》篇：

> 采薇采薇，薇亦作止，曰归曰归，岁以莫止。靡室靡家，猃狁之故。不遑启居，猃狁之故。采薇采薇，薇亦柔止。曰归曰归，心亦忧止。忧心烈烈，载饥载渴。我戍未定，靡使归聘！采薇采薇，薇亦刚止。曰归曰归，岁亦阳止。王事靡盬，不遑启处。忧心孔疚，我行不来！彼尔维何？维常之华。彼路斯何？君子之车。戎车既驾，四牡业业。岂敢定居？一月三捷！驾彼四牡，四牡骙骙。君子所依，小人所腓。四牡翼翼，象弭鱼服。岂不日戒，猃狁孔棘！

这是一首通过普通民众之口反映猃狁对西周社会产生重大威胁的诗歌，其表明当时人们整日戒备，经常处于战事之中。诗歌作者用底层戍卒的口吻描述了长期在外戍边的痛苦，出发点在于征战者与自己家人的相思之情，间接描述了猃狁兵力的强大、军情的紧急和戍守时间漫长等内容。关于此诗的写作时间，历代注家均有分歧，《诗序》将这首诗与《出车》和《杕杜》均定为周文王时期，并且被周公定为乐歌[1]，具有美化圣人的嫌疑。《逸周书》和《后汉书·西羌传》都采用《诗序》的说法，《史记·周本纪》云："懿王之时，王室遂衰，诗人做刺"，《汉书·匈奴传》云："至穆王之孙时，戎狄交侵，暴虐中国。中国被其苦，诗人始作，疾而歌之曰：'靡室靡家，猃狁之故。岂不日戒，猃狁孔棘。'"在这里引用的就是这首诗歌，所以客观地讲，把所写之事放在周懿王时是比较科学的。周懿王曾避居犬丘，即今兴平一带，很可能与当时的猃狁势力强大有密切关系。[2] 这足见当时猃狁的攻击力对于周王朝的压力。《诗经·出车》

> 王命南仲，往城于方。出车彭彭，旂旐央央。天子命我，城彼朔方。赫赫南仲，猃狁于襄。……嘤嘤草虫，趯趯阜螽。未见君子，忧心忡忡。既见君子，我心则降。赫赫南仲，薄伐西戎。春日迟迟，卉木萋萋。仓庚喈喈，采蘩祁祁。执讯获丑，薄言还归。赫赫南仲，猃狁于夷。

对于这首诗歌，我们只选用其中与猃狁和西戎关系密切的段落。在这首诗歌中，南仲作为主要的人物，可以与青铜器铭文相互验证。在这首诗歌中写了南仲征战猃狁的历程，战争发生在北方的边陲，即朔方之地。朔方到底为何处，有些注解认为其是北方河套之地，很可能是北方的某地，在周王朝的北方。经过艰苦卓绝的斗争，周王朝终于取得了战争的局部胜利。南仲担任周王朝司徒，在无叀鼎和驹父盨盖铭文中均有出现，《汉书·古今人物表》将南仲、召虎和方叔同列，皆为周宣王时人。另外在《诗经·常武》篇中也出现过类似情况，根据这些资料可以判断南仲是周宣王时期的人，

---

① （清）胡承珙：《毛诗后笺》，郭全芝点校，黄山书社1999年标点本，第773页。
② 此条相关内容见《史记·周本纪》的索引。宋忠曰："懿王自镐徙都犬丘，一曰废丘，今槐里是也。时王室衰，始作诗也。"参见《史记》，中华书局1959年标点本，第141页。

那么在《出车》篇中所载的战事也应是周宣王时期的。①《诗经》认为该诗歌为周文王时的作品,不可作为信史。《诗经·六月》云:

> 六月棲棲,戎车既饬,四牡骙骙,载是常服。猃狁孔炽,我是用急,王于出征,以匡王国。……猃狁匪茹,整居焦获,侵镐及方,至于泾阳。织文鸟章,白旆央央。元戎十乘,以先启行。戎车既安,如轾如轩。四牡既佶,既佶且闲。薄伐猃狁,至于大原。文武吉甫,万邦为宪。

这是一首很典型的诗歌,从正面描写了西北猃狁的强大,对于战争发生的具体地方也有记述。游牧民族对中原王朝的攻击主要集中在夏天,刚好是在大面积的庄稼收获之后,很可能是为抢夺粮食。还有一个就是冬天,牧区遇到灾害天气,生存状况急剧恶化,会去中原农业区抢夺生活资料,便会爆发族群之间的战争冲突。就目前的资料来看,这次战争是发生在周王朝的西北部,发生时间应在周宣王时期。其中关于"大原"的地望,一直是有争议的,主要有山西说和陕西说两种。《左传》中的"大原"为晋"败无终及群狄与大原"之处,大致位置在今山西省太原市西南晋源镇及其附近。而台骀"居大原"则是指汾水下游的南北地区。② 大原在早期可能就是一个面积广大的高地。在西周时期的大原应该就是在陕西地区,顾炎武在《日知录》则解释说:"薄伐猃狁,至于大原。毛、郑皆不详其地,其以为今太原阳曲县者,始与朱子,而愚未敢言也。古之言大原者多矣,若此诗则必先求泾阳之所在,而后大原可得而明也。"③ 在关于大原的争论中,金文资料可以提供帮助,在多友鼎中的记载可以补充《诗经》诠释的不足。泾阳只能是泾河之阳,古人以山南水北为阳地,这个地方只能在陕西的泾河流域,因此顾炎武的说法是合理的,即泾川与固原之间,也就是大致在今

---

① 吴镇烽:《金文人名汇编》,中华书局 1987 年版,第 225 页。
② 阎忠:《〈左传〉大原考》,《中国史研究》1993 年第 3 期。
③ (清)顾炎武:《日知录集释》,上海古籍出版社 2006 年标点本,第 153 页。

天的宁夏固原一带。另外，我们在研究中还发现，大原往往是族群冲突的重要地点，有高大原野的意义。《诗经·采芑》载：

> 薄言采芑，于彼新田，于此菑亩。方叔莅止，其车三千，师干之试。……方叔莅止，其车三千，师干之试。方叔率止，钲人伐鼓，陈师鞠旅。显允方叔，伐鼓渊渊，振旅阗阗。蠢尔蛮荆，大邦为仇。方叔元老，克壮其犹。方叔率止，执讯获丑。戎车啴啴，啴啴焞焞，如霆如雷。显允方叔，征伐猃狁，蛮荆来威。

这首诗歌中描述的主人公是名叫方叔的贵族，他在战斗中取得一系列胜利。除了猃狁之外，该诗还专门讲到了对于蛮荆的战争。在对猃狁的战争取得胜利之后，蛮荆屈服于周王朝的武力之下。《诗序》："《采芑》，宣王南征也。"《汉书·陈汤传》载刘向疏曰："昔周大夫方叔、吉甫为宣王诛伐猃狁，而百蛮从"，而郑笺谓："方叔先与吉甫征伐猃狁"，大概使用的就是刘向的说法。

综合来看《诗经》中的四首诗歌，描写周王朝与猃狁的战争，主要写了战争危害之大，周王朝进行了有效的出征防御。以往研究者都认为周王朝对西北猃狁进行了讨伐，而本书认为，从总体上看，周王朝对于西北部的战争主要是防御性质，在边境驻军，进行有效控制。几乎每次都是由于猃狁进攻才不得不进行有效反击。战争发生的区域，本书认为西周对于猃狁的主要作战区域在陕西中部和北部一带，也包括今甘肃东部和宁夏一部分。

2．西周金文中所见之西戎

在关于西周历史的研究中，西周铭文是非常重要的资料，在西周青铜器中有关猃狁的青铜器主要有八件，分别为虢季子白盘、不娶簋、兮甲盘、多友鼎、师同鼎、臣谏簋、菁簋等。

虢季子白盘铭文：

佳（唯）十又二年，正月初吉丁亥，虢季子白乍（作）宝盤，
不（丕）顯子白，壯（壯）武于戎工（功），經緻（維）四
方，摶（搏）伐獫（厰）狁（狁），于洛之陽，折首五百，執
訊五十，是以先行，趲洛之陽，折首五百，執訊五十，是吕
（以）先行，趡（桓）趡（桓）子白，獻馘（馘）于王，王孔
加（嘉）子白義，王各周廟宣廟（榭），爰卿（饗），王曰：
白父，孔覴（景）又（有）光。王賜（賜）乘馬，是用左
（佐）王，賜（賜）用弓、彤矢其央；賜（賜）用戉（鉞），
用政（征）蠻（蠻）方，子子孫孫萬年無彊（疆）。

（《集成》16.10173）

关于这个器的著录比较完备，郭沫若依据其与《后汉书·西羌
传》所载"夷王衰弱，荒服不朝，乃命虢公帅六师伐太原之戎"
记载相符合，而虢季子白即虢公，因此定此器为周夷王时期。[①] 马
承源先生将铭文定在周宣王时期，认为"十又二年，正月初吉丁
亥"应为公元前816年正月戊子朔。[②] 关于虢季子的身份问题，历
代均有争论，有西虢、东虢和北虢之说，我们倾向于认为此处之虢
季子应为王朝卿士，为西虢的支脉。这次战斗发生在洛水之阳，当
然是北洛水，说明攻击的方向是在西周镐京的东北方向。一共攻杀
猃狁500人，俘获了50人，大致比例为10:1。

不娶簋铭文：

唯九月初吉戊申，白（伯）氏曰：不娶，馭方、（獫）允
（狁）廣伐西俞，王令我羞追于西，余来歸獻禽，余命女
（汝）御追于罯，女（汝）吕（以）我車宕伐（獫）允（狁）
于高陶，女（汝）多折首執訊，戎大同，從追女（汝），女
（汝）彶戎大（敦）戟（搏），女（汝）休弗（以）我車

① 郭沫若：《郭沫若全集·考古编》（第八卷），科学出版社2002年版，第226
页。

② 马承源：《商周青铜器铭文选》（三），文物出版社1988年版，第308—309页。

（陷）于囏（艰），女（汝）多禽，折首執訊。白（伯）氏曰：
不婴，女（汝）小子，女（汝）肇（肇）誨于戎工
（功）……

（《集成》8.4329）

根据马承源的研究，认为这件青铜器所记载的战争是虢季子白
盘的继续，在时间上稍微靠后一些，也为周宣王时期，虢季子白盘
是公元前816年，不婴簋的时间是公元前815年。不婴作为白氏的
下属，在白氏返回西周时继续主持对猃狁的战争。① 驭方是当时猃
狁的首领，很可能在当时是对地方首领的通称，并非如郭沫若所言
与南方的鄂侯为同一个人。西俞指西部边陲，应该距离周都不会太
远，战争在䍙和高陶两地均有发生，最后取得了一定的胜利。这说
明此次是一次局部的胜利，战争主要是在西部地区进行的。

兮甲盘铭文：

隹（唯）五年三月既死霸庚寅，王初各伐厰狁（玁狁）于
䍙慮，兮甲從王，折首執訊，休亡啟，王易（賜）兮甲馬四
匹、駒車。

（《集成》16.10174）

这篇铭文前半部分主要讲兮甲跟随周王与猃狁作战，战斗的
地点是一个叫作䍙慮的地方。马承源将䍙慮解释为彭衙，春秋时在
秦地，汉为左冯翊，在今天陕西白水县的东北部，其中兮甲即为
《诗经·六月》中的尹吉甫。② 兮甲为周宣王时期的重臣，名甲，
字吉甫，兮氏，又称兮伯甲父、伯吉父、兮吉父、吉父等。据
《观堂集林补遗·兮甲盘跋》载："五年三月，宣王亲自率兵征伐
猃狁到了䍙慮，兮吉父从征有功，宣王赐给他马四匹，驹车一辆，

① 马承源：《商周青铜器铭文选》（三），文物出版社1988年版，第310页。
② 同上书，第306页。

并令征收成周及东国诸侯的委积，南淮夷各国的贡赋和劳役。"①
关于铭文所记战争发生的时间，根据张培瑜的《中国先秦史历
表》应为公元前832年。

多友鼎铭文：

> 唯十月，用严（玁）㺎（狁）放（方）膜（兴），宾
> （广）伐京𠂤（师），告追于王。命武公遣乃元士，羞追于京𠂤
> （师），武公命多友衔（率）公车羞追于京𠂤（师）。癸未，戎
> 伐筍（郇）、衣（卒）孚（俘），多友西追，甲申之脣（辰），
> 搏于漆，多友右（有）折首执讯，凡𠯑（以）公车折首二百又
> □又五人，执讯廿又三人，孚（俘）戎车百乘一十又七乘，衣
> （卒）匍（復）筍（郇）人孚（俘）。或搏于龏（共），折首
> 卅又六人，执讯二人，孚（俘）车十乘。从至，追搏于世，多
> 友或右（又）折首执讯。乃靰追至于杨冢。公车折首百又十又
> 五人，执讯三人，唯孚（俘）车不克𠯑（以），衣（卒）焚，
> 唯马歐（驱）盡。匍（復）夺京𠂤（师）之孚（俘）。多友迺
> 献孚（俘）馘（馘）讯于公，武公迺献于王，迺曰武公曰：女
> （汝）既静（靖）京𠂤（师）、赘（釐）女（汝），易（赐）
> 女（汝）土田。丁酉，武公才（在）献宫，迺命向父训（召）
> 多友，迺𨒥于献宫，公寴（亲）曰多友曰：余肇事（使）女
> （汝），休不遟（逆），又（有）成事，多禽（擒）。女（汝）
> 静（靖）京𠂤（师），易（赐）女（汝）圭𩁼（瓒）一、汤钟
> 一肆（肆），鐈鋚百匀（钧）。多友敢对扬公休，用乍（作）障
> 鼎，用倗（朋）用舎（友），其子子孙孙永宝用。

（《集成》5.2835）

在研究西周王朝与西北部族群关系方面，多友鼎具有重要意
义。在这个青铜器中，出现了漆、龏、筍、世、杨冢等地名，研

---

① 王国维：《观堂集林》，中华书局1959年版，第1206页。

究这些地名，对于理解战争路线的问题意义重大。关于该青铜器的年代，徐中舒、李学勤、黄盛璋、王辉等先生认为其是周厉王时期，主要依据是武公其人的断代。李学勤先生指出该战争发生在陕西，并非是山西，并结合王国维先生的《鬼方昆夷猃狁考》中关于《诗经》地名和青铜器所见地名相对比，对山西说从地名的角度进行了一一批驳，也就是对钱穆先生的《周初地理考》当中山西地名进行了否定。① 刘雨先生则对多友鼎的铭文进行了详细考证，认为该青铜器反映的情形与《诗经·六月》当中的情形相似，均记载了周人反击猃狁的一次车战。地域都涉及了京畿地区，而西周王朝进行反击的路线都是指向西北方。在这里出现的反击路线，李峰先生在其著作中进行了精确构拟和还原，虽然李峰先生没有肯定地说明《诗经·六月》所指的那次战争与多友鼎所记载的战争为同一次战争，他却肯定了战争的基本路线是大致一致的，并且从战略地理的意义上进行深入阐发，通盘考虑了路线问题。②

综上所述，我们对于西周王朝西北部地理环境的认识有利于进一步把握西周与西北少数民族的关系问题，事实上，学术界关于地名长期的纷争是缺少历史地理的证据作为判断的依据，我们不妨在分析这一问题时转换一下视角，从战争进行的视角对在当时的可能性作模拟，可能会提供一个全新的认识。

有许多文献证实，西周在出兵东征之前，首先出兵的是泾河上游的西北地区，只有后方巩固了，才能开展对东方的讨伐。《诗经·皇矣》云："密人不恭，敢距大邦，侵阮徂共。王赫斯怒，爰整其旅，以按徂旅，以笃于周祜，以对于天下。"密国对其两个邻邦阮和共的进攻，挑战了西周王朝的权威，西周遂对密国用兵，消灭了这个政权。《国语·周语上》有周王灭密之事，韦昭注："密康公，密国之君，姬姓。"可知周文王灭密国之后便据有此地，并

---

① 李学勤：《论多友鼎的时代及意义》，《人文杂志》1981 年第 6 期。
② ［美］李峰：《西周的灭亡——中国早期国家的地理和政治危机》，徐峰译，上海古籍出版社 2007 年版，第 189 页。

且分封同姓贵族捍卫西土，使之成为防御西北戎狄的一道屏障。有了前面关于交通道路的叙述，多友鼎当中涉及的地名可以大致给出一个结论了，龚这个地名就是《诗经·皇矣》当中的共国所在地，朱熹指出，它就在宋代的泾州"共池"附近，即今天的泾川。① 清代的朱右曾则指出它在泾州北面5里处。② 另外根据李峰先生的研究，虽然漆水河的具体地理位置不能确定，但是可以大致定位在今天彬县泾河南岸某处。筍这个地名坐落在今天旬邑的东北部，就是现在马栏河流域。在西周时期，筍就已经被称为"枸邑"，而这个名称在尸臣鼎中就已出现。尸臣鼎是在汉代发现于周原的一件西周青铜器。③ 而京师则显然是"豳"的另一种称谓，也就是《诗经·公刘》篇中的说法，即周人在前往周原之前在此地生活了一段时间，是周人祖先之一的公刘及其族人的聚集地。克钟铭文的背景也与古代地理著作的描述非常吻合，即今天泾河以北、旬邑以西、彬县以北的地区。在克钟铭文中，克被周王命令到泾河东岸视察，从其抵达京师的记载来看，京师必定离泾河颇近，并且极有可能就在河的东面。结合《诗经·公刘》的内容，我们对于京师的位置就清楚了，把几个因素结合起来，龚、漆、筍、京师的位置基本上搞清楚了。④

运用《诗经》的资料和青铜器铭文结合起来，给西周时期西北地区的战争研究提供了诸多方便。也有一些学者怀疑，《诗经》中的记载是否与真实的情况一致。这里有一个学术问题，即"以诗证史"问题，也许诗歌会给我们提供一个大的认识背景，但是在确定具体时间地点上恐怕还得谨慎，我们对此采取有保留的肯定态度。同时，这种观点是本书中所征引的《诗经》资料所保持的基本观点。

---

① （宋）朱熹：《诗集传》，上海古籍出版社1980年标点本，第185页。

② （清）朱右曾：《诗地理证》，学海堂版，第12页。

③ 关于尸臣鼎的发现以及"枸邑"即"筍"字的确认，参见《汉书》。

④ ［美］李峰：《西周的灭亡——中国早期国家的地理和政治危机》，徐峰译，上海古籍出版社2007年版，第186—189页。

师同鼎铭文：

> 犀畀其井（刑），師同從，折首執訊，孚（俘）車馬五乘，大車廿、羊百荆（挈），用徣（造）王，羞于鼻。孚（俘）戎金：合（盒）卅，戎鼎廿，鋪五十，鐱（劍）廿，用鑄丝（兹）障鼎，子子孫孫其永寶用。

（《集成》5.2779）

该器是 1981 年 2 月在陕西扶风县下务子村东南出土的青铜器，形制为西周晚期器型。李学勤先生将其定在周夷王之时，认为此族群应为猃狁一类的北方族群。[①] 王雷生先生则认为此器属于共和或周宣王之时的器物。该青铜器主要内容是讲，一个名为师同的族群，其与戎人战斗之后，大有斩获，俘获车马五乘、大车二十辆、一百只羊。此次还缴获了四种青铜器，分别是盒、戎鼎、铺、剑，也就是头盔、戎鼎、行军锅和剑。王辉先生认为戎就是犬戎[②]。铭文再没有提供更多的地域和人群相关信息，由于鼎中记录有大量俘获战车的内容，肯定当时也是以车战为主，并非是骑兵作战，同时从俘获较多的羊来看，该族群中畜牧经济占有较大比重。从青铜器制造来看，该族群在技术水平上并不比周人差多少，文明的发展程度应该相差不大。

除了在西北方向的戎人之外，还在北方出现了戎人。1978 年，在河北元氏县西张村发现一座西周墓葬，出土青铜器 34 件，当中的臣谏簋记载着邢侯与戎人战斗的事情。

臣谏簋铭文：

> 佳（唯）戎大出于軧，井（邢）侯厚（搏）戎，延令臣諫□□亚旅處于軧，從王□□。臣諫曰：拜手頴首，臣諫□亡，

---

① 李学勤：《师同鼎试探》，《文物》1983 年第 6 期。
② 王辉：《犀畀鼎通读及其相关问题》，《考古与文物》1983 年第 6 期。

母弟引臺（庸）又（有）望（忘），子□余弄（朕）皇辟侯，
余緯（豨）服乍（作）朕（朕）皇文考寶陣，隹（唯）用妥
（綏）康令于皇辟侯，勹（永福）。

（《集成》8.4237）

这篇铭文是说臣谏与戎人搏斗的故事。因为戎人攻击一个叫作
軓的部族，而这个部族是邢国的与国，所以邢侯命令臣谏攻击戎
人。战争地点在今河北一带，处于河北中部，具体在石家庄地区的
西北部，完全处在当时西周王朝北部。戎人应属于河北之戎。另外
也有学者认为戎人是殷遗民，在逻辑上显然不通。① 关于此器的时
代，郭沫若先生认为其是周成王时器，李先登先生认为是周康王时
器，李学勤先生认为是成康之际的器物，彭裕商先生认为大致在昭
末穆初。诸位均将其定在最早西周初年，最晚至昭穆之际。在铭文
中，臣谏从王征，要邢侯准许其母弟长子为其服政②，可见臣谏是
做好了为国捐躯的思想准备了。"戎"字的称谓，沈长云先生指
出，是华夏族群对于其他族的称谓。在金文中戎有兵器的意思，也
有征伐之意义，当然也有族群的意思。西方称戎在一定的意义上是
正确的，因为戎主要在西北方向，事实上，从作为好战之人群这个
意义上讲，东夷之族也被周人称为戎。在其他资料当中也出现了与
戎有关系的器物，就是菁簋。③

菁簋铭文：

隹（唯）十月初吉壬申，馭戎大出于楷，菁搏戎，執訊隻
（獲）馘，楷侯厈（釐）菁馬四匹、臣一家、貝五朋。菁揚侯
休，用乍（作）楷中（仲）好寶。

（《集录二》2.424）

这是一件重要的青铜器，现收藏于香港思源堂，标注为西周早

---

① 张怀通：《邢侯所搏之戎考》，《文物春秋》1999 年第 2 期。
② 杨文山：《青铜器臣谏簋与"邢侯搏戎"》，《文物春秋》2005 年第 6 期。
③ 李学勤：《菁簋铭文考释》，《故宫博物院院刊》2001 年第 1 期。

期器。李学勤先生根据器型和纹饰将其定在周穆王时期。萻字从害声，驭戎大概意思就是“朔”戎，即北方之戎。根据《三代吉金文存》中关于献簋的记载，楷地在今天陕北延安和志丹县一带。在西周青铜器当中，记录楷国的器还有一些，也有资料证明楷在西周中期仍然存在。在这次战争中，萻取得一定胜利，割下一些敌人的耳朵，楷侯赏赐他马四匹、臣子一家、贝五朋。萻于是传扬楷侯的好处，并做了这件器作为纪念。在这件器当中，北方之戎在周穆王时期威胁到了楷国的安全。这说明在周穆王时期，北方戎人对陕北一带造成了威胁。

四十二年逨鼎铭文：

> 隹（唯）卅又二年五月既生霸乙卯，王在周康穆宫，旦，王各大（太）室，即立（位）。（司）工散右吳（虞）逨入門立中廷，北鄉（嚮）。尹氏受王釐書，王乎（呼）史減冊釐逨。王若曰：“逨，不（丕）顯文武，膺受大令（命），匍有四方，則繇隹（唯）乃先聖且（祖）考，夾豐先王，爵堇（勤）大令（命），奠周邦。余弗叚（遐）望（忘）聖人孫子，余隹（唯）閉乃先且（祖）考，有庸于周邦，肆余作汝□訇，余肇建長父侯于采，余令（命）女（汝）奠長父，休，女（汝）克奠于氒（厥）自（師）。女（汝）隹（唯）克井（型）乃先且（祖）考，闢玁狁，出𢦏（捷）于井阿，于曆𡿺，女（汝）不畏戎，女（汝）光長父，以追搏戎，乃即宕伐于弓谷，女（汝）執訊獲馘，俘器車馬。女（汝）敏于戎工，弗逆朕親令（命）。釐女（汝）秬鬯一卣，田于𩰫卅田，于𢓊廿田。逨拜稽首，受冊釐以出，逨敢对天子不（丕）顯魯休揚，用作鬻彝，用（享）孝于前文人，前文人其嚴在上，廙（翼）在下，穆穆秉明德，豐豐𥂴𥂴降余康虞、纯佑，通彔、永令，眉壽綽綰。畯臣天子，逨其萬年無疆，子子孫孫永寶用亯（享）。
>
> （《集录二》1. 328—1. 329）

该器为西周晚期器，2003 年出土于宝鸡市眉县杨家村，杨家村窖藏以西周文化为主体，其中四十二年逨鼎有甲、乙两个，铭文相同，为 372 字，是新中国成立以来发现铭文最长的一件青铜器，为周宣王时器。铭文内容为单氏家族的历史，记录了单氏家族辅佐历代周王的丰功伟绩，表彰了其祖上抗击猃狁的事迹。其中有"闢猃狁"，意思为屏除，也就是为了解除猃狁威胁而主动出击。① 井阿、曆厬是地名，寏、㣈也为地名，前者是战争之地，后者为赏赐之地。② 井阿的位置，有学者研究认为在今凤翔县附近，古代为井族的活动范围。也有学者指出，沂从井，井人可能在沂水流域生活，并且有材料证明商代就有井方之族。通过对这些地名的梳理，基本上可以确定这次战争发生在陇东和关中北部，与多友鼎所描述的战争地点基本上是一致的。③

我们知道，周人是从北部南迁的一个族群，这里面有气候地理的因素，也有族群冲突的因素。西北方面始终是周人重要的防御所在，在西周的历史上与西北方向的族群冲突是比较激烈的。王国维在研究中成果与谬误并存，在本书的前面着重讲了在《鬼方昆夷猃狁考》中对族群的错判，即将猃狁说成是战国时的匈奴，应该是不对的。因为王国维当时确实还不具备充分解决这个问题的条件，特别是北方考古资料的支持、文化因素的对比以及语言系统甚至于人种的分析等，这些手段的缺失使得判断出现了谬误，但是对于西北地望的分析是相当有见地的，对于其危害性分析也是中肯的。④

在周灭商之际，东方犬夷的一支也跟着西进，其中一支逐渐西移，最后进入天水一带。天水西南的犬丘之所以称西犬丘，正是相对于山东曹县的犬丘而言的。尹盛平先生曾经指出犬夷是东方嬴秦

---

① 裘锡圭：《读逨器铭文札记三则》，《文物》2003 年第 6 期。

② 刘怀君、辛怡华、刘东：《四十二年、四十三年逨鼎铭文试释》，《文物》2003 年第 6 期。

③ 田率：《四十二年逨鼎与周伐猃狁问题》，《中原文物》2010 年第 1 期。

④ 王国维：《鬼方昆夷猃狁考》，载《观堂集林》，中华书局 1959 年版，第 583—606 页。

东进的结果，但是犬戎的情况要复杂一些，可能是来自南方三苗的族群，也就是允姓之戎。[1] 前面已经讲过，西周时利用秦人的力量制约猃狁，并且发挥了极大的作用。在面对威胁西周统治的势力面前，我们可以看到不同的人群对于同一事件理解也是不一样，戍卒看到的是戍边的辛苦和对战争痛苦的深刻认知，而将军则更多关注胜利的辉煌与赏赐的问题。《诗经》是底层群众的声音，而青铜器铭文则是贵族的赞歌。在西周时期与戎狄相关的还有两篇铭文，就是敚狄钟和史墙盘，下面我们将结合这两篇铭文来分析被周人称为狄的族群与周人的关系。

敚狄钟铭文：

> 侃先王，先王其严才（在）帝左右，敚狄不（丕）龏（恭），豊豊龥龥，降。

（《集成》1.49）

在这篇铭文中首先出现"狄"字，何琳仪先生解读为"剔"，即"治"，为治理惩治的意思。他对照逨盘中的"旁狄不享"来解释该器中的"敚狄不恭"，就是普遍惩治不恭敬的人。[2] 这种解读可备一说。此处"狄"字恐怕不是族群的意思，狄应为"远方之人"，相当于《尚书·牧誓》中："狄矣，西土之人。"吴大澂《愙斋集古录释文賸稿》认为其是记载北伐猃狁之事，应为周成王之器。杨树达与白川静均认为这种解释与前后之意不合，"狄"应解为远方之意，在春秋早期的曾伯霎簠铭文记载有"克狄淮夷"，这里的"狄"就解为远的意思。狄最早的意思是带犬之人，甲骨文从犬从大，就是人带着猎狗，这是北方游牧族群的生活特征。关于史墙盘中"永不（丕）饥（恐）狄虘"的争论就更激烈了。

---

[1]　尹盛平：《猃狁、鬼方的族属及其与周族的关系》，《人文杂志》1985 年第 1 期。
[2]　何琳仪：《逨盘古辞探微》，《安徽大学学报》2003 年第 4 期。

史墙盘铭文：

> 曰古文王，初敍（鼕）龢于政，上帝降懿德大甹（屏），匍（撫）有上下，迨（會）受萬邦。緐（訊）圉武王，遹征四方，達（撻）殷畯民，永不（丕）飢（恐）狄盧，微伐尸（夷）童。

（《集成》16.10175）

该器于 1976 年在庄白一号窖藏出土，现藏扶风周原博物馆，内底有铭文 284 字，铭文前段主要颂扬文、武、成、康、昭、穆等功绩，后段记述微氏家族六代事迹。该器出土之后，曾经引起很大的震动，许多著名学者都对其做过解释。徐中舒先生认为狄为北方强大部族的一支，在商亡之后，狄在北方失去盟友，孤立无援，周人就不会再恐惧狄人的侵略了。[1] 李学勤先生也同意徐中舒先生的观点，认为狄就是被晋献公灭掉的狄人方国。同时，李学勤用后面铭文作为旁证，认为在解决了北方的狄人问题后，周人开始专心对付夷人。[2] 裘锡圭先生的理解与前面两位学者不一致，认为"狄"与伐相对而言，与前面讲过的曾伯雫簠铭文中的"克狄淮夷"的狄一样，是"远方"的意思。[3] 于豪亮先生认为，"永不飢狄盧"的意思是永远巩固世世代代的王位。狄读为逖，训为远。[4] 狄最早的意思是远方带犬之人，后期意思为远方，我们认为理解为远方或远方的人群可能更为合理，作为一个专门的族群出现，在西周铭文中并不明显，相对于"戎"和"猃狁"这样的语词而言，在表达上也不够确切。

综上所述，西周与猃狁的战争主要发生在西周晚期，从周厉王时期一直延续到西周末期。在周宣王时期战争则特别多，这时周宣

---

① 徐中舒：《西周墙盘铭文笺释》，《考古学报》1978 年第 2 期。
② 李学勤：《论墙盘及其意义》，《考古学报》1978 年第 2 期。
③ 裘锡圭：《史墙盘铭解释》，《文物》1978 年第 3 期。
④ 于豪亮：《墙盘铭文考释》，《古文字研究》1982 年第 7 辑。

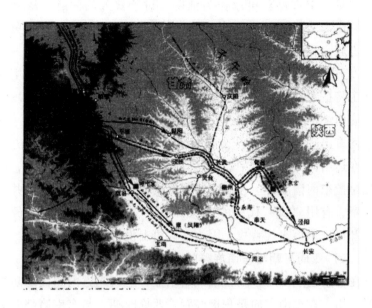

图5　公元前823年西北族群与西周王朝战争形势①

王开始了军事上的战略反攻。猃狁属西方族群，在西周后期逐渐向东南方向迁移，与西周发生了严重的冲突，从此出现在中国历史舞台上。多数学者认为，猃狁与犬戎是同一个部族，或者说是统一族群的不同分支。结合古代的交通路线，我们基本上可以对西北的几场战争进行构拟，但是具体的细节仍显不足。但是我们可以对时间的轮廓作出粗略的描述，战争发生在西周的西北地区，也就是在今泾河河谷一带至北洛水，不是在今山西一带。大原就是今天的甘肃、宁夏一带，以固原为中心区域。② 瓜州也在西北一带。西周与西北族群的战争多是防御性的，往往是敌方进攻，周人才进行反击，战略态势是守势。在战争中双方都使用战车，这说明生产形态上双方差异并不大，但是在西北族群中畜牧经济的成分应该比周人

---

①　该图为连接关中与西北地区的路线图，转引自李峰《西周的灭亡——中国早期国家的地理和政治危机》一书。
②　彭裕商：《周伐猃狁及相关问题》，《历史研究》2004年第3期。

高，大量的羊被俘获可以作为证明。对于狄人的问题，从铭文来看，其作为族群出现并不明显，有学者认为，狄族群与商代鬼方为同一部族，我们倾向这一观点。

以上的研究主要是依据铭文而做出的判断，在文献部分主要有周穆王将征犬戎，祭公谋父劝谏穆王，而战争的结果是得四白狼、四白鹿而还，最后将大戎迁于大原这一事件在《国语》和《史记》当中均有出现，从另一个方面补充了周人对于西北族群历史的认识。在运用铭文的过程中，虽然有的篇章带有"戎"的字眼，但是明显是指东南诸族群。在此之前，铭文中有混乱的现象，但并非杂乱无章，有用"戎"代夷的现象，是将"戎"作为武装人员的意思，却鲜见用夷来代替戎，因为在词语上没有连接的东西。

（二）西周王朝与东南族群的关系

在管蔡之乱以后，周公就开始东征，与西北方向的被动防御不一样，周人在东南方向是积极经营。西周时期，与东南诸部族关系复杂多变，在时间上可以分为三个阶段。我们以铭文为主要资料，按照传统的分法，文武成康昭为早期，穆恭懿孝夷为中期，厉共宣幽为晚期。这样分法是依据不同时期族群冲突的差异，也符合一般的叙事结构。

1. 西周早期与东南族群的关系

反映西周早期族群关系的铭文内容有塑方鼎、禽簋、小臣谜簋、中方鼎、静方鼎等。在西周早期的历史中，主要是周公在平定了管蔡和武庚发动的叛乱之后，继续对东南族群进行征伐。周公在排除了种种猜疑之后，发动战争平定管蔡之乱，趁势扫荡殷商的同盟力量和残余势力。

塑方鼎（周公东征鼎）铭文：

> 隹（唯）周公于征伐東尸（夷），豐白（伯）、専（薄）古（姑）咸戈。公歸禩于周廟。戊辰，畲（饮）秦畲（饮），公賞塑貝百朋，用乍（作）障鼎。

（《集成》5.2739）

戈，唐兰释读为斩①；马承源则认为当释读为绝②；吴振武将其释读为"杀"，训为"克"③；陈剑认为应当释读为类似于"灭"的"翦""践""残"等字④。祼是一种祭祀礼仪。酓释读为饮。《尚书》载："武王崩，三监及淮夷叛，周公相成王，将黜殷，作《大诰》。"这一段话刚好印证了周公征伐淮夷的原因。当时周公征伐有三个对象，分别是东夷、丰伯和薄古。上面整段铭文的意思是：周公远征东方，讨伐作乱的东夷、丰伯、薄古，而在胜利后，周公祈亨于周庙。在戊辰这个日子，大家畅饮秦地产的秦酒以欢庆东征胜利和周公祈亨于周庙的喜悦，当时周公赏赐给塑贝百朋，并制作了此尊宝鼎。从铭文中看，丰伯和薄古在周人看来都属于东夷的范畴，因为在文字上是东夷并列的。

这篇铭文为我们研究提供了新思路，在周公东征的时候，东夷是作为一个部族来对待的，丰伯和薄古与之并列。另外，这篇铭文也为秦人东来说提供了证据。

禽簋铭文：

> 王伐禁（盖）侯，周公某（谋），禽祝，禽又（有）啟祝，王易（赐）金百孚（鋝），禽用乍（作）寶彝。
>
> （《集成》7.4041）

该器为周成王时期，在这篇铭文中的禁，应该读为盖，即奄国。周王伐奄国，周公教其子伯禽啟祝，在征服奄国之后，就将伯禽封于此地。《左传·昭公九年》载："及武王克商，薄古、商奄，吾东土也。"在杨伯峻的注释中说奄地在今山东曲阜东。⑤《左传·

---

① 唐兰：《西周青铜器铭文分代史徵》，中华书局1986年版，第43页。

② 马承源：《商周青铜器铭文选》（三），文物出版社1988年版，第17页。

③ 吴振武：《"戈"字的形音义》，载王宇信、宋镇豪主编《纪念殷墟甲骨文发现一百周年学术研讨会论文集》，社会科学文献出版社2003年版，第139—148页。

④ 陈剑：《甲骨金文"戈"补释》，《古文字研究》2004年第25辑。

⑤ 杨伯峻：《春秋左传注》，中华书局1981年标点本，第1308页。

定公四年》载："因商奄之民，命以伯禽，而封于少皞之墟。"伯禽继承了奄国的民众，地方是少皞曾经生活的地方。

小臣谜簋：

> 叡東尸（夷）大反，白（伯）懋父吕（以）殷八自（師）征東尸（夷）。唯十又一月，遣自鳌（次），述東陝，伐海眉。雩乓（厥）復歸才（在）牧自（師），白（伯）懋父承王令易（賜）自（師）達征自五齵貝，小臣谜蔑曆，罘易（賜）貝，用乍（作）寶障彝。

（《集成》8.4238）

该器于1930年出土于河南汲水县，器盖同铭，现存台湾"中央博物院"，马承源先生认为其乃西周康王时期器①。主要内容是说周康王时期东夷反，而这件事情在史籍当中没有记载。伯懋父率殷八师去征伐。伯懋父也就是卫康叔之子康伯。铭文中"齵"说明征伐的海眉有渔盐之利②，这次进攻可能与这个有一定关系。军队十一月从鳌出发，一直打到海边，打完仗后返回在牧野的殷八师驻地，周王用从五齵征收的贝赏赐这些军队。

中方鼎铭文：

> （唯）王令南宫伐反虎方之年，王令中先省南或（國），貫行，執（執）王应，在夔障真山，中乎（呼）歸生鳳于王，執（執）于寶彝。

（《集成》5.2751）

中方鼎二件同铭，各39字。省，有检阅、巡视的意思。③省在该器中可能还有威慑的意味，是在对虎方讨伐前的一种武力炫耀。

---

① 马承源：《商周青铜器铭文选》（三），文物出版社1988年版，第76页。
② 陈梦家：《西周铜器断代》（上册），中华书局2004年版，第20—21页。
③ 尚艳涛：《西周金文中的族军》，《考古与文物》2009年第3期。

用该器纪年，说明周王非常重视这件事情。在南征之前，昭王命令南宫进行前期的准备工作，要建周昭王的行宫，作为南征的指挥中心。① 该器所载是周昭王二十六年南征前的事情，主要记载勘察道路的史实。其中的"应"，段玉裁注解为类似于蒙古包一类的东西，更确切一些，在战争状态下并不需要建立行宫，只要建一个临时的指挥所即可。关于南国在西周指代的问题，朱凤瀚先生做了解释，他认为南国不应该视为西周的领土，应是淮夷的居住所在。同时，该地形成一定的政权组织，尤其到了西周中晚期，并未被西周实际控制。②

静方鼎的铭文可以为我们提供西周早期一段周王与东南族群关系的证据。

静方鼎铭文：

> 佳（唯）十月甲子，王才（在）宗周，令（命）师中眔静省南或（国）相，珷応（居），八月初吉庚申至，告于成周。月既望丁丑，王才（在）成周大室，令静曰："嗣（司）女（汝）采，嗣（司）才（在）曾噩（鄂）自（师）。王曰："静，易（赐）女（汝）嵏、旂、市、采霝。"曰："用事。"静扬天子休，用乍（作）父丁宝障彝。

> （《集录》2.357）

该器为周昭王时器，四足方鼎，内壁有铭文，现藏日本出光美术馆。其主要内容是说周昭王派静去南国。根据李学勤先生考证，南国当为湘水流域的诸侯国，具体位置有待于进一步研究。我们知道周昭王时期有三次征伐汉水流域，根据古本《竹书纪年》的资料，分别是周昭王十六年和周昭王十九年南伐荆楚，以及周昭王十九年丧师于汉水。根据历法资料的推比，该器中的十月甲子，应在

---

① 陈秉新、李立芳：《出土夷族史料辑考》，安徽大学出版社 2005 年版，第 151 页。

② 朱凤瀚：《论西周时期的"南国"》，《历史研究》2013 年第 4 期。

周昭王十八年①，正好处在周昭王第二次南征前夕，应当为一次军情的侦察刺探性质的南巡活动，是为南征做战前准备。周王讨伐的国家是否为荆楚，恐怕还得仔细研究。关于昭王南征的问题在学术界已经做了许多研究，有学者指出周昭王并非征伐楚国，而是对于汉水流域的众多部族，甚至南征的主要对象是"虎方"，与伐荆楚是两个不同的事件。② 昭王南征是为了获得周人需要的一种战略物资，那就是青铜。在周昭王时期的青铜器当中，过伯簋、小子生方尊都有大量关于获得铜的记载，这是昭王南征的根本目的。资源的争夺是历代王朝不可回避的事件，昭王南征固然可以做出很多解释，但是争夺铜矿资源应该是我们认识问题的主线和核心。

2．西周中期与东南族群的关系

对于西周历史的划分有很多种方法，本书之所以将周穆王作为中期的开始点是考虑到昭穆之际西周开始确立属于自身的若干特点，在族群关系的处理上也开始出现新的特征。

录伐卣铭文：

> 王令伐曰：叔，淮尸（夷）敢伐内國，女（汝）其㠯（以）成周師氏戍于𣎴𠂤（次）。白（伯）雝（雍）父蔑彔曆，易（賜）貝十朋。彔拜頴首，對揚白（伯）休，用乍（作）文考乙公寶障彝。

（《集成》10.5419）

伐簋铭文：

> 伐簋：隹（唯）六月初吉乙酉，才（在）堂𠂤（次），戎伐，伐達有嗣（司）師氏奔追禦（襲）戎于𣇈林，博（搏）戎䚕（胡），朕（朕）文母競敏㪅行，休宕氒（厥）心，

① 王辉：《商周金文》，中华书局2006年版，第94页。
② 刘礼堂：《关于周昭王南征江汉地区有关问题的讨论》，《江汉考古》2000年第3期。

永襲乓（厥）身，卑克乓（厥）啻（敵），隻（獲）馘百，執
訊二夫，孚（俘）戎兵：㪎（盾）、矛、戈、弓、備（箙）、
矢、裨、胄，凡百又卅又五叔（款），孚（捋）戎孚（俘）人
百又十又四人，衣（卒）博（搏），無眈（尤）于戜身。

（《集成》8.4322）

录戜卣依据郭沫若先生研究，将其定为周穆王时期器。这两篇
铭文对于我们理解周穆王时期对淮夷的战争有重大意义。在录戜卣
中，淮夷胆敢侵伐内国，这里内国指代中原地区，这说明淮夷发动
了一场针对周人属国的攻击行动。周穆王命令戜与成周戍守于胡自，
为了阻止其内侵。① 在这篇铭文中出现西周时期内外族群观念，内
国就是中国，表示中原之地，而淮夷当然属于外人，内外的对应性
即是地理的分野，也是族群的分野。内外的划分主要看是否为周人
政治联合体的成员，是否臣服周王朝。在周穆王时期，东夷族群有
融合的迹象，《后汉书·东夷传》云："徐夷僭号，乃帅九夷以伐
宗周，西至河上，穆王畏其方炽，乃分东方诸侯，命徐偃王主
之。"② 这说明在周穆王时期，确实东夷力量比较强大。

戜簋于 1975 年出土于陕西扶风县庄白村西周墓，下腹向外倾
垂，器与盖均饰以垂冠鸟纹，现藏周原博物馆。该铭文在周穆王时
期算是较长的一篇，史学价值当然也比较高。这篇铭文讲戜率兵与
淮戎在賦林作战，在战斗中他的母亲在冥冥之中保佑他，结果打了
胜仗，缴获了一批战利品，还有俘虏 100 多人，而他自己没有受
伤，所以做器纪念自己的母亲。③ 伯戜是录国的国君，为非姬姓的
诸侯国，其封地在东南，应该在周畿内有采邑。在伯戜卣中称其父

---

① 陈秉新、李立芳：《出土夷族史料辑考》，安徽大学出版社 2005 年版，第 166
页。
② 《后汉书》，中华书局 1965 年标点本，第 2808 页。
③ 马承源：《商周青铜器铭文选》（三），文物出版社 1988 年版，第 115 页。

为文考乙公，称其祖父为文祖辛公，两人均是其祖辈。① 周穆王时期发生于淮北平原的夏与东夷的冲突是由于东夷首先挑起战争，周王室组织了以师氏、虎臣为主力，胡、应等重要诸侯相配合，战争地点在太康南的固次与郾城。这些淮夷来自淮北平原及淮河下游等地。在此战后，周王室与淮夷保持一段的和平时间，直到周夷王时期才又发生淮夷内侵事件。周穆王时期周人与淮河下游的族群冲突主要发生在周人与瘖戎、南夷之间。

班簋铭文：

> 佳（唯）八月初吉，才（在）宗周。甲戌，王令毛白（伯）更虢城公服，粤（屏）王立（位），乍（作）四方丞（极），秉緐、蜀、巢令，易（赐）铃鍪（勒），咸。王令毛公以邦冢君、土（徒）馭、或人伐東或（國）瘖戎，咸。王令吴白（伯）曰：“以乃（师）左比毛父。”王令吕白（伯）曰：“以乃师右比毛父。”遣令曰：“以乃族從父征，徝城衞父身，三年靜東或（國），亡不成，眺天畏（威），否畀屯（純）陟。”

（《集成》8.4341）

该器为传世品，原藏清宫，《西清古鉴》称其为毛伯彝，后被北京物资回收公司有色金属供应站从废铜中发现，现藏首都博物馆。对于此器年代的认定，学界公认的结论是李学勤先生的周昭王前期说。②

该器铭文记载周昭王命令毛伯继续虢成公的职事，掌管緐、蜀、巢三地，率领军队平定瘖戎，吴伯和吕伯一并参与作战，三年平定了叛乱。“瘖”当读为“滑”或“猾”，意思就是叛乱，“瘖

---

① 罗西章、吴镇烽、雒忠如：《陕西扶风出土西周伯㦰诸器》，《文物》1976 年第 6 期。

② 李学勤：《班簋续考》，《古文字研究》1986 年第 13 辑。

戎"等同于说乱戎。① 虽然经过周公东征，但是在山东大汶水和泗水一带的族群仍未完全臣服。鯀、蜀、巢三地在今濮阳、泰安、曲阜一带，也就是文献所载之"大东"之地，大汶水和泗水向东则西周的控制相对弱一些，这里就是痟戎叛乱的地方。吴伯和吕伯的地望现在也已经清楚了，吴伯即在今宝鸡陇县一带的姬姓矢国，即太伯、仲雍所奔之吴地。② 吕伯也是直至周宣王时期才被徙封于南土，之前一直在今山西太岳山附近。③ 在吴伯和吕伯的协助下，毛伯以上述三地为基地，对痟戎进行征伐，并取得胜利。根据铭文的记载，毛伯掌管了鯀、蜀、巢三地的政务之后，才去进攻痟戎。有学者认为，鯀为范阳故地，蜀是蜀国旧地，在现在泰安西边，巢与蜀相邻近，就在今天泰安以西的大汶河流域，即《左传》成公二年齐国南侵的"巢丘"。④ 这种说法是相对准确，与周初周公东进的态势是符合的。这三地在今天的濮阳清丰县一带、泰安和曲阜一带，痟戎的分布地带就是这一地区的东南一带，也就是文献所讲的"大东"之地。⑤ 这篇铭文中吴伯也出现在另外一件青铜器竞卣上。

竞卣铭文：

> 佳（唯）白（伯）屖父启（以）成自（师）即東，命成
> 南尸（夷），正月既生霸辛丑，才（在）鄣（坏），白（伯）
> 屖父皇競，各于官，競蔑曆，賞競章（璋），對揚白（伯）休，
> 用乍（作）父乙寶障彝，子孫永寶。
>
> （《集成》10.5425）

---

① 连劭名：《西周班簋铭文新考》，《北京文物与考古》2004 年第 6 辑。

② 刘启益：《西周矢国铜器的新发现与有关历史地理问题》，《考古与文物》1982 年第 2 期。

③ 钱穆：《周初地理考》，《燕京学报》1931 年第 10 期；傅斯年：《大东小东说》，载傅斯年《民族与中国古代史》，河北教育出版社 2002 年版，第 82—86 页；陈槃：《春秋大事表列国爵姓及存灭表撰异》，上海古籍出版社 2009 年版，第 809—819 页；徐少华：《周代南土的历史地理与文化》，武汉大学出版社 1994 年版，第 39—41 页。

④ 何浩：《巢国史迹钩沉——兼论徐戎的南迁》，《中国史研究》1983 年第 2 期。

⑤ 傅斯年：《民族与中国古代史》，河北教育出版社 2002 年版，第 79 页。

该篇铭文主要讲伯屖父率领军队征伐南夷之人，在斡地驻扎，并赏赐于竞。[①] 这次南夷叛乱的活动区域在泰山之南的汶水流域。在周穆王时期确实发生较大规模东夷叛乱，班簋和竞卣均为我们提供了证据。

在研究西周若干问题时，西周青铜器的断代问题必然摆在研究者面前，在结合器型纹饰的同时，还必须重视铭文与史实的有机结合。将周夷王时期的青铜器铭文与史学结合起来考虑，可以勾勒出周夷王时期的族群冲突情况。

鄂侯驭方鼎铭文：

> 王南征，伐角、僪，唯还自征，才（在）坏（坯），噩（鄂）侯驭方内（纳）壶于王，乃裸之。驭方倗（侑）王。王休宴，乃射，驭方偃（偃）王射。驭方休闌，王宴，咸 龠（饮），王窺（亲）易（赐）驭方玉五瑴、马四匹、矢五束，驭方拜手頴首，敢对扬天子不（丕）显休釐（釐），用乍（作）障鼎，其迈（万）年子孙永宝。

> （《集成》5.2810）

鄂侯驭方鼎又名鄂侯鼎，鼎高35.3厘米，口径31.1厘米，腹似盆，立耳，蹄足，深腹。颈饰回首夔龙纹，腹饰夔纹一道，足饰兽面纹。该器为陈介祺、陈大年旧藏，现藏上海博物馆。关于此器的断代问题，本书采用刘启益的观点，定其为周夷王时器。[②]

铭文主要是讲周夷王征伐南淮夷时，在坏这个地方鄂侯纳壶于周王，然后与周王饮宴，然后又举行射箭以助兴，最后周王给了鄂侯非常优厚的赏赐。在周夷王经营淮夷的过程中，鄂国的地位是相当重要的，其中的一个战略要地"坏"距离鄂国并不是很远，鄂周

---

① 陈秉新、李立芳：《出土夷族史料辑考》，安徽大学出版社2005年版，第191页。

② 同上书，第204页。

的地位也就可想而知了。周夷王在此停留，饮宴赏赐鄂侯，是要极力笼络鄂侯，使其成为统治南淮夷重要的力量。给予其优渥的待遇，但是鄂侯似乎并不买账，假装曲意逢迎，其实心里并未打算归顺周王，回去之后就作为南淮夷的首领反叛周王。禹鼎里面将这一戏剧性事件记载的非常清楚，其铭文如下：

> 禹曰：不（丕）顯起起（桓桓）皇且（祖）穆公，克夾绍先王莫四方。緯（肆）武公亦弗叚望（忘）腠（朕）聖且（祖）考幽大弔（叔）、懿弔（叔），命禹仆（肖）腠（朕）且（祖）考，政于丼邦。緯（肆）禹亦弗敢惷（惷），暘（惕）共腠（朕）辟之命。烏虖（乎）哀哉，用天降大喪于下或（國），亦唯噩（鄂）侯馭方率南淮尸（夷）、東尸（夷），廣伐南或（國）、東或（國），至于歷內。王迺命西六自（師）、殷八自（師），曰：剗（撲）伐噩（鄂）侯方，勿遺壽幼。緯（肆）自（師）彌宋（怵）匐匿（怛），弗克伐噩（鄂）。緯（肆）武公迺遣禹率公戎車百乘，斯（廝）馭二百，徒千，曰：于匡（將）腠肅慕，重（惟）西六自（師）、殷八自（師），伐噩（鄂）侯馭方，勿遺壽幼。雩禹吕（以）武公徒馭至于噩（鄂），韋（敦）伐噩（鄂）。
>
> （《集成》5.2833）

此器为周夷王或周厉王时器，1942 年出土于陕西岐山县任家村。该铭文主要说禹随武公征伐鄂侯。此前，鄂侯率领南淮夷、东夷的部众，侵占西周的南国和东国。禹跟随武公进行征战，战争进行得十分惨烈，连老人和小孩子也不放过。但是殷八师与西六师战斗力并不是十分强大，倒是武公的亲军发挥了重大作用。在鄂侯馭方鼎中记载了周夷王还与鄂侯相见甚欢的情形，觥筹交错，但是时间不长鄂侯就侵伐周的内国，图谋不轨。禹鼎的断代争论较大，各执一词，如果从记录的事件本身而言，将该器定在周夷王末年或周厉王初年均可，而我们倾向于周厉王末年。在鄂侯与周夷王会面不久，在周厉王时期就发生了反叛行为。如果我们参考夏商周断代工程的成果，周夷王在位时间是 8 年，那么这个事件在时间上应该是没有问题的。正因为在位时间较短，所以才会发生一个事件跨越两个周王的现象。正因为对鄂侯出尔反尔的痛恨，导致形势遽变，周王才下令"勿遗寿幼"，最后杀死鄂侯，鄂国灭亡了。①

无㠯簋铭文：

> 隹（唯）十又三年正月初吉壬寅，王征南尸（夷），王易（赐）無㠯馬四匹，無其（㠯）拜手頴首，曰：敢對揚天子魯休令，無㠯用乍（作）朕（朕）皇且（祖）釐季障段，無㠯其萬年子孫永寶用。

（《集成》8.4225—4228）

这件青铜器同样有夷、厉两个王世的断代之争，刘启益结合器型与张培瑜的年表，特别是十又三年的特殊闰年，将其年代定为周懿王时期。黄盛璋则依据器型与历法将其断定为周厉王十三年。如果这个结论成立，那么则证明周厉王时期确实对南淮夷进行了战争，并且取得了胜利。无㠯曾经跟随周王南征，得到了周王的赏赐，赏赐之物为战马。

翏生盨铭文：

> 王征南淮尸（夷），伐角、津，伐桐、遹，翏生從，執訊折首，孚（俘）戎器、孚（俘）金，用乍（作）旅盨，用對剌（烈），翏生眾大娟（妘），其百男、百女、千孫，其邁（萬）年眉壽永寶用。

（《集成》8.4459）

---

① 刘翔：《周夷王经营南淮夷及其与鄂之关系》，《江汉考古》1983 年第 3 期。

虽然年代上有分歧，但是由于与鄂侯驭方鼎有相同的内容，将其断为周夷王时期的器是合理的。角，古国名，在甲骨文与鄂侯驭方鼎里出现过，地望在角城。津，古国名，《水经注·淮水注》载："穿樊梁湖北口，下注津湖迳渡。"[①] 其故地在今宝应县南六十里。桐，古国名，在《左传·定公二年》中有"桐叛楚"，杜预注："桐，小国，庐江舒县西南有桐乡。"[②] 其地在今安徽桐城西北。遹，在淮水上游。可见四国皆为淮夷方国。[③]

翏生跟随周王征伐四国，有所斩获，缴获了兵器与铜，后做成盨。在这里看出了在战争中除争夺人口、兵器之外，还在抢夺一种战略资源，那就是铜。在西周时期铜是族群冲突中抢夺的重要物资，在北方铜矿比较缺乏，而南方铜矿比较多，这是西周王朝重视南方的主要原因之一。

3. 西周晚期与东南族群的关系

敔簋铭文：

> 隹（唯）王十月，王才（在）成周，南淮尸（夷）遷殳，内伐溟、昴、参泉、裕敏、陰陽洛，王令敔追䳒（襲）于上洛
> 㥦谷，至于伊、班，長榜歡首百，執訊卌，奪孚（俘）人四百，
> 畕于矦（榮）白（伯）之所，于㥦衣肆，復付氒（厥）君。
>
> （《集成》8.4323）

该器内容主要讲述在周历十月，周王在成周，南淮夷聚集，侵入西周王朝南土，一直到洛水下游，周王命令敔率兵追击，一直到伊水才班师。这次战争斩杀了 100 人，俘虏了 40 人，夺回被南淮夷俘虏的周人 400 人，并将其收于荣伯之处。同时，敔将这些人详

---

① （北魏）郦道元：《水经注校正》，陈桥驿校正，中华书局 2007 年标点本，第741 页。

② 杨伯峻：《春秋左传注》，中华书局 1981 年标点本，第 1529 页。

③ 陈秉新、李立芳：《出土夷族史料辑考》，安徽大学出版社 2005 年版，第 203页。

细登录之后，再交给原来的主人。在接着举行献俘仪式中献上 100 名被杀敌人的左耳及 40 名俘虏。敔受到了周王的奖励，有瓒、五十朋的贝，还有赐田 100 亩。可见，该次战争取得了一定胜利，对于参加战争的敔赏赐相当丰厚。此器还表明在周厉王时期，南淮夷曾主动进攻，一直到西周腹地接近今天陕西商县一带。

仲偁父鼎铭文：

> 唯王五月初吉丁亥，周白（伯）邊及中（仲）偁父伐南淮尸（夷），孚（俘）金，用乍（作）寶鼎，其萬年子子孫孫永寶用。

（《集成》5.2734）

这是一件典型的传世器，最早见于宋代著录，今器已不知所在。《集成》定此器为西周中期，张亚初定为周厉王时期，并且认为所记事件与翏生盨、鄂侯驭方鼎为同时期。在铭文中周伯边为人名，仲偁父也为人名，这两个人一起率兵伐南淮夷，缴获了铜，因此制作该鼎来纪念这一事件。通过对于这些资料的研究，我们可以初步判断周厉王初年南淮夷对西周王朝的威胁有加剧的趋势，并且战争发生在成周附近，这与西周初年的历史事件有非常相似的地方。这说明在周厉王时期，存在着南淮夷集体进攻西周王朝的事实，而周厉王所做的事情在根本上是一个反击性战争。最后是否取得了胜利，将入侵之敌逐出"内国"尚待研究。应侯见工鼎和应侯见工簋器物的铭文为我们提供了这一战事后来的情形。应侯见工鼎和应侯见工簋铭文如下：

应侯见工鼎铭文：

> 隹（唯）南尸（夷）䚄敢乍（作）非良，廣伐南國，王令（命）应侯见工曰：政（征）伐䚄。我受令（命）撲伐南尸（夷）丰，我多孚戎，余用作朕剌考武侯尊鼎，用祈匃（賜）眉壽永令，子子孫孫其永寶用亯（享）。

（《集录二》3.323）

应侯见工鼎簋铭文：

> 唯正月初吉丁亥，王若曰：应侯见工，伐淮南夷逆。（逆）
> 敢薄（迫）厥众，瞎（胥）敢加兴作戎，广伐南国。王命应
> 侯征伐淮南夷芦，休克扑伐南夷。我俘戎。余弗敢沮，余用作
> 朕王姑单姬陣簋。姑氏用锡眉寿永命，子子孙孙永宝用。

> （《首阳吉金》）

这两件器是同一个人所作，记载的时间也是一致的，其中应侯见工鼎为传世青铜器，目前在上海历史博物馆收藏。相关年代的说法比较多，其中以周厉王说最为中肯。该铭文讲南淮夷敢做非良之事，进攻南国。周王命令应征伐，应侯遵从王命进攻南夷，并且缴获敌人和兵器，后铸鼎以记其事。[①] 对于应侯见工鼎中"见工"的解读，有学者撰文指出应为应侯的私名，这样解说远比"应侯效事于周王"的解释更为合理，也显得文从字顺。[②]

应侯见工簋是流传器，在 2000 年左右为北京保利艺术博物馆收藏，分甲、乙两件，其铭文、形制、纹样、大小均基本相同，上有圆形簋盖，浅子口，盖面上隆，器身敛口，顶部有握手，握手上有对称的穿口。[③] 铭文主要是说在周厉王正月丁亥这天，周王举行活动赏赐应侯。因为应侯进攻南淮夷有功，战争进行得顺利，并且缴获了兵器，后来作器，祝愿姑氏长寿永命。应国在西周时期是重要的封国之一，关于应国的器在后来发现较多，1974 年在蓝田县红星公社还发现应侯钟一件，其铭文与日本东京都台东区立书道博物馆馆藏一件应侯钟铭文可以互相衔接，构成一篇统一的铭文。应侯墓地后来又挖掘出一批应国青铜器，具体位置在今河南平顶山薛庄乡北滍村滍阳岭上。应国的始封之君是周武王的一个儿子，封在

---

① 陈佩芬：《夏商周青铜器研究》，上海古籍出版社 2004 年版，第 413 页。
② 吴镇烽、尚志儒：《关于应侯钟"见工"一词的解释》，《文物》1977 年第 8 期。
③ 娄金山、马新民、祝容：《应侯见工诸器年代略考》，《中原文物》2012 年第 5 期；裘锡圭：《应侯见工簋补释》，《文物》2001 年第 7 期。

南部非常重要的地方，为防守南淮夷入侵，发挥了重要的作用。①

周厉王时期对于南淮夷进行了反击，并且取得了可观的成绩，主要体现在虢仲盨盖、遹钟和伯㦰父簋三器。

虢仲盨盖铭文：

> 虢仲以王南征，伐南淮夷，在成周，作旅盨，兹盨有十又二。

（《集录二》447）

该铭文与《后汉书·东夷传》"厉王无道，淮夷入寇，王命虢仲征之"的记载相吻合。《后汉书》对周厉王时期战争记载基本属实，但是对战争的原因分析不明确。周厉王的无道是否与淮夷入侵密切相关恐怕还要进一步讨论，我们认为汉代有一个史学泛道德化的过程，这一过程对于中国历史的研究造成了一定影响，毕竟思想不是历史。在《汉书》中就有这种思想，对周厉王的评价可能就是在道德与圣人思想的左右下而地位逐渐降低，客观地说，周厉王在对待族群冲突时是一个有作为的君王，现在已经有学者依据历史事实重新评价周厉王。

遹钟铭文：

> 王肇遹眚文武，觐疆土，南國濮子敢陷处我土，王敦伐其至，扑伐厥都，㲋（服）子乃遣间来逆卲王，南夷、东夷具见廿又六邦，唯皇上帝，百神保余小子，朕猷有成亡竞，我唯嗣配皇天，王对作宗周寶鐘。

（《集成》1.260）

---

① 李学勤：《探寻久被遗忘的周代应国》，《文史知识》2010 年第 11 期；张应桥：《重评周厉王》，《郑州大学学报》2006 年第 3 期。

遹钟为周厉王时期的标准器。[1] 该器为清代出土，现在藏于台北"故宫博物院"，《西清古鉴》和《大系》均有过著录。伯㦰遹父簋也是周厉王时期的器，朱凤瀚先生与李学勤先生分别对其进行了研究，都认为均是周厉王时期的器。但是由于该器是追述周昭王时期与南淮夷的族群冲突，并出现了濮子这样的字眼，一直以来，关于这字的释读有分歧。杨树达先生将这两个字释读为南方之百濮。[2]

伯㦰父簋铭文：

唯九月初吉庚午，王出自成周，南征，伐濮子英、桐、僪。伯㦰父从王伐，窥执迅十夫，馘廿，得俘金五十钧，用作寶鼎。

（《古文字研究》第二十七辑）

伯㦰父簋铭文中英、桐等几个小邦，在鄂侯驭方鼎和翏生盨也出现了，就是指南淮夷。[3] 在伯㦰父簋铭文中"英"为"央"声，在史籍中为英，即为"英氏"，在汉代石经《公羊传》中作"央"，系偃姓古国，也就是传说当中的皋陶之后，在今天安徽六安西。[4] 结合文献的资料，我们可以看出，上面提到的几个南淮夷小邦是周人对于淮水南岸的具体称谓，而南淮夷则是对于淮水南岸淮夷族群的通称。濮子的意思就是臣服于周人，周人用这种称谓指代南淮夷，表明后者已经被周人征服，象征着在周厉王后期周人对于南淮夷有效控制的最终确立。[5]

周厉王应该是有作为的君王，从㝬钟的铭文来看，他亲自组织了对于南淮夷的军事行动，"敦伐其至，扑伐厥都"，不但击败了

---

[1] 唐兰：《周王遹钟考》，载故宫博物院编《唐兰先生金文论集》，紫禁城出版社1995年版，第31—42页。

[2] 杨树达：《积微居金文说》，上海古籍出版社2007年版，第117—119页。

[3] 朱凤瀚：《由伯父簋铭再论周厉王征淮夷》，《古文字研究》2008年第27辑。

[4] 李学勤：《文物中的古文明》，商务印书馆2008年版，第299—302页。

[5] 张亚初：《周厉王所作祭器㝬簋考——兼论与之相关的问题》，《古文字研究》1981年第5辑。

南淮夷的进攻，并且一直打到其核心地区，相较之应侯伐南淮夷之时，交战地点也从汝水颍水中下游转移到南淮夷活动的腹地。所以周王与南淮夷的冲突也明显由"内国"向外围地区转移，周王朝对于南淮夷的斗争态势发生了根本的转变。随着周厉王时期战争的深入，南淮夷受到了很大威慑，其26个大小邦前来朝觐，有些叛服不定的方国也自己取消了王号。所以在对外战事上，周厉王是足够强硬的，也有效维护了西周王朝的利益。

到了周宣王之世，周王朝与南淮夷的战争在铭文中也多有出现，但是在数量与规模上远不及周厉王之世。在师寰簋和史密簋铭文中都有所体现。

师寰簋为典型的西周晚期器，端方旧藏，器盖同铭，盖藏于上海博物馆，器现藏于美国堪萨斯市纳尔逊美术陈列馆，马承源将其定为周宣王时器，刘启益将其定为周厉王时器，本书采用前者说法，即周宣王时器。该器的铭文有重要价值，可以被人们进行多方面解读，从战争征服的角度来看，由于原来是周朝属国的南淮夷不服从工吏与东国诸侯的管辖，不按时进贡，周王令师寰率齐师、曩、莱、棘军征伐，同时参加战斗的还有三个属国。师寰不辱王命，俘获了南淮夷的人众，取得了胜利。史密簋所载伐南淮夷的史实与师寰簋所载事件有所关联。[①] 现在看来，解决这个问题的核心是对史密簋的断代，诸家均有分歧，李学勤先生以为是周孝王时期，这种观点在学者们的研究中被广泛采用。也有一些学者有不同意见，李启良断为恭懿时器，主要根据是师俗即师俗父、伯俗父，为恭懿时大臣。吴镇烽指出簋之形制、纹饰流行于西周中后期，以为"定在懿王之世比较合适，其下限不会晚于夷王之世"[②]。张懋镕等人对史密簋进行了细致分析，认为该器垂腹，圈足下有四小足，与师寰簋形制接近。纹饰为窃曲纹，且窃曲纹中间有眼，与四周窃曲纹分离，铭文书体形式比师寰簋晚，内容和遣词造句都与师寰簋接近。又根据史

---

① 李学勤：《史密簋铭文所记西周重要史实考》，《中国社会科学院研究生院学报》1991年第2期。

② 王辉：《商周金文》，文物出版社2006年版，第198页。

料中杞国叛周时间相对证,得出该器为周宣王时期,这种说法是比较中肯的。[①] 这也就把史密簋和师寰簋记载的史料可以结合起来,为周宣王时期的族群关系进一步梳理创造了条件。

晋侯苏钟记载了周宣王后期的晋侯率军征伐宿夷等族。

晋侯苏钟铭文:

> 唯王卅又三年,王亲遹省东國、南國。正月既生霸戊午,王步自宗周。二月既望癸卯,王如各成周。二月既望壬寅,王偵往东。三月方死霸,王至于萆分行。王亲令晋侯苏:帅乃師左洀獲,北洀,□伐宿夷。晋侯苏折首百又廿,执訊廿又三夫。王至于郓城,王亲远省師。

(《集录》1.35—50)

此组编钟共计 16 口,其中 14 口系上海博物馆于 1991 年 12 月从香港古玩市场抢救回来,现藏于上海博物馆。另外 2 口编钟为北京大学考古系和山西省考古研究所在山西省曲沃县北赵村晋侯墓地 8 号墓发掘出土。流散到香港的 14 口也应当是出自该墓。编钟的时期有厉王、宣王两说。李学勤、马承源认为铭文所载的"唯王卅又三年"即周厉王三十三年。黄盛璋认为晋侯苏率师随王巡守南国、东国,只能以晋君身份,绝非晋侯之孙,主张铭文三十三年就是周宣王三十三年,也就是公元前 795 年,并认为晋侯苏死于十六年的记载应为《史记》所推纪年有误。我们不迷信古人,在先秦研究的领域有诸多的问题都可证明《史记》有误,我们认为黄盛璋的说法更为中肯。

该铭文记载,周宣王三十三年,周王自宗周出发巡视东国、南国,到达成周之后前往东国,后来指挥晋侯苏伐宿夷,一直到了郓城,在此地方发生较大的战争,晋侯斩杀了 120 人,俘获了 23 人。周王因此对晋侯大加赏赐,共赏赐两次。晋侯无比荣幸,后制器以

---

① 张懋镕、赵荣、邹东涛:《安康出土史密簋及其意义》,《文物》1989 年第 7 期。

记。在这次战争中，周王完全掌握着战争的主动权，在战争中显得从容不迫，这些都是周厉王后期对南淮夷征服的结果。因此也基本可以看出，经过较长时期的战争，周宣王时期淮水流域的族群冲突基本平息。

第三节　西周时期的华夷文化与观念

一　西周时期中原王朝与四夷文明对比

（一）文明与文化概念辨析

前面我们从族群冲突的视角对西周的情况作了简单的梳理，对于西周王朝所代表的华夏与四夷族群到底在文化上有多大差距，是一个值得深入研究的问题。文明和文化是两个既有区别又有联系的概念。关于文化的定义有许多种，其中影响很大的是泰勒（E. B. Tylor）的观点，其认为："文化，就其民族志中的广义而论，是个复合的整体，它包含知识、信仰、艺术、道德、法律、习俗和个人作为社会成员所必需的其他能力及其习惯。"[①] 泰勒的文化定义具有整体性，但是比较笼统。在《辞海》里的定义是："广义指人类在社会实践过程中所获得的物质、精神的生产能力和创造的物质、精神财富的总和。狭义指精神生产能力和精神产品，包括一切社会意识形态：自然科学、技术科学、社会意识形态。有时又专指教育、科学、文学、艺术、卫生、体育等方面的知识与设施。"[②] 所以文化是人类在社会中创造的物质和精神的总和，几乎无所不包。关于文明的讨论，两者之间的区别仍需要讨论，在中国古代典籍系统中，文化是经常出现的，《周易·贲卦·象辞》载："观乎天文，以察时变。关乎人文，以化成天下。"[③] 在早期中国哲学中，是把天文与人文联系在一起讨论的，指代宇宙与人事的规律性，这

---

① 黄淑娉、龚佩华：《文化人类学理论方法研究》，广东高等教育出版社 2004 年版，第 9 页。

② 《辞海》，上海辞书出版社 2002 年版，第 1858 页。

③ 黄寿祺、张善文：《周易译注》，上海古籍出版社 1989 年标点本，第 188 页。

种思想可以看成是战国时期的思想。在西汉之后，文化成为一个复合词在汉语中屡屡出现，如刘向的《说苑·指武》载："凡武之兴，为不服也，文化不改，然后加诛。"① 而南齐王融《曲水诗序》则言："设神理以景俗，敷文化以柔远"②，把文化与武功当作对立的概念，与我们今天所理解的文化有所不同。古人的文化侧重于文化的归属与认同，其"化"在这里多为使动用法。

文明与文化是两个相互联系的概念，《辞海》对于文明的解释包含三层意思，第一，与文化相近，如物质文明、精神文明；第二，指人类社会进步状态和程度；第三，指有文采或光明。③ 在中国古代，文明连用的现象比较少，《周易》乾卦中提到文明，其实意思主要是光明的意思。如果我们从外文词源的角度来看，文化与文明也是不同的来源，文化来源于拉丁文，现在英文写作 culture，意思为耕作、培育、发展出来的事物。文化是人类行为的全部组成部分的一部分，主要是通过社会传播的。文化主要是群体积累的社会形式，而不是经过遗传传播的。王晖曾指出文化相当于西周时期的六艺，因为"艺"字最早的意义就是草木，主要是指庄稼"栽种""移植"的意思，可谓见地深远。④ 在这个意思上讲，文明的意思则是与公民（civis）、公民的（civilis）、有组织的社会（civitas）等词语有关系。在西方的语境中，这个词往往与中世纪封建制度相比，有启蒙运动的意义，表示进步的意思，描述的是欧洲历史上特定阶段的进步状态。⑤ 在西方学者看来，文明无疑是一种修养的状态，相对于落后和愚昧而言的。这种思想在摩尔根的《古代社会》中可以说发展到了极致，在这里文明是指社会发展物质文化精

---

① （汉）刘向：《说苑校证》，何宗鲁校证，中华书局1987年标点本，第365—382页。

② （南齐）王融：《曲水诗序》，载（梁）萧统编《文选》，上海古籍出版社1985年标点本，第2058页。

③ 《辞海》，上海辞书出版社2002年版，第1859页。

④ 王晖：《从"藝（埶、蓺）"与 culture 的本义比较说到"文化"概念的原来》，《东亚汉学研究》2011年创刊号。

⑤ ［英］邓肯·米切尔：《新社会学词典》，上海译文出版社1987年版，第45页。

神文化达到的程度，是摆脱落后的一种社会状态，核心是社会进步的程度。

从目前的研究资料来看，文明与文化的社会关系可以分为三种：第一种，文明与文化概念不分，作为同一概念使用；第二种，文明与文化是用来概括社会发展的不同特征，文明为社会物质发展水平的主要特征，而文化则是社会精神发展水平的主要特征；第三种，文化包含的内容比文明广泛，即文化包含文明。[①] 有学者认为文化产生于文明之前，文明是文化在历史时空中的积累，是人类智慧的堆积，是一种理性与科学精神的萌芽，是人类战胜自然、改造自然，对于事物之间客观性的正确认知。所以只讲部分与整体的关系来概括文明与文化的关系显然是不准确的，文化在交往中会相互影响，文明则在交往中彰显出魅力或阻力。在社会发展中，只有那些促进社会进步，对人类发展起过重大作用的才能被称作文明。所以文化既有差异性，也有普遍性的性质，而文明则只具有普遍性。

在研究古代族群的差异性时，我们可以将其分为文化性的差别和文明性的差别，因为文明是进步的因素，有高低之分，就是人类社会发展的程度，所以在文明的层次上，族群之间的比较可以分出一个高低。在文明上的差异就是垂直性差异，在人类进步的程度上可以分出一个先进与落后。具体说来，就是生产力水平的高低，表现在生产工具上，青铜器时代的技术就比石器时代先进，因为这里面包含着复杂的技术。同时，人们对于世界认知的层次和神话的表现也可以区分高低。大型的礼仪性建筑实际上是在确定社会秩序，也就是社会复杂化程度，社会复杂化程度越高，说明社会的文明程度越高，但是不同的经济形态还得具体分析。文字也被认为是一个文明程度高低的重要标志，这是人类思维水平发展的重要标志，也是记录的载体，最能反映思维发展水平。在早期华夏族群与周边族群的文化对比中，由于包括的内容比较多，物质生活基础的差异，经济形态的差异，都会使得文化呈现出多样性，文明的尺度有时很

---

① 林耀华：《民族学通论》（修订本），中央民族大学出版社 1997 年版，第 386 页。

难分出孰高孰低。在思想意识领域，文化的差异主要是价值观的差异，即对于不同事物和行为的价值判断。在华夏文化与周边文化的冲突中，因为价值差异而导致的分歧也屡见不鲜。

在历史研究中我们要能够区分事实与思想的区别，先秦华夷差别一部分是客观的存在，由于气候、资源、生产方式诸多差异引起，而另一部分则是人们内心的一种判断，即思想上的差异，主观地认为先进或者落后，这只是古人按照自己的标准做出的判断，并且这种判断会因为知识的惯性延续下来。因此我们现在研究华夷问题必须将两类不同的问题分清楚。

（二）西周时期华夷族群文明程度差异

在前面我们知道西周时期的族群，按照生产方式和社会组织的差异，可以分为西北与东南两部分。

在西北地区被周人称为戎狄的族群中，主要是位于山西陕西一带的绥德—石楼遗址。早在新中国成立之前，在山西石楼县的韩家畔、谭庄、曹村、殿底峪、下庄卯等地发现过商代青铜器，新中国成立之后又在二郎坡、后兰家沟、桃花庄以及石楼附近的永和县又发现商代青铜器。这些文化并不是商文化，而是长期与商对抗的族群。[①] 这里的居民长期与商王朝处于敌对状态，以土方为例来加以分析，土方就是今天的石楼。石楼类型可以分为三期，与殷墟三期是相仿的，属于商代文化遗存，遗物主要有斧、锛、凿、蛇首匕首和弓形器等，可见应当为半农业居民，在其第三期受到了保德类型势力的压迫，西渡黄河。所以石楼类型的第二期青铜器品种就明显增加，其青铜器铸造水平也有了较大提高，中原礼器中甗和卣开始出现。在桃花庄所出的青铜器中本地特色的青铜器增多，比如高圈足簋、直线纹簋、带玲觚、提梁卣、三高足盘，典型的是角状觚，制作精美，堪称精品，足以证明作为方国的土方文明程度也是相当高的。在石楼的第二期我们可以看到兵器数量有所上升，銎内戈、三銎刀、中原式钺等也有发现。这些表明战争的因素在增强，说明

---

① 邹衡：《夏商周考古学论文集》，文物出版社1980年版，第280页。

这时此地战争比较多。到了第三期，石楼类型不是在晋西北而是转移到了陕西东北地区的高原上，可能是受到其他势力的压迫，才被迫渡河的。保德类型是造成石楼族群西迁的主要原因，正是由于北部保德类型的压力，石楼类型的居民才迁移到了黄河西岸，保德居民是好战的牧民。到了保德的第二期，实际上已经到了西周，以柳林高红为代表的保德类型经历了巨大的变化，即器物中不见了中原式青铜器，与战争相关的铃首剑和管銎斧成为青铜器的代表，第三期青铜器更是突出武器的特征。可以想象，保德居民是左手执斧子，右手握剑的骁勇之士。① 我们可以相信，保德族群是游牧化的武士，在商周之际南下驱赶了石楼族群占据了晋西北，作为商人方国的石楼便西迁了。所以，石楼族群是与中原文化比较接近的族群，先后与商人和周人的礼制信仰比较接近，而居民的日常生活层面又与中原商周文化有着本质区别。保德类型在观念、信仰和文化面貌上与中原的商周有本质的不同，与北方遥远的大草原青铜文化渊源和联系更为密切。

总体来说，非中原的晋陕一带族群应该是商周之外围，但是就青铜器发展的程度来分析，与中原并未有本质的差别，倒是在容器与武器的选择上出现了分野。考古学界基本上已经将石楼类型归于李家崖文化，在陶器方面缺乏商人因素，在青铜器方面则有较多的商人因素，也就是说，上层贵族已经认可了商人的文化，下层居民仍然保持着自己的传统。那么这种统治就是政治上的统属而非文化上的统一，上层贵族之间有大量交往，下层民众之间族群并不一致，这与商人和周人的关系有相似之处。② 鬼方与商王朝有过激烈的战争，在《周易·既济》《周易·未济》中均有记载，在《既济》九三爻辞中载："高宗伐鬼方，三年克之；小人勿用。"③ 对于

---

① 沃浩伟：《晋陕高原商周时期青铜器分群研究》，载蒋刚、杨建华主编《公元前2千纪的晋陕高原与燕山南北》，科学出版社 2008 年版，第 60—62 页。

② 蒋刚：《南流黄河两岸出土青铜器的年代与组合研究》，载蒋刚、杨建华主编《公元前 2 千纪的晋陕高原与燕山南北》，科学出版社 2008 年版，第 79 页。

③ 黄寿祺、张善文：《周易译注》，上海古籍出版社 1989 年标点本，第 515 页。

鬼方的解释,《周易正义》解释为西北地区"猃狁"部落之一,该爻辞记录了高宗讨伐鬼方胜利的史实。在《未济》九四爻辞中载:"贞吉,悔亡;震用伐鬼方,三年有赏于大国。"[1] 这是讲经过三年战争之后,鬼方被封赏为商之诸侯国,基本上与考古资料是一致的。在《诗经·荡》中也有一句"覃及鬼方"的话,在这里应该是虚指,类似于遥远的地方,并不是指代具体族群。[2]

在陕西淳化一带的遗存有明显受到西北方群族影响的痕迹,这里是陕北高原的青铜器文化与关中文化的交接地带,有学者指出这里文化有诸多的外来因素,主要是管銎斧和半月形有銎钺都是相当典型的器物,黑豆嘴类型青铜器不但与青海地区有联系,而且与更西的地方也有关联。[3] 这充分说明关中地区文化和遥远的西北方向联系紧密。西周诸王的墓葬至今也没有确定下来,有学者认为,西周诸王可能遵照西北地区古老习俗实行火葬的结果。中国北方草原民族在青铜器铸造方面有着悠久的历史,在公元前两千年就已经步入青铜文明时代,在商末周初这一段时期,长城一带陆续发现了一批具有浓郁草原风格的青铜器,主要分布在内蒙古鄂尔多斯、陕北和晋西北、冀北,还有内蒙古东南部和辽宁西部地区。[4] 夏家店上层文化的族属问题有较多争议,比较合理的推论是其应该是山戎的遗存,就是在西周到春秋时期对燕国威胁很大的族群之一。考古证明当时的夏家店上层文化在北方草原地区是相当繁荣的,居民过着定居生活,从事一定的农业和畜牧狩猎的生活方式,农业种植方式简单,在整个社会生活中并不占主导地位,而是畜牧业占有相当大的比重。墓葬也显示当时社会贫富分化已经比较严重,贵族墓葬与普通居民墓葬的随葬物品差距很大。在文化交流上,其吸收了草原族群的因素有兵器、马具和野兽纹艺术,号称斯基泰文化的三要素在夏家店上层文化均有呈现。艺术上的精美程度,使得欧亚大陆同

---

① 黄寿祺、张善文:《周易译注》,上海古籍出版社1989年标点本,第523页。

② (清)胡承珙撰:《毛诗后笺》,黄山书社1999年标点本,第1395页。

③ 张文立、林沄:《黑豆嘴类型青铜器中的西来因素》,《考古》2004年第5期。

④ 乌恩:《殷至周初的北方青铜器》,《考古学报》1985年第2期。

一时期的考古文化难以望其项背。① 如果说这些是吸收传播的结果，那么其在经过了加工改进，有青出于蓝而胜于蓝的气势。这一考古的时代可以分为两期，早期为商周之际到西周中期，晚期延续到春秋中期前 7 世纪左右。在文明发展的程度上与中原没有差别，至少是一个并驾齐驱的过程。对于此遗址的青铜器，有学者进行专门的梳理，指出夏家店上层文化的青铜器在北方草原的器型基础上经过吸收改造和创新，有些则被继承和发展，所以其铸造的銎柄、T 形短剑，以及柳叶形镞和容器均为该文化所独有。② 这正好说明了在与中原文化互动交流中，其能够将积极的因素利用起来，形成高度发达的青铜制作工艺。

在西北地区的卡约文化、寺洼文化、辛店文化、刘家文化几乎是一个同步的过程，应该是古代羌人的遗存，并且与先周文化有密切的联系，只是该文化随着气候的干冷化逐渐退化，文明也逐步衰落。

通过以上材料，我们可以对猃狁族群的状况进行讨论。战争的形式还是以车战为主，猃狁拥有大量战车，战争的目的是抢夺生产资料与人口，多友鼎中就描述了周王朝救回部分周人的情况。西北猃狁的族属如何，其与后来的匈奴是何关系，其主要的生产方式如何，也一直存在分歧。《史记·匈奴传》："匈奴其先夏后氏之苗裔也，曰淳维，唐虞以上有山戎、猃狁、獯鬻居于北边，随畜牧而转移"，由于这种说法对西北地区的族群研究产生了重大影响，王国维先生的《鬼方昆夷猃狁考》就持这种观点，把孟子、赵岐、郑玄等人的观点进行了总结，"见于商周间曰鬼方、曰混夷、曰獯鬻，在宗周之际则曰猃狁，如春秋后则谓之戎，继号曰狄，战国以降，曰匈奴。"③ 根据现在的研究来看，这种观点在本质上是不对的，

① 中国社会科学院考古研究所编著：《中国考古学》（两周卷），中国社会科学出版社 2004 年版，第 522—523 页。

② 刘国祥：《夏家店上层文化青铜器研究》，《考古学报》2000 年第 4 期。

③ 王国维：《鬼方昆夷猃狁考》，载王国维《观堂集林》，中华书局 1989 年版，第 583—605 页。

把不同族群混为一谈，用后面的历史事实推导前面的历史事实。从司马迁的《史记》时就给国人一个错误的开始。对于这个问题的修正，许多学者做了大量工作，虽然结论还略有分歧，但是总体的趋势有了接近统一的结论。大家基本认为猃狁与后来的匈奴为不同的族群，鬼方也非匈奴族，大致说来，猃狁和鬼方为羌人的一支，属于汉藏语系，但是种类应该比较多。[①] 周人在统一天下之前就与猃狁发生了关系，在作战时双方大量使用战车，说明当时猃狁与周人的战争形式是相近的。从战争地点的距离来看，其根据地在今宁夏固原一代，大原与西戎的根据地是有关系的。猃狁势力比较强大，为周人主要威胁。

在讨论西周与西戎关系的时候，我们应当看到在防御西戎时秦人所起的作用。秦人的起源问题，一直有争论，我们认可的是秦人东来说。根据相关资料，秦人是在西部是为周人守护西部边陲的部族之一，其与西戎的关系主要是战争关系，在道义和军事上得到了西周王朝的支持。在秦仲战死之后，秦与西戎展开争夺战，客观上维护了西周王朝西部边陲的安宁。但是西部部族并非完全的游牧经济，应该是混合经济，其中畜牧经济占有一定比例，并非有些传统学者所说的游牧经济。在考古学上，这些族群的遗址为包括马家窑文化、马厂文化、刘家文化、火烧沟文化、卡约文化和辛店文化，这些文化以洞室墓为主要墓葬形式，葬式是单人屈肢葬和双人合葬两种类型，陶器主要为单把带耳器和连体器。

东夷族群在技术上的贡献之一就是凿井技术，这一技术在古代社会可是非常重要的，人们可以获得淡水，就使得人们的生存范围扩大了，摆脱了对水源地的依赖。东夷族群有一个高度发达的文化，在总体上并不比中原落后，良渚文化发现的大量玉器表明这一地区很早就有高度发达的文化。在良渚玉器和陶器上的"炅""火"符号，因与大汶口文化中的同一符号相同而有其特殊意义，这证明人们已经能够观察天象，对于星宿的认识与理解达到相当的

---

① 黄盛璋：《猃狁新考》，《社会科学战线》1983 年第 2 期。

高度，可以采用符号将其提炼抽象出来。① 这表明当时人们已经掌握了非常复杂的天文学知识，才能将其提炼成为符号化的表达。

夏的音乐也多源自于夷乐。在《吕氏春秋·古乐》载："禹立，勤劳天下，日夜不懈。通大川，决壅塞，凿龙门，降漯水以导河，疏三江五湖，注之东海，以利黔首。于是命皋陶作为《夏籥》九成，以昭其功。"② 可见夏乐的主体可能与皋陶有密切的关系，而皋陶是东夷族群的代表人物。夏初的乐正还是舜时主管音乐的夔，《墨子·尚贤中》载："古者舜耕历山，陶河濒，渔雷泽。"③学者们一般认为历山就是济南的历城山，雷泽在山东鄄城一带，就是说舜乃东夷之人在文献上是有依据的，所以在禹的乐舞系统中有东夷音乐因素应该是可信的。另外有学者认为，启出于政治目的，对东夷的《韶》乐进行盗用改造，以至于后来形成两个不同的版本。④ 这些证据均表明，夷乐对于夏乐的贡献是相当大的。

在中国历史上产生重大影响的仁的概念，长期以来，大家都认为是孔子首创。这是与中国礼乐制度相表里的重要观念，不可分割。仁与礼相互发覆，中国儒学一系列复杂道德观念均与此相联系。实际上，仁的观念早已产生，孔子不过对其加以整理和阐发。最早提出东夷古国仁道的是王献唐，他在《山东古代的姜姓统治集团》一文中谈道："什么是仁？仁字是人的重文；什么是人？人和夷是一个字。所谓仁道即人道，人道又即是夷道，因而秦汉以来，有'夷人仁'和'君子国'的记述。孔子本是接受了东方传统的仁道思想的，又进一步发展为儒家的中心理论，这个问题，需要专门详解。"⑤ 王献唐在有生之年并未详解。近人杨伯峻《论语译注》也采用此说。

---

① 王震中：《试论陶文"旻""火"与"大火"星及火正》，《考古与文物》1997年第6期。

② 《吕氏春秋》，上海古籍出版社2002年标点本，第89页。

③ （清）孙诒让：《墨子间诂》，中华书局2001年标点本，第57—58页。

④ 付林鹏：《夷夏之争与〈韶〉乐传承》，《民族艺术》2012年第2期。

⑤ 王献唐：《山东古国考》，齐鲁书社1983年版，第21页。

《汉书·地理志》载："东夷天性柔顺，异于三方之外，故孔子悼道不行，设桴于海，欲居九夷，有以也夫。"① 这专门强调了东夷之人天性柔顺的特点，并且说与其他地方的人们有所不同，柔顺与仁爱是联系在一起的概念，都是处理人际关系的原则，表达了作为仁的发祥地所表现出来的与众不同的特色与气质。孔子准备居住于此地去传播他的仁爱思想。② 准确说来，王献唐的某些表述也不是完全准确的，"夷"字与"人"的古字为一字，我们知道人字侧面之人形，夷字为弯弓之人的形象，两者不能等同，但是这并不影响其对于问题本身的思考。

东夷式青铜器的形制多古朴实用，在商代有凸弦纹、周代有雷纹和线条纹，重环纹有的由三层环相套而成，素面纹铜器也算多见。③ 在礼器当中，年代较早的是一种袋足鬲，在《西清古鉴》卷三十二著录的"周子孙匜"，与山东龙山典型器物陶鬶相似，仰流、带颈、肥大袋足，袋足部装饰弦纹两道，这种古朴简洁的风格应该是商代的器。

关于周代中原王朝和东夷文明的问题，有学者已经做了一些工作，将淮夷、东夷、南淮夷这些概念进行了厘清。概括说来，西周早期淮夷包容在东夷之中，到了西周中期，由于力量的消长变化，淮夷取代东夷的地位，到了西周晚期，逐步南迁的淮夷集团在铭文中便被称为南淮夷，成为与南夷、东夷鼎足而立的军事集团。南淮夷具有良好的军事素质，并且能够在战争中进行排兵布阵，进行复杂的军事行动。④ 史密簋有铭文为："卢、虎，會杞（杞）尸（夷）、舟尸（夷），雚不墜，廣伐東或（國）。"这句话中的雚是一种水鸟，这种鸟在飞行时有一定的姿态，古人便会仿照它们的队形进行布置兵力。《左传·昭公二十一年》记载宋国华氏与晋、曹诸国战于赭丘之地，"郑翩愿为鹳，其御愿为鹅"，杜预注："鹳、

---

① 《汉书》，中华书局 1962 年标点本，第 1658 页。
② 孙开泰：《关于东夷思想史的两个问题》，《东夷古国史研究》1990 年第 2 辑。
③ 王迅：《东夷文化与淮夷文化研究》，北京大学出版社 1994 年版，第 148 页。
④ 张懋镕：《西周南淮夷称名与军事考》，《人文杂志》1990 年第 4 期。

鹅皆陈名。"杨伯峻注："《埤雅·释鸟》：鹅自然有行列。故《聘礼》曰'出如舒鴈'（鴈即鹅）。古者兵有鹳、鹅之陈也。旧说江淮谓群鹳旋飞为鹳井，则鹳善旋飞，盘薄霄汉，与鹅之成列正异，故古之阵法或愿为鹳也。"① 后遂以"鹳鹅"泛指军阵。唐代诗人孟郊的诗句"鹳阵常先罢，鱼符最晚分"就是描写这种军阵的，可见这种军阵具有代表意义。东方集团以鸟为图腾，包括众多以鸟为图腾的集团成员，与水鸟的渊源可以从"淮"字本身考虑，"淮"就是水边的鸟，隹就是短尾巴的鸟的象形。鹅在水边生存，其生活习性最可能被生活在这里的人们首先掌握，将其飞行的姿态抽象加工运用于军事，便成为军阵。

军阵在作战中的地位是不言而喻的，有效的排列组合，无疑会大大提高军队的战斗力，而南淮夷能有如此精熟的阵法，就是其军事力量强大的重要标志之一，也无怪乎南淮夷一度长驱直入，到了周人的心脏地带。这都说明其军队训练有素，战斗力强的事实。军事是一个族群核心竞争力，古今中外的历史证明，任何先进的技术和思维都会首先应用于军事领域。史密簋所反映的东夷集团的军事技术是领先的，其高超的作战技巧恰好证明了这一点，也从另一方面印证了东夷族群文明的先进。

二 西周时期华夷观念

（一）内中国而外夷狄

"中国"的概念，根据学者统计在先秦典籍中共出现了 108 次。《尚书·梓材》载："皇天既付中国民越厥疆土于先王，肆王惟德用，和怿先后迷民，用怿先王受命。"② 在这里中国明显是中原的意思。在 1963 年宝鸡贾村塬发现的何尊，上面的铭文中有"惟武王既克大邑商，则廷告于天曰，宅兹中国，自兹辟民"。对于此铭文的释义，是有分歧的，大部分学者主张"中国"即中原地区，指

---

① 杨伯峻：《春秋左传注》，中华书局 1981 年标点本，第 1429 页。
② （清）孙星衍：《尚书今古文注疏》，中华书局 1986 年标点本，第 398 页。

武王克商之后，要将统治中心放在洛邑。① 在这里"中原"即中心之地，是地理意义上的位置。

周人称殷商为"中国"，是由周商两族的分布地域决定的，周人在关中，殷人在中原，周人自称"西土之人"，从西土的视角看中原，自然就是中国了。在《诗经·荡》中："文王曰咨，咨女殷商。女炰烋于中国，敛怨以为德。不明尔德，时无背无侧。尔德不明，以无陪无卿。……文王曰咨，咨女殷商。如蜩如螗，如沸如羹。小大近丧，人尚乎由行。内奰与中国，覃及鬼方。"在《诗经》中，连续出现了两个"中国"。该诗相传为西周晚年召穆公刺周厉王所作，用于设喻的事件则是殷周之际，也就是说其反映的观念至少是周代晚期的。

在学者们的研究中，关于中国的概念有六个意思②，分别为京师、国都、王畿、天子直接统治地区、诸夏国家和地处中原之国。《诗经·民劳》："惠此中国，以绥四方。惠此京师，以绥四国。"③在这首诗当中古代注释都将中国理解为京师。其实我们如果将其理解为周王直接统治的地区也是可以的，毕竟在当时的语境下这个不是完全可以分开的概念。后来对于"中国"则强调作为中的意义，到了后来又引申为哲学意义上的处世原则，即"守中"的原则。概念的发生发展经历了较长的时间，现在学者在论述此问题时，往往会忽视时间的问题，将可能的意思一概罗列，而其中生发的时间和相互继承与发展脉络被忽视。这一点和诠释学所倡导的原则是不符合的，我们读到一个概念，用后人的注释来解读，其实就是用后来已经发展了的思想去理解古人，往往把思想拔高了，将问题的探讨披上后世的外衣。这里，我们在分析先秦的"中国"概念时，汉代

---

① 业师王晖先生认为武王刚开始的选址是阳翟，后来由于形势变化才定为洛邑。这需要进一步的深化研究。可参阅王晖《周武王东都选址考辨》，《中国史研究》1998年第1期。

② 胡阿祥：《伟哉斯名——"中国"古今称谓研究》，湖北教育出版社2000年版，第257—260页。

③ （清）王先谦：《诗三家义集疏》，中华书局1987年标点本，第909—912页。

的注释可以用，但是要慎重，这些作为注释的文本确实会帮助我们理解真相，但有时也会使我们远离真相。对于中国观而言，西周与春秋就不一样，何况这么长的时间跨度。关于国字的繁体字结构，"囗"表示一个城池，上下两横代表护城河，右边是一个"戈"，就是护城河用来防范敌人攻击，作为第一道屏障。等敌人接近了，便用"戈"进行防卫。由此字的结构看来，早期的国就是城，是早期文明诞生的标志之一。将中与国两个意思联系在一起，在西周形成了王都、国都的意义，后来扩展到了天子直接统治区，最后形成天下之中的意思。从概念发展的角度来看，有一个逐步扩大的过程，由一城到一区，由一区到一地域，然后逐渐扩大。早期的意思是一城一地，是国最初的含义。到周初大致就有中原的意思，同时具有了周王直接统治区的意思。在称谓分封的姬姓诸侯和周人联盟者时也用中国这个词，在这里应该是政治利益共同体，为诸夏。从王畿的意义而言，已经形成了族群分野的可能性，在表示诸夏这个意义上，对应的就是四夷，各个诸侯国家在面对四夷的利益来讲，与西周大体一致，所以中国也可以成为西周和诸夏的总体。《左传·成公七年》载："中国不振旅，蛮夷入伐而莫之或恤。无吊者也夫！"[1] 这里中国就表示诸夏。《诗经·六月》毛序："《小雅》尽废，则四夷交侵，中国微矣。"[2]《公羊传·僖公四年》载："夷狄也，而亟病中国，南夷与北狄交，中国不绝如线。"[3] 这几处的中国，都是与夷狄相对而言的，也就是中国乃华夏族群生活之地，夷狄生活四周蛮荒之所。

当中国由西周的直接统治区扩展到诸夏的时候，中国的意义就是包括周王与诸侯全境的称号，通过点状的统治形式，随着政治实力的增强，诸多的城邦由点成线，控制了成片的地方，在地理意义上而言，由政治联逐渐变成了扩展全境的称号。在这个意义上，中

---

① 杨伯峻：《春秋左传注》，中华书局 1981 年标点本，第 832 页。
② （清）阮元：《十三经注疏》，中华书局 1980 年标点本，第 424 页。
③ 王维堤、唐书文：《春秋公羊传译注》，上海古籍出版社 2004 年标点本，第 192 页。

原的中国通过一系列复杂的矛盾运动，即西周的国家组织形式，逐渐构建成领土意义上的中国。在西周中后期，随着华夏族群与周边夷狄矛盾不断升温强化，中国的概念也在不断变化，逐步从地理意义过渡到政治意义和文化意义。其始终有一个向度不可避免，即华夏族群与四夷的关系问题。在这个角度上，中国的概念才不断被强化，从地理概念逐渐衍化为政治概念和文化概念。当我们把中国作为华夏族群生存之地，对应的周边族群在传统上被称为四海。何为四海？《尔雅·释地》载"九夷八狄七戎六蛮谓之四海。"① 可见四海是四夷所居住的地方，对应的刚好是华夏。张华的《博物志》说："海之言晦，昏无所睹也。"② "海"训为"晦"，比较符合古人心态。四海之地就是四晦昏暗之地，也就是未开化的地方，为蛮夷居住的地方。《战国策·赵策》："中国者，聪明睿智之所居也，万物材用之所聚也，圣贤之所教也，仁义之所施也，诗书礼乐之所用也……"③ 这充分说明了华夏族群对于自己生活地方的热爱之情，也反映了高度的文化自信。四海之地就是四晦之地，蛮夷之人"昏无所睹"，属于未开化之人，也可以成为化外之民，处于蛮夷戎狄环绕的华夏族群则拥有高等文明。

中国与四海是一对对应的范畴，至少在西周后期，中国与四海已经具有对立的意思，中国是华夏之地，四海即为蛮夷之所；中国为文明教化之地，四海为野蛮落后之所；中国地处中原，蛮夷则在四周。这一对范畴的对立呈现出全方位的对立状态，其基础应该是建立在华夏与蛮夷这一基本维度之上的，离开了这一维度，可能使我们的思考脱离主线。概念是一个历史的动态发展过程，可以确定地说，从早期的甲骨文卜辞来看，商人已经出现了"四方"的观念，这个可以理解为中国与四海的早期形态，但是商人是否已经建

---

① （晋）郭璞注，（宋）邢昺疏：《尔雅注疏》，上海古籍出版社2010年标点本，第337页。

② （晋）张华：《博物志译注》，祝宏杰译注，贵州人民出版社1992年标点本，第17页。

③ 《战国策》，上海古籍出版社1998年标点本，第1047页。

立了自然形态的海的意识，仍然值得进一步思考。《诗经·长发》："相土烈烈，海外有截"，并不能说明商代人们已经建立了关于海洋的观念，真正的海洋观念是在四晦的观念之后。《释名·释水》："海，晦也，主承秽浊，其色黑而晦也。"这是海的本义。"海"即"晦"，二者是同义语，在经典文献中也常有两个字互相借用的例子。《老子》中有"淡若海"一句，别的版本有作"忽若晦"或"忽乎若晦"的。海的得名，很可能是从"晦"借过来的，主要指代海水的颜色是晦暗浑浊的状态，人们把对中原之外晦暗的理解和海水比附，由"晦"到"海"，这个大概是海之得名之缘起。在先秦时期，人们可能已经认识到了海的自然属性，至于四海，在早期没有真实海的意思，就是四周之地。《荀子·王制》载："四海之内若一家。"唐代杨倞注："海谓荒晦绝远之地，不必至海水也。"①应该是切中肯綮的。

我们认为，中国和四海是一对相对立的概念，这其中有着华夏族群对待四方蛮夷族群的思想在里面，这里面既有中原族群的自信，也有对四周族群的贬抑。在春秋时期这种思想已经出现，因为越是矛盾尖锐，人们越要强化自己的优越性，唤起族群团结，这大概是可以成立的。在文明的黎明时期，华夏是光明之所在，四晦是阴暗之所居，这种思想的源头应该很早，至少可以到夏朝时期。至于四海代称全国，只能是战国大一统思想出现之后的事情了。

（二）华夷之别是五服制的原则之一

五服制度是先秦时期处理中心族群和边缘族群一项非常重要的制度。在《尚书·禹贡》载：

> 五百里甸服：百里赋纳总，二百里纳铚，三百里纳秸服，四百里粟，五百里米。五百里侯服：百里采，二百里男邦，三百里诸侯。五百里绥服：三百里揆文教，二百里奋武卫。五百

---

① 梁启雄：《荀子简释》，中华书局1983年标点本，第107页。

里要服：三百里夷，二百里蔡。五百里荒服：三百里蛮，二百里流。

这是《尚书》中关于五服制度的叙述，对于被统治的人们按照距离远近而采用不同的剥削方式和统治策略，大致说来，是一个圈层的结构，越向外，统治力量越弱。其中甸服、侯服和绥服属于可以控制的范围，不但要缴纳贡赋，还要受到礼仪文教的控制。要服、荒服的情况就完全不一样了，要服要遵守王者的刑罚，但是贡赋要减少。至于荒服，那约束就更少了。"荒"，马融注曰："政教荒忽，因其故俗而治之。蛮，慢也，礼减怠慢，来不距，去不禁，流行无城郭常居。"[①] 对于要服、荒服而言，基本上已经属于外服的范畴，统治力量影响有限。《国语·周语上》载："夫先王之制，邦内甸服，邦外侯服，侯卫宾服，蛮夷要服，戎狄荒服。甸服者祭，侯服者祀，宾服者享，要服者贡，荒服者王。"在注释中指出，前面三种都属于直接统治的范围，要参加周王的祭祀活动，并且要用自己土地上出产的物品来助祭，所谓"四海之内，各以其职来祭""要服者六岁一见也""荒服者世一见。"[②] 在注解中，有意识地将五服分为两个层次，即四海与外藩，其中，要服和荒服明显属于外藩之地，统治力量自然不会像前面三种那样强大。所以，我们可以把五服分为内服与外服两个层次，内服为本身文化区，外服并不一定信仰核心区的价值文化，可以成为文化影响区。在《尚书·禹贡》中可能主要是夏代的情况，在《国语》中的资料就是以周代作为主要的叙事主体了。

我们知道，除了《尚书·禹贡》和《国语》之外，《尚书·酒诰》也有关于五服制的资料，"越在外服：侯、甸、男、卫邦伯；越在内服：百僚、庶尹、惟亚、惟服、宗工；越百姓、里君：罔敢湎于酒"。在这里的内服和外服与我们上面讨论的内外服意义完全

---

① （清）孙星衍：《尚书今古文注疏》，中华书局 1986 年标点本，第 205 页。

② 徐元诰：《国语集解》，王树民、沈长云点校，中华书局 2002 年标点本，第 7页。

不一样，这里的内服应该是周王办公系统的工作人员，相当于朝廷的组织机构，而外服则是分封出去的诸侯，也是周王的统治区，大概相当于上面内服的统治范围。我们看到内服的百僚即从事王事的人，尹即正也，还是做事的僚属。亚，次也，为正官之卒，比尹正低一个等级，可能是尹的副手。服，即任事者。宗工，谓宗人。百姓、里君，谓百姓和街道官长。① 在王畿内的为内服，为文武百官和朝廷各种官吏等。而外服则是分封出去的或者不受王直接管辖的各地方首领的势力。这两种都属于周王的文化范围之内，也均在周王的统治力量之内，外服也不是文化的势力影响区，从贡赋的方面看都要按时缴纳。所以这个内外服与《尚书·禹贡》和《国语·周语上》中记述的完全是两回事。许多学者对于这一历史并未进行认真梳理，只是泛泛而论，其实已经造成了诸多误解。徐中舒等学者对此问题进行了研究，只承认《尚书·酒诰》的内外服制是殷商制度，并不认可《尚书·禹贡》的五服制。② 徐中舒是从指定服役制来讲剥削的方式探讨的，其实并未涉及族群关系。

在对这些资料进行分析的基础上，我们可以看到学者们的着眼点并不相同，同时要看到他们对于不同历史事件的运用在本质上都是为了阐述自己的观点。徐中舒的观点在于讨论指定服役制，顾颉刚不但否定了《周礼》中所言九服制度和《禹贡》中五服制，连同《国语》中的"宾服"与"荒服"也不予承认。③ 其核心是要表达"古史辨"学派的主要学术观点，对于上古历史大胆怀疑，认为历史是层累式构成的。从现在的资料来看，对于五服的问题，明显是怀疑过头，《国语·周语》中描述的情形可以从铭文资料中获得支持。④ 确实，《周礼·夏官·职方氏》谓："乃辨九服之邦国，方千里曰王畿，其外方五百里曰侯服，又其外方五百里曰甸服，又其

---

① （清）孙星衍：《尚书今古文注疏》，中华书局 1986 年标点本，第 380 页。

② 徐中舒：《川大史学·徐中舒卷》，四川大学出版社 2006 年版，第 209—217 页。

③ 顾颉刚：《史林杂识初编》，中华书局 1963 年版，第 1—19 页。

④ 王晖：《西周蛮夷"要服"新证》，《民族研究》2003 年第 1 期。

外方五百里曰男服，又其外方五百里曰采服，又其外方五百里曰卫服，又其外方五百里曰蛮服，又其外方五百里曰夷服，又其外方五百里曰镇服，又其外方五百里曰藩服。"① 这就是经常说的九服，其中在《周礼·秋官·大行人》中无"夷服"和"镇服"，《周礼·夏官·职方氏》当中为"蛮服"和"藩服"，在《周礼·夏官·大行人》则为"要服"和"蕃国"。《周礼·夏官·大司马》将"服"改为"畿"，便有与九服对应的九畿，也是各以五百里为限。郑玄注对于不同服制所贡之物也进行了细化。可以看出，《周礼》是在设计一种治理国家的理想化状态，也是对于未来大一统国家治理方案的设计，这些思想也只有在战国时期"大一统"思想出现之后才可能出现。如此精密的制度设计，如此整齐划一的治理方式是当时的思想家们对未来国家的理想化描述。在这点上，顾颉刚的批判是相当有价值的，对于人们认识历史的真相有极大的启发意义。同时我们也要看到，这种制度设计并非凭空设想，向壁虚构，而是包含了先秦许多的政治实践思维真实性"内核"。在分析这些思想时，也是我们不可回避的因素之一。"'夷夏之别'乃是划分五服制所本的一个原则根据，这种文化意识上的区分，决不等于在疆界里数上顺次延伸的实际地理分布层次"②，所以我们没有必要将其作为一种现实的行政划分，但是其表达的华夏在内和夷狄在外的思想是确实的。

有的学者从考古学的角度研究了五服制度，基本是认可《尚书·禹贡》的说法，将天下九州与考古研究一一对比，按照由内到外的原则对五服制度进行分析，分为三个圈层，将王湾三期文化定为王畿或甸服，将包括后岗二期文化、造律台文化、三里桥文化类型、杨庄二期文化类型、下王岗文化类型、陶寺文化当为侯服和绥服，第三类即海岱龙山文化、石家河文化、客省庄文化、齐家文化与老虎山文化为荒服与要服。把《尚书·禹贡》的五服说与早期的

---

① 《周礼注疏》，上海古籍出版社2010年标点本，第1279页。
② 葛志毅：《周代分封制度研究》，黑龙江人民出版社1992年版，第135页。

考古形态相结合，为我们的分析提供了思路，从一个方面为龙山中原与四邻的关系研究提供了重要参考价值。①

总体说来，抛开后人因为宣传自身思想的虚构成分不算，我们依据现有材料做出推测，对于五服至少可以有两种不同的理解。一种是属于周王对于自身政治权力的设置方式，即可以分为直接统治与代理统治两种形式。对于王畿的百官属僚和宗亲百姓可以成为内服，分封的君侯邦伯可以成为外服。这些人都是周在政治上依靠的对象，也都是在当时来看为周人的利益共同体，属于统治阶级的成员。因为商人喝酒误国，丧失了政权，周人警醒之后对于禁酒十分重视，在整个统治集团内部强调禁酒的重要性，这就是《尚书·酒诰》写作的初衷。在《尚书·禹贡》和《国语·周语上》中分别描述了中心族群处理周边族群关系的情况，《尚书》的真伪问题是一个非常复杂的问题，我们不在这里具体讨论，按照一般的判断，《尚书·禹贡》反映的应该是夏代的史实，不过在笔者看来，其实更像是周代历史事实的"映像"，但是也应该保存夏代一些信息。历史的真实与思想的真实的问题，人们能在多大程度上重构"古史"均需要认真研究。

姑且认为《尚书·禹贡》是掺杂夏代和周代信息的混合物，《尚书·酒诰》基本是周人的施政思想总结，我们把这种材料综合分析，可以看出，先秦已经形成建立在地理结构上的族群处理思想，即"要服"与"荒服"的思想。要字本义为女子两手叉腰之状，突出腰的含义，结合一些古代典籍要可以解释为"约"。在要服中"要"应该是约定，约束的意思。② 这包含着相互协议的意思，在现代汉语的"要约"就是约定的意思，正是这个意思留存的例子。"要服"就是双方约定的权利和义务，这往往是伴随着激烈的战争之后的一种条约性质规范。在西周的政治实践中，对于东南族群往往会采取征伐策略，而后会要求进行"要服"，缴纳一定的

① 赵春青：《〈禹贡〉五服的考古学观察》，《中原文物》2006 年第 5 期。
② 王晖：《西周蛮夷"要服"新证》，《民族研究》2003 年第 1 期。

贡赋。

师寰簋铭文：

王若曰：師寰，𡛥，淮尸（夷）䌛（舊）我𧵥晦臣，今敢博氒（厥）眾叚，反厥工吏，弗速（迹）東𨛭（或），今余肇（肇）令女（汝）達（率）齊帀（師），曩、𠭰、僰、屈、左右虎臣，正（征）淮尸（夷），即賁氒（厥）邦嘼，曰冉、曰𦋻、曰鈴、曰達。師寰虔不彖（弛），夙夜卹氒（厥）牆（將）旋（事），休既又（有）工（功），折首執訊，無諆徒馭，毆孚（俘）士女、羊牛，孚（俘）吉金，今余弗叚組（沮），余用乍（作）朕（朕）後男巤䵼𣪕，其萬年子子孫孫永寶用亯（享）。

（《集成》8. 4313）

该铭文讲师寰率领诸国军队攻击反叛淮夷的大致经过，经过一番艰苦战斗，平定了反叛的淮夷部族，俘获了人众、牛羊和铜器等，恢复了臣服关系，继续按期贡献布帛。①

兮甲盘铭文：

淮夷繇（旧）我帛（晦）（賄）人，母（毋）敢不出其𧵥（帛）、其责（积）、其进人，其贮（賈），母（毋）敢不即𠂅（次）、即市，敢不用令，則即井（刑）𢿌（撲）伐，其隹（唯）我者（諸）侯百生（姓），氒（厥）贮（賈），母（毋）不即市，母（毋）敢或入䜌（蠻）宄贮（賈），則亦井（刑）。兮白（伯）吉父乍（作）般（盤），其眉壽萬年無彊（疆），子子孫孫永寶用。

（《集成》16. 10174）

① 马承源：《商周青铜器铭文选》（三），文物出版社 1988 年版，第 309—310 页。又参见陈秉新、李立芳《出土夷族史料辑考》，安徽大学出版社 2005 年版，第 214—217 页。

从该铭文可以看出，淮夷向周王进贡的物品有丝织品和粮食，并且对边境地带的交易行为进行管理。受周王室控制的淮夷不但要缴纳贡赋，还要承担力役。该器被马承源断为周宣王器，应该是比较中肯的。结合兮甲盘铭文，可以看出，宣王中兴，国力强盛，兮甲在随周宣王打败了猃狁之后，又开始经营东南地区，加强东南部族的管理。[1]

通过上述铭文的内容，我们知道周代中后期确实对于东南诸族有征收贡赋力役的情况，并且对于边境市场交易也进行管理，征收类似赋税的管理费用。"要服"的情况是确实存在的，不过并不是古人在注释中所讲的"六岁一见"，而是随着国力的情况，有着多样的征收形式。五服制度包含了先秦人们的统治智慧，其中重要的是开始了中国古人处理与周边族群关系的一种思维方式。如果将对周边族群的关系称为"外服"，将对于内部的统治分为"内服"的话，本质的区别在于前者可以保持文化上的自由，并不予以干预，后者则统治区内文化上保持基本趋同的趋势，统治思想和核心价值会与中心王朝保持一致。

（三）从政治和文化认同来区分华夷

对于铭文认真梳理之后，我们可以对西周时期的华夷观念进行分析，在西周的铭文资料中，蛮、夷、戎、狄四个字均已经出现，其中前三个都表示族群或者初级政治体。没有证据支持"狄"也是族群，其基本意思为远方或驱除，都和"远方"或"使远离"相关。在学术界一般都把蛮、夷、戎称作文化落后的族群，其实这只是学术界一种固定的看法，对于西周时期的华夷观念，还需要具体分析。

在西周铭文资料中，我们无法确认其含有"文化落后者"的意思，仅就西周铭文资料本身而言，蛮、夷、戎本身没有贬低的意思，可能包含异族人的意思。其实，周人自身的文化意识并未觉醒，西周文化的超越与自身的文化觉醒是两回事。西周作为一个政

---

[1]　马承源：《商周青铜器铭文选》（三），文物出版社1988年版，第305—306页。

治体，在思考对待周边族群的入侵是整体来考虑的，在面临入侵时，地方诸侯有义务配合共同作战，史密簋铭文为我们提供了思路。

> 隹（唯）十又一月，王令（命）師俗、史密曰：東征敓南尸（夷）、盧虎，會杞（杞）尸（夷）、舟尸（夷），萑不墜，廣伐東或（國），齊自（師）族土（徒）□遂人，乃執啚（鄙）寬亞。師俗率齊自（師）、遂人左伐長必，史密父率族人釐自（伯）、僰、尸自周伐長必，獲百人。
>
> （《集录》2.489）

这是 1986 年出土于陕西安康的青铜器，学者们将该器定在周懿王或孝王时期。这篇铭文包含的大量信息都与本书讨论的问题有关。铭文中的齐师，就是诸侯国齐国的军队，当周王命令师俗、史密进攻南夷的时候，参加的军队有臣服的周边族群，也有作为诸侯国的齐国。吴镇烽认为此器定在周孝王之时比较中肯，我们认同此说。在这篇铭文中，我们可以看到，卢、虎、杞、舟四个夷国也加入了周王室的阵营对东国作战，参加战斗的人有齐国军队，以及史密从周畿带来的族众、遂人是作为齐国的附庸参加的，还有釐伯。釐伯就是莱国之君，也就是东夷之族，后来被齐国征服，成为齐国附庸。在齐鲁夹谷之会中莱人对鲁定公不敬，遭到孔子当场呵斥，称之为夷。相对于春秋时期一直被称为夷的莱国，在这篇铭文中并不称夷。僰字，按李学勤的解读就是妘姓的偪阳。《左传·襄公十年》记载晋灭偪阳："以偪阳子归，献于武宫，谓之夷俘。"所以偪阳在春秋时被华夏称为夷。在该铭文中，莱没有被称为夷，连僰也没有被称为夷。在西周可能有一个周王室为核心的具有亲属关系的政治联盟，除了同姓之外，便是通过婚姻在异姓诸侯中缔结的甥舅关系，这两类封国构成西周王朝的基本力量，也就是西周时期华夏的主体。在这种以利益共同体为中心的政治系统中，与周人有婚姻关系的被认定为华夏，典型的如周初齐国为姜姓，就是华夏一员。一些与华夏对立的异姓诸侯或异族邦方，便被称为夷。在对立的夷、夏两大集团中，有一些是周王室各诸侯国的附庸，他们属于异姓，也不存在与周王室的婚姻关系，但是会以附庸身份参与华夏族组织的军事行动，因此也不被称之为夷。① 这就是该铭文中将遂、莱、虢等部族并未称为夷的原因。

可见，在一定意义上，如果加入西周的政治联盟体就是华，背叛就是夷，并且是可以转换的，其核心是在于看对方的政治态度。作为"自己人"还是外人是问题的核心。在古希腊，人们称希腊世界之外的人为 barbare（barbarian）。这个词在荷马史诗《伊利亚特》中出现过一次，意为小亚细亚南部的卡利亚人，而希腊人并不知道他们使用的语言。海外学者指出，这个词的用法本身是描述性而非贬义的。② 是否在西周金文当中的"蛮""夷""戎"也是描述性的而非贬义的词语？戎字被称西北的族群，有时也被称东夷族群，但是总体看来是"尚武的外族"，"夷"则类似于"可征服的外族"，这种差别是多种原因引起的，政治的因素大于文化的和种族的。西周国家实际上是一个包含了不同种族背景和文化传统的人群，在这样范围内，种族的分野事实上是行不通的，共同体利益才是问题的核心。在周人的政治视野里，种族划分所扮演的角色非常有限，在西周的华夷观中，种族的成分很小。周族曾经祭祀已故的商王，这一点在周原甲骨文中也得到证明，但是这并不表明周人与商人在种族上有一致性。正是婚姻关系，也就是周人与商人的婚姻关系导致了祭祀活动的合理性依据，在这其中包含着对于华夏文化的继承和认可。

等到周人与商人反目成仇时，便毫不犹豫地将"戎"这个字眼加到了商人身上，在《尚书·康诰》中有"戎殷"或"戎商"，铭文中频繁使用的"戎"往往是"好战的"或"勇敢的"，是披甲之

① 沈长云：《由史密簋铭文论及西周时期的华夷之辨》，《河北师院学报》1994年第3期。

② Paul Cartledge, *Historiography and Ancient Greek Self – Definition in Companion to Historiography*, London and New York：Routledge, 1997, pp. 23 – 42.

人意义的延伸。当一个族群被称为"戎"时，主要涉及作为政治或军事上的对手。华夏族群意识的觉醒是春秋时期整体生存危机的产物，只有这种意识觉醒后，"戎狄"总体的分水岭才可能出现，也只有在春秋之世，面对巨大的外族群压力，"华夏"才变成了团结的旗帜。"戎狄"变为他者，成为敌对的关系，于是文化、种族甚至道德的因素逐步强化，华夷之辨由此而始，逐渐成为中国历史的主题之一。

第三章　春秋华夷关系特点及成因

春秋时期是一个历史大动乱大发展的时期，华夏社会的总体特点呈现出夷狄内侵的特点，导致华夏族群面临空前的生存危机。面对文化传统能否保留的现实抉择，华夷问题凸显出来，成为春秋前期社会的主要问题。

第一节　春秋时期尊王攘夷思想的出现

一　西周灭亡后的族群格局

西周王朝的覆灭，是中国历史上的大事件，而其灭亡应该说是多种因素共同作用的结果。西周王朝一直以来面临来自西北猃狁和东南淮夷的挑战，周人总体上能够控制东南族群的局势，在斗争中处于主动，而对于西北方的猃狁在战争中比较被动，最终还是在西北族群的进攻下灭亡。西周灭亡的原因概括起来就是周代分封制度在本质上是一个耗散结构，只有赏赐，没有收入，到了最后必然会产生问题。另外，上层贵族内部在选择继承人问题上有直接冲突，引起了西周的亡国。[1] 此后，周平王东迁形成政治中心东移，周王室渐趋没落，一个控制与对抗周边戎狄族群的核心力量日渐消散，而西北和东南族群纷纷内迁，产生华夷关系的新格局。

---

① ［美］李峰：《西周的灭亡——中国早期国家的地理和政治危机》，徐峰译，上海古籍出版社2007年版。

在西北方面，猃狁在西周后期就已经威胁到了西周政权，而周人则利用秦人来制约猃狁，通过给秦人一些好处，达到为其守卫西北边陲的目的。公元前825年，即周宣王三年，大夫秦仲奉命伐西戎，西戎很可能就是猃狁的一部分。[①] 此次战争以秦人失败结束，秦仲也命丧西戎之手。之后不久，迎来了秦人发展史上的重要时期。周宣王招来秦庄公昆弟五人，与兵七千，使之击退西戎，周王遂册封其为"西陲大夫"，并授之以犬丘一带土地。在西周亡国之后，西戎大量进入关中地区，华夏族群的生存空间受到了相当的压缩，这却为秦人日后的蓬勃发展创造了契机。

周王室东迁之后，周人势力开始大崩溃，渭河平原形成了政治势力的真空，戎人大规模向这里迁徙。《诗经·雨无正》对这种情形有深刻揭示。"戎成不退，饥成不遂。曾我暬御，憯憯日瘁。凡百君子，莫肯用讯。"这首诗翔实地描绘了周人失败的惨状，表达了周人对亡国的愤懑与恐惧，以及对戎人进入周地不再退去的深切忧虑。这是以个人的口吻来阐述族群的生存危机，可谓以小见大的典范之作。《诗经·召旻》云："天降罪罟，蟊贼内讧。昏椓靡共，溃溃回遹。实靖夷我邦。皋皋訿訿，曾不知其玷。兢兢业业，孔填不宁。我位孔贬。如彼岁旱，草不溃茂，如彼栖苴。我相此邦，无不溃止。"这首诗主要是对统治阶级内部斗争的不满，表达了对于目前夷狄入侵的愤怒。从春秋早期的族群分布图上可以清晰地看到戎人集团的地理分布，这种情况表明在西周时期周人居住区涌入了大量西戎族群。在宝鸡前西虢遗址上的小虢，就是来自西方的羌之别部。[②] 周都镐京附近的亳，其邑第为荡社，也是来自西戎的部落。[③] 骊山地区有骊戎，传说周幽王的死就与这一支部族关系密切。根据《国语·晋语一》记载，在公元前672年，骊戎还与晋献公有

---

① 范祥雍：《古本竹书纪年辑校订补》，上海古籍出版社2011年版，第31页。
② 《史记》，中华书局1959年标点本，第182—83页。
③ 同上书，第181页。

过战争。① 渭河平原的东部则有大荔戎和彭戏戎。② 公元前660年，三门峡的西虢曾"败犬戎于渭"③。戎族大量进入中原腹地，"戎逼诸夏，自陇以东，及乎伊、洛，往往有戎"④。具体说来，《后汉书·西羌传》记载了一些族群的分布：在渭水源头有狄、冀之戎，泾水以北有义渠之戎，洛水有大荔之戎，伊水、洛水之间有扬拒、泉皋之戎，汝水流域以西有蛮氏之戎，黄河北岸有茅戎，渭水有犬戎。⑤

西戎占据渭河平原的过程与秦人进入渭河平原是一个共时的过程，春秋的前一个世纪，周人退却留下的势力真空被戎人填补，同时也开始了秦人进入关中平原的进程。根据《史记·秦本纪》的记载，文公十六年，秦人伐戎，取得胜利，并大量收编周遗民为秦所有。很可能通过这一场战争，秦人确立了对渭河平原西部的统治。之后，秦人进一步东迁，先后灭掉亳、小虢、邦和冀戎，经过这一系列针对戎人的战争，至武公统治末期，秦人显然已经将渭河平原尽收囊中。在西周灭亡大概八十年后，经过剧烈的族群冲突，这一地区重新被单一政治势力所统治。

在春秋前期，狄人不断南下威胁华夏诸国安全。在失去了往昔西周政权对战争的统一指挥，散乱无章的诸侯国只能各自为战。狄人可以分为赤狄、白狄和长狄几部分，而在《左传》的记载中其与周人诸侯国产生关系比起戎人似乎靠后一些。但是狄人攻击性很强，在《春秋》宣公三年，"秋，赤狄侵齐"；宣公四年，"赤狄侵齐"；宣公八年，"晋师，白狄伐秦"。在《左传》宣公六年，"秋，赤狄伐晋，围怀及邢丘"；宣公七年，"赤狄侵晋，去向阴之禾"；宣公十三年，"秋，赤狄伐晋，及清，先谷召之地"。以上都是文

---

① 徐元诰：《国语集解》，王树民、沈长云点校，中华书局2002年标点本，第248页。

② 《史记》，中华书局1959年标点本，第182、199页。

③ 杨伯峻：《春秋左传注》，中华书局1981年标点本，第786页。

④ 《后汉书》，中华书局1961年标点本，第2872页。

⑤ 同上书，第2872—2873页。

献中记载的戎狄攻击中原华夏族群的事例。这说明在春秋前期，华夏诸国频繁遭到来自戎狄的进攻，华夏文明遭遇了巨大的危机。在当时的社会背景下，诸夏联合对抗异族群的入侵就成为当务之急。

表1　　　《春秋》《左传》所见狄人侵华夏诸国统计

《春秋》庄公三十二年（前662）	狄伐邢
《左传》闵公元年（前661）	狄人伐邢
《春秋》闵公二年（前660）	狄人卫
《春秋》僖公八年（前652）	狄伐晋
《春秋》僖公十年（前650）	狄灭温
《春秋》僖公十三年（前647）	狄侵卫
《春秋》僖公十四年（前646）	狄侵郑
《春秋》僖公十六年（前644）	狄伐晋
《春秋》僖公十八年（前642）	狄侵齐 冬，邢人、狄人伐卫
《春秋》僖公二十一年（前639）	狄侵卫
《春秋》僖公二十四年（前636）	狄伐征
《春秋》僖公三十年（前630）	狄侵齐
《春秋》僖公三十一年（前629）	狄围卫
《春秋》僖公三十三年（前627）	狄侵齐

在南方长期与西周斗争的淮夷族群也趁西周王朝瓦解之际，加大了进攻中原的步伐。

二　春秋时期族群冲突阶段性特征

春秋的历史阶段是按照《春秋》纪年来命名的，《春秋》记载鲁隐公元年（前722）到鲁哀公十四年（前481）共242年间鲁国的编年史。"《春秋》，纪人事之善恶而目以天时，谓之《春秋》，周史之法也。"[①] 到了汉代除鲁之《春秋》，各国史书均已亡佚。为《春秋》作传的有五家，后来流传下来有三家，为春秋三传。其中《公羊传》《穀梁传》讫年都与《春秋》一致，唯独《左传》将时间延续到鲁哀公二十七年（前468）。

正是因为《春秋》在中国历史上的重要地位，是记载这一阶段的重要文献，后人便将这一时期称为"春秋时期"。根据简帛材料，在西周灭亡与平王、东迁之间，历史上还有一段动荡期，为"二王并立"的政权局面。这一阶段是否也划入春秋时期，学术界也有些分歧。20世纪50年代，范文澜修订《中国通史简编》，将这一段历史按照两种年代标注，即东周为公元前770年至公元前403年，春秋为公元前722到公元前481年，这在一定程度上是有其合理性的，因为不应把东周与春秋看作一个完全重合的历史阶段。[②] 公元前481年，齐国大夫田常杀死齐简公，取得齐国政权，并没有诸侯干预，这标志着诸侯立国的局面开始遭到破坏，因此将这一年作为春秋的终结。在《史记·六国年表》中司马迁将周元王元年（前475）作为战国的开始，在这个时间节点上开始叙述六国历史比较合理。恰好在公元前453年韩、赵、魏三家灭智氏，三家分晋的局面形成，同时战国七雄并列的局面也开始形成，这一年距离公元前475年并不远，刚好弥补了公元前475年没有重大历史事件的缺陷。而三家灭智氏也是《左传》最后提到的内容，所以这一分期法便被大多数历史研究者所接受。郭沫若在《奴隶制时代》中将春秋划为公元前770年至公元前475年，由于郭沫若在史学界的影响，这一分期也被广泛接受。

对于本书的研究，需要贯彻时间上的连贯性，对于华夷问题而言，西周和春秋在时间上是一个连续的过程，族群冲突发展并未出现本质变化，其标志性的事件是西周的灭亡，也就是统一政权的消失，造成面对异族威胁时各自为战的状态。从本书研究的角度出

---

① 徐元诰：《国语集解》，王树民、沈长云点校，中华书局2002年标点本，第249页。

② 朱顺龙、顾德融：《春秋史》，上海人民出版社2003年版，第2页。

发，对于春秋时期（公元前770—前476）的阶段划分，从公元前775年到大概公元前635年左右为第一阶段；从公元前635年到公元前520年为第二阶段；从公元前520年到公元前475年为第三阶段。第一阶段主要是四周蛮夷对中原华夏族群的进攻，华夏族群出现一致对外的态势，蛮夷不断进攻和华夏族群集体防御为这一时期的基本特点。周襄王娶狄女为后，表示双方血缘开始融合，双方战争出现一些新的情况，即出现了华夏族群一部分与四周蛮夷部分势力结盟来对付华夏族群中另一部分的情况。周襄王娶狄后事迹见于《国语》，为周襄王十七年事，亦即公元前635年，鲁国纪年为僖公二十四年。① 第二阶段主要是各个诸侯与夷狄的对抗，直到在自己领土内取得决定性胜利，而秦、楚则表现出对周围夷狄的胜利，成长为区域内的强国，参与到华夏的事务中来。其中典型的是晋国，因为境内戎狄众多，晋人经过艰苦卓绝的斗争，加上正确的斗争策略，也就是通过分化瓦解，各个击破的办法，基本上消灭了戎狄诸族。赤狄曾经相当强盛，多次入侵齐、晋诸国，经过晋国离间政策，于公元前594年灭掉赤狄潞氏专政的酆舒，报了杀国君夫人晋人姬氏之仇。紧接着晋国在公元前588年击败赤狄余部，彻底征服了赤狄。在征服赤狄后，白狄成为晋人的主要威胁，公元前582年白狄曾经与秦共同伐晋，以后向东迁移，一分为三，分别为鲜虞、肥和鼓三部分，其中肥和鼓为鲜虞属国。公元前541年，晋将荀吴大败戎狄，于公元前530年灭了肥，俘其国君而归，在公元前527年击鼓，俘其国君，最后在公元前520年灭鼓，晋将涉佗驻守鼓。至此，白狄只剩下鲜虞，也就是中山国，这个国家直到战国时被魏国所灭。同时，这也标志着华夏对戎狄的决定性胜利，所以我们将这一事件作为标志性事件，也把这一年作为分期之年。从公元前520年之后，春秋的族群关系就进入第三阶段，也就是进一步融合，在文化上开始互相学习，南北各地逐渐形成不同的文化中心。

---

① 徐元诰：《国语集解》，王树民、沈长云点校，中华书局2002年标点本，第44—46页。

基于地理、气候和生存条件的差异，两种不同的文明雏形也在培育发展的过程中，即农耕文明与草原文明的对抗，逐渐成为华夷之辨的主题。

三 "尊王攘夷"局面的出现

春秋前期由于戎狄的入侵，严重威胁华夏族群的安全。因此，华夏诸国之间既存在利益的斗争与霸权的争夺，又要共同对抗戎狄的入侵。而齐、晋等霸主之国地位的实现往往与领导诸夏小国对抗戎狄有着密切的关系。

周王室东迁后的主要依靠力量是晋国和郑国，即"晋郑是依"。后来周、郑交恶，在繻葛之战，周桓王被郑将祝聃射中肩膀，使周王颜面扫地，周王作为王朝秩序维护者的地位就不复存在了，郑国一度成为霸主。公元前706年，齐国被北戎侵扰，也要请郑国出兵方才平息。虽然郑国在郑庄公在位时期曾经一度强大，干预周王室的废立事务，但是在郑庄公去世之后，郑国就开始走向衰落。

春秋时期第一个真正的霸主，就是齐桓公。齐桓公任用著名的政治家管仲为相，开始了一系列改革。管仲是春秋早期杰出的政治家，在治理齐国方面，功勋卓著。其事迹见于《史记·管晏列传》《管子·大匡》和《国语·齐语》的相关记载。管仲的改革是对国家政治、经济、军事、外交全方位的变革与创新，使得齐国迅速国富民强。在辅佐桓公时期，管仲主张团结诸夏国家，当其他国家面临戎狄侵扰时，齐国能够出兵相救，并且尊奉周王的权威。齐桓公二十二年（前664），山戎侵略燕国，燕国向齐国求救，齐鲁相会于济水，谋伐山戎。在《左传·庄公三十年》中云："冬，遇于鲁济，谋山戎也。以其病燕固也。"①《史记·齐世家》云："桓公二十三年，山戎伐燕，燕告急于齐。齐桓公救燕，遂伐山戎，至于孤竹而还。"②

---

① 杨伯峻：《春秋左传注》，中华书局1981年标点本，第247页。
② 《史记》，中华书局1959年标点本，第1488页。

公元前662年，狄人向南侵扰，进攻邢国。第二年，齐桓公听取管仲之言发兵救邢。不久，狄人又发兵进攻卫国。由于卫国政治腐败，卫君唯喜养鹤，让鹤乘大夫之车，国人愤怒，不愿为其打仗，卫君临时拼凑军队与狄人开战，大败之后，卫君被杀，卫国灭亡。宋国救出卫遗民七百多人。这时齐桓公派儿子公子无亏带领三百乘兵车和三千名甲士帮助卫国戍守曹邑，又送卫夫人乘车和重锦三十匹。郑国命大夫高克带兵驻守黄河之上，以防备狄人。公元前659年，狄人又攻击邢国，齐桓公邀宋、曹两国联合救邢，在邢人溃逃之后，诸侯军队逐走狄人，将邢国迁到夷仪，也就是今天山东聊城。齐桓公后来又将卫国安置到楚丘城，今河南滑县东部一带。在这一系列事件中，齐桓公驱逐狄人，救邢、存卫，对于保卫华夏族群起了重要作用，也为齐桓公成为最早的诸侯霸主奠定了基础。

与此同时，南方日益强大的楚国，在春秋早期也被诸夏之国视为夷狄之邦。公元前659年，楚国再次发兵伐郑，齐桓公联合宋、郑、曹、邾等国诸侯在荦，即今河南淮阳西北，共图谋救郑国。此后，齐桓公先后于公元前658年与宋、江、黄等国会盟，赢得了这些中小诸侯国的支持。其后，又在阳谷会盟，与宋、江、黄等国商议共同伐楚。在公元前656年，齐桓公召集鲁、宋、陈、卫、郑、许、曹联合攻打蔡国，以敲山震虎，在取得胜利之后，就长驱直入楚国，进行征伐。于是就发生了见于《左传·僖公四年》所载齐楚使者之间的精彩对白，"君处北海，寡人处南海，唯是风马牛不相及也，不虞君之涉吾地也。"接着管仲向楚国提出不向周天子进贡和杀死周昭王的两大罪状。"尔贡包茅不入，王祭不共，无以缩酒，寡人是徵。昭王南征而不复，寡人是问。对曰：'贡之不入，寡君之罪也，敢不共给，昭王之不复，君其问诸水滨。'"[①] 可见在对待楚国时，齐国就是把自己当作华夏诸国的领袖，代行周王之职责。

公元前651年的葵丘之盟，是齐桓公在霸主政治上的最高点，鲁、宋、卫、郑、许、曹与齐会盟修好。周襄王派大臣宰孔送来祭

---

① 杨伯峻：《春秋左传注》，中华书局1981年标点本，第290—291页。

肉，齐桓公不顾宰孔礼让，坚决跪拜接受，守周礼尊周天子，赢得天下诸侯的尊敬。到了公元前650年，狄人来犯，灭了温国，温君逃奔卫，诸侯没有出兵，齐桓公也仅仅帮助卫国筑城，以防狄难。公元前647年，齐桓公为了防止淮夷侵杞与戎族侵周，在咸（今河南濮阳东南）与诸侯会盟，在同年秋天，诸侯军队替周戍守。公元前646年，齐国与其他诸侯修筑缘陵城（在山东昌乐东南），将杞国迁到此地。公元前644年，周王再次因戎侵略而向齐求救，齐桓公再次集结诸侯军队驻守周地。同年，齐国又邀请诸侯在淮水会盟，替鄫国筑城，以防淮夷，并准备起兵向淮夷示威，公元前643年齐国讨伐楚的与国英氏，就在这一年齐桓公去世。毫无疑问，齐桓公对华夏族群的生存与发展做出了重要贡献。

在齐桓公一系列保卫华夏族群的斗争中，管仲无疑是政策的制定者。《左传·闵公元年》云："狄人伐邢，管敬仲言于齐侯曰：'戎狄豺狼，不可厌也，诸夏亲昵，不可弃也，宴安酖毒，不可怀也'。《诗》云：'岂不怀归，畏此简书。'"[1] 可以看到，管仲在潜意识中已经把夷夏分得很清楚了，对于齐国称霸而言，就是要赢得华夏诸国的尊敬与爱戴，在取舍上亲华夏而敌视夷狄是自然的。事实上，齐国在春秋时期可以说是最忠实执行尊王攘夷政策的国家。

尽管在春秋大国诸侯那里，"尊王攘夷"只是称霸的一个手段，助其达到称霸目的，但是客观上确实加强了华夏族群的团结，在族群受到外部强大压力之下，反而使得内部更加融洽。齐桓公的几次会盟，都是旨在加强团结，确实起了推动华夏族群一体化进程的作用。因此，笔者认为，"尊王攘夷"的有效推行，使得霸主政治深入人心，从而推动华夏诸国遵循共同的价值原则，拥有共同的政治诉求，使得华夏族群凝聚力空前增强，文化价值观念、意识形态更加趋于一致和稳定。[2]

对于管仲的评价可以看出孔子对于华夷问题的态度。《论语·

---

① 杨伯峻：《春秋左传注》，中华书局1981年标点本，第256页。
② 姜建设：《夷夏之辨发生问题的历史考察》，《史学月刊》1985年第5期。

宪问》云："子贡曰：'管仲非仁者与？桓公杀公子纠，不能死，又相之。'子曰：'管仲相桓公，霸诸侯，一匡天下，民到于今受其赐。微管仲，吾其被发左衽矣。岂若匹夫匹妇之为谅也，自经于沟渎，而莫之知也。'"① 可以看出，孔子对于管仲的评价是相当高的，并大力为其以人臣身事二主的行为辩解，极力称颂其保卫华夏族群的功绩。所以在孔子看来，华夷之辨是大端。春秋初期，华夏族群受到南北族群的压迫，形势异常危急，正是由于管仲辅佐齐桓公才保全了华夏族群。《公羊传·僖公四年》云："夷狄也，而亟病中国。南夷与北狄交，中国不绝若线。桓公救中国而攘夷狄，卒怗荆，以此为王者之事也。其言来何？与桓为主也。前此者有事矣。后此者有事矣，则曷为独于此焉？与桓公为主。序绩也。"② 在这段文字里对于华夏族群的危机进行了生动地描述，在春秋初期确实存在着文明被颠覆的可能性，礼乐文明可能得不到延续。而尊王攘夷的策略则有助于华夏族群团结互助，使华夏文明得以顺利延续。正是从这个意义上，孔子对管仲给予了很高评价。

总体看来，春秋前期产生尊王攘夷的行动不是偶然的现象，是华夏族群面对来自异族的攻伐时一种本能的自卫行动，尽管事实上周王的权威已经衰落，但为了团结华夏族群，诸侯大国自然再次举起了"尊王"的旗帜。这也是华夏族群在当时历史条件下所采取的一种政治策略。与此同时，"尊王"和"攘夷"是一组相辅相成的策略，"尊王"可以团结华夏族群更为有效地"攘夷"，而"攘夷"的过程中客观上既形成了春秋时期极富特色的霸主政治，又在一定程度上强化了华夏的族群意识，使得礼乐文化的价值观在异族的攻击下得以保存和延续，并加强了对戎狄族群的文化影响，为此后双方族群文化上的迅速融合及中华文明的最终形成奠定了坚实的基础。

---

① 程树德：《论语集释》，程俊英、蒋见元点校，中华书局 2013 年标点本，第 1137 页。

② 王维堤、唐书文：《春秋公羊传译注》，上海古籍出版社 2004 年标点本，第 192 页。

第二节　春秋时期主要诸侯国的华夷关系

春秋时期的华夷关系，历代学者有不少论述，我们认为对这一问题的研究，必须建立在对历史的准确把握基础之上。因此，我们将对春秋时期的华夷关系再次进行梳理，尤其是当时的政治家们处理华夷关系的具体策略与措施。春秋时期的华夏族群与四夷的冲突是分阶段的。在上一节我们已经大略把春秋分为三个阶段，也就是第一阶段以戎狄进攻为主，华夏在诸侯霸主率领下联合起来抗击。第二阶段是华夷开始融合，互相有通婚和战争，也有华夏族群与戎狄某一部族联合攻击另外一个华夏国家的情况。第三阶段就是华夏族群已经完全占了上风，主要的戎狄部落已经败亡，一部分遁入大漠，华夏文化完全占据优势，东南地区诸国也融入华夏的政治生活中来。根据春秋时期霸主政治的特点，我们按照国别的具体情况进行概括，将春秋时期的华夷关系概括为三种类型，第一种是齐国主盟型；第二种为晋国的"和戎"和斗争交替出现，最终消灭戎狄；第三种就是秦国与楚国类型，在自己所属范围内逐步兼并小国，最后自己也逐渐融入华夏集团中来。这三种类型在时间上有先后的顺序，比如齐国和楚国，分别是前后两位霸主，但是在时间上也会有交错，比如秦国与楚国就是在不同的地域实行兼并之举，最后融入中华文明的。

一　齐国主盟下的华夷关系

齐国的华夷关系主要指的是齐桓公称霸这一阶段处理华夏国家与四夷关系的策略。齐国、鲁国等国都是维护华夏文化的代表，而且在春秋早期极力推行以周礼为核心的文化，当其他华夏小国遭受戎狄入侵时，齐国会挺身而出，维护小国的安全。他国一旦遭到戎狄攻击几乎亡国，齐国则会坚持自己立场，或帮助其迁徙，或帮助其渡过难关。我们如果对《左传》当中的相关史实认真梳理，就会对齐国处理华夷关系理解得更加深刻。

在齐国的称霸历史当中，《左传·庄公十年》载："齐侯之出也，过谭，谭不礼焉。及其入也，诸侯皆贺，谭又不至。冬，齐师灭谭，谭无礼也。谭子奔莒，同盟故也。"① 庄公十年这次征伐不仅仅是在山东境内大国吞并小国的战争，更具有对东夷族群征服的意义。在这个事件当中，也许并非谭国不敬齐桓公，而是由于礼仪文化的差异，在形式上便表现为对齐桓公不尊重，怠慢了齐桓公，最后落得个亡国的下场。

在《左传·庄公二十年》"冬，齐人伐戎"，这一句是在经文中出现的，在传中并未提及，我们认为之所以没有仔细加以展开的原因，可能是齐国接受了山戎的贿赂，不合礼仪。在庄公二十四年，也就是公元前 670 年，戎侵曹国。到了公元前 668 年，鲁庄公伐山戎。这是有联系的两件事情，齐鲁两国，同处东方，在战略上也有一个照应，尤其是鲁国作为华夏礼乐文明的继承者，其文化地位是齐国难以超越的。虽然两国之间也有战争，但是主流是合作与支持。两国对于夷狄的态度是基本一致的，对待夷狄的策略也是基本相似的，主张以战争为主。到了公元前 664 年，齐国开始讨伐山戎，主要原因是山戎侵略燕国，燕国向齐告急。在《左传·庄公三十年》载："冬，遇于鲁济，伐山戎也。以其病燕故也。"② 因为山戎侵伐燕国，齐国才讨伐山戎，可见齐国是为了帮助燕国免受威胁才采取的措施，也是出于保卫华夏国家的目的而发动的战争。在西周的封国之中，燕国是最靠北边的国家，是典型的姬姓封国。

在庄公三十二年冬，狄伐邢国，齐国开始救邢国。在僖公元年，齐周迁邢国于夷仪。《左传·僖公元年》载："元年春，王正月，齐师、宋师、曹师次于聂北救邢。夏六月，邢迁与夷仪，齐师、曹师城邢。"③ 经过几年的战争，在齐国的领导下终于救了邢

---

① 杨伯峻：《春秋左传注》，中华书局 1981 年标点本，第 184—185 页。
② 同上书，第 147 页。
③ 同上书，第 276 页。

国，将该国迁到战略要地夷仪一带。^① 在帮助邢国的同时，齐周做的重要事情还包括对卫国的帮助。在《左传》诸侯救邢国的注释中，孔疏指出，这一仗是齐国国君亲自指挥，并且对邢国的器用财物并未私取，可见此役确实体现了华夏族群团结的精神和无私奉献的品质，成为后世儒家赞扬的佳话。

在帮助邢国的时候，卫国也遭到了狄人的进攻，齐国同样施以援手。《左传·闵公二年》载："冬十二月，狄人伐卫。卫懿公好鹤，鹤有称轩者。……卫之遗民男女七百有三十人，益之以共、滕之民为五千人。……齐侯使公子无亏帅车三百乘、甲士三千人以戍曹。"^② 这一段话讲的是狄人征伐卫的细节，在亡国之时，卫国人众逃到曹国，齐侯派公子无亏去曹国，就是为了帮助卫国的遗民。遭受狄人进攻损失最大的就是邢国与卫国，几乎到了亡国的地步，十分狼狈，前者是以齐侯为首的诸侯在帮助，而后者则主要是齐国在扶持。

在南面楚国对于中原的威胁方面，春秋早期的楚国在华夏诸国看来无疑属于蛮夷的行列。在孔子看来，北狄与南夷交侵，楚国包括在蛮夷之国是毋庸置疑的。因此，以齐国为首的华夏诸国与楚国的斗争拉开了序幕。在《左传·庄公十五年》中就有荆伐郑的记载，到了庄公二十八年，荆人再度伐郑，战事已经相当频繁。《左传·庄公二十八年》载："秋，子元以车六百乘伐郑，入于桔秩之门。……诸侯救郑，楚师夜遁。"^③ 公元前666年，齐国、鲁国和宋国三国救郑。由于郑国特殊的地理位置，一直是大国争夺的对象，楚国想要北上，必须越过郑国。郑国旁边是宋国，齐鲁作为华夏的保卫者，积极参与作战，宋国则一方面是作为华夏文化的捍卫者，另一方面也可能为自身安全着想。在僖公二年、僖公三年都有楚人侵郑的记载，在僖公三年，郑伯想要与楚国媾和，郑臣孔叔讲

① 关于夷仪的地望问题，可以参阅河北师范大学段宏广的硕士学位论文《先秦邢地综合研究》相关章节。
② 杨伯峻：《春秋左传注》，中华书局1981年标点本，第266—267页。
③ 同上书，第242页。

了一句话，可以看出华夏文化的认同感。《左传·僖公三年》载："齐方勤我，弃德，不祥。"[1] 在这句话当中包含着郑国大夫对于以齐国为首的华夏集团的认可，同时表现出对于南方荆楚的抵触，其遵循的逻辑依然是西周特有的"德"之范畴。

综上所述，我们可以看出，齐国在春秋早期对夷狄的态度主要是进攻为主，当华夏诸国受到威胁时，总能出现齐国的身影，不仅帮助作战，还帮助筑城、迁徙民众、安置百姓，为华夏诸国免受异族侵袭起到了重大作用。这在西周时期也许是周王要协调安排的事情，我们在前面关于西周阶段的叙述中已经屡次看到这样的情形。但是现在周王显然已经没有能力做这样的事情，春秋时期王纲不振，霸主政治的一个主要职能就是要填补王权缺失留下的权力真空。"尊王"在一定意义上就是维护周代的礼仪文化制度，在华夏诸国面临强大的族群压力下一种本能反应，在异族的差异面前，自身文化的凝聚力反倒会加强。所以在公元前651年的葵丘之盟上，齐国提出一系列维护华夏礼仪文化的约定，其本质就是维护华夏文化的基本价值观。《穀梁传·僖公九年》载："曰，毋雍泉，毋讫籴，毋易树子，毋以妾为妻，毋使妇人与国事。"[2] 这些都是当时华夏最为核心的利益和根本价值，毋雍泉是要建立统一的水利使用规划，不可以邻为壑，不能多藏粮谷，不可更换嫡子，不可以妾为妻，不能让妇人参与国政。这些内容包括了在灾年时不能不顾及他国利益的主张，不能废除嫡长子继承制，更不能做违逆宗法制的事情。嫡长子继承制和宗法制都是以男性为继承人的谱系制度，在周代礼仪制度中是相当重要的。全盟的一个重要功能就是确立周代文化的地位，不可以被夷狄化，当然对于各国政权的稳定作用也是相当大的。

齐国对异族的斗争对象包括本地东夷，比如谭国，北边的山戎和狄人，南部的楚人，可见齐国对于夷狄的斗争是全方位的，是代

---

① 杨伯峻:《春秋左传注》，中华书局1981年标点本，第286页。
② 承载:《春秋穀梁传译注》，上海古籍出版社2004年标点本，第234—235页。

表华夏整体对异族的斗争，而且在斗争中主要是针锋相对的军事较量，几乎没有妥协和谈判，表现出斗争的彻底性和坚决性的特点。而斗争的成果也是显著的，无论是对于北边的戎狄还是南边的蛮夷都基本稳住而且取得阶段性的胜利。齐桓公的政治实践就是对戎狄四夷采取坚决的斗争策略，保卫华夏文明。

二　晋国特色的华夷关系

由于地理的关系，三晋大地与戎狄之族所处的地理位置是犬牙交错。《左传·昭公十五年》载："晋居深山，戎狄之与邻，而远于王室，王灵不及，拜灵不暇，其何以献器？"[①] 这句话是对于晋国所处环境的生动描述，是晋国周围被戎狄环绕的客观事实的生动写照。因为晋国在早期与戎狄所处位置犬牙交错，所以在对待戎狄的策略方面呈现出与齐国完全不同的方针，齐国主张以斗争为主，晋国则表现出"和戎狄"的策略，在对待戎狄时表现出更多的灵活性。

我们可以看到晋国多次与狄人通婚。晋献公曾娶了狄国两位庶妻，生了两个儿子，一名重耳，一名夷吾。之后晋献公伐骊戎，再娶了骊君女儿骊姬及其妹妹。骊姬得晋献公宠爱，被立为夫人。骊姬生子奚齐，其妹生子卓子。在此之后引起的晋国一系列政治事变，都与骊姬想要废除太子立自己的儿子有关。

在与戎狄的婚姻方面，晋国公室多与戎狄通婚，也就是晋国公族中多有狄人血统。狐突作为晋献公的辅臣，辅佐太子终生，死而报太子。狐突的儿子狐毛和狐偃追随公子重耳出亡十九年，忠心耿耿，患难与共。重耳对于狐毛和狐偃两位戎狄狐氏舅父也是毕恭毕敬，一同书写君臣关系的佳话。可见晋与戎狄的关系是相当密切的，这些恰恰与晋国从一开始就采取和戎政策密切相关。

由于晋国特殊的地理环境，晋和戎狄的交往可以说是由来已

---

① （清）阮元：《十三经注疏》，中华书局1979年标点本，第2078页。

久，晋惠公曾赐予姜戎氏南鄙之田。① 在崤之战中，晋襄公与姜戎联手打败秦军，获其三帅，取得巨大的胜利。② 在春秋时期结盟是实现双方友好关系的重要手段，晋国与戎狄大规模的结盟一共有两次，一次为公元前598年，也就是《左传》鲁宣公十一年，另一次为公元前569年，也就是《左传》鲁襄公四年。在众狄被赤狄压迫之时，晋乘机示好于狄人，"晋郤成子求成于众狄"，在此的众狄即白狄之属种，如鲜虞肥、鼓之类。得到众狄的拥护，"秋，会与欑函，众狄服也"。这次会盟晋国上下存在着"召"与"勤"的纷争，"召"就是让狄人过来，"勤"就是晋国主动过去，所以两种方略是有区别的，在欑函之会前，郤成子就主张采取的"勤"的策略，最后晋国大概采取了"勤"的方针，所以历代注家都认为欑函为狄人地名，也就是晋国派使节过去和谈。可见这次会盟有可能是以狄人为主的，说晋国在适当的时机与狄人主动会盟，争取局势的有利时机，可以达到瓦解狄人势力的作用，为以后的各个击破奠定良好的基础。

第二次和戎的推动者是魏绛，时间是公元前569年，"无终子嘉父使孟乐如晋，因魏庄子纳虎豹之皮，以请和诸戎"。无终是山戎的一支，嘉父为其首领，这一支山戎派孟乐作为使节到晋国请求建立合约。晋悼公刚开始认为"戎狄无亲而贪，不如伐之"，于是就出现了魏绛著名的和戎五利说。"和戎有五利焉：戎狄荐居，贵货易土，土可贾焉，一也。边鄙不耸，民狎其野，穑人成功，二也。戎狄事晋，四邻振动，诸侯威怀，三也。以德绥戎，师徒不勤，甲兵不顿，四也。鉴于后羿，而用德度，远至迩安，五也。君其图之！"③ 这一段文字集中阐述了和戎的好处，就是戎狄之人流动性强，住房结构简单，只重视货品而并不重视土地，可以想办法拿走他们的土地；如果边境和平，百姓就会从事农业生产，稼穑之人就会有所收获；戎狄和晋国结盟，周围的人就会生畏惧之心，诸

① 杨伯峻：《春秋左传注》，中华书局1981年标点本，第1006页。
② 同上书，第489—491页。
③ 同上书，第939页。

侯也会对晋国怀存敬畏；我们用德行的力量平定了戎狄，就不用劳师动众，折损兵器；鉴于后羿事件，运用道德的准则，使得远方的人来朝拜而近处的人得安宁。魏绛的这一番高论，使得晋悼公心悦诚服，派魏绛"盟诸戎"，并且一直维持和戎政策数十年。① 我们可以看出，魏绛在讲到和戎之利时基本是以国家的利益作为出发点，也就是纯粹的实用主义方针。事实上，晋国对付戎狄采用分化瓦解以各个击破的策略。

晋国是被戎狄包围的诸夏之一员，"戎狄之民实环之"，在其南部有骊戎、茅戎、陆浑之戎，在东部有山戎、狄人。晋献公时期蒲、屈即为边鄙，可见其领土主要处于晋南汾水一带。晋文公时谋取定襄王，"行贿于草中之戎与丽土之戎，以启东道"②。在极其险恶的情形之下，晋国是被迫采取结盟的策略，欑函之盟是典型的分化瓦解策略，利用狄人内部的矛盾，团结白狄，孤立赤狄，最终达到征服消灭的目的。事实上，晋国在盟会之前在与戎狄的斗争是处于下风的，处处被动，在统治阶层中普遍存在着畏惧狄人的思想。晋"败狄与采桑，梁由靡曰：'狄无耻，从之，必大克。'"但是里克却说："惧之而已，无速众狄。"在鲁僖公十六年、宣公六年和宣公七年，狄人讨伐晋国，或者攻城占地，或者掳掠庄稼，危害不小。这些事件均发生在会盟之前，充分说明了晋为戎狄所欺凌的事实。

前面我们已经阐述过，在与白狄结盟之后，晋与白狄共同对付赤狄。因为赤狄在诸狄中势力最为强大，所以晋力求消灭赤狄集团，在孤立了以潞氏为首的赤狄之后便开始了对其的军事反攻。宣公十五年，即公元前 594 年，"六月癸卯，晋荀林父败赤狄于曲梁，灭潞，酆舒奔卫，卫人归诸晋，晋人杀之"③。接着，又灭掉赤狄甲氏及留吁、铎辰，这一系列胜利都与晋国正确的策略战术密切相

---

① 赵世超：《晋"和戎狄"评议》，《史学月刊》1985 年第 2 期。

② 徐元诰：《国语集解》，王树民、沈长云点校，中华书局 2002 年标点本，第 351 页。

③ 杨伯峻：《春秋左传注》，中华书局 1981 年标点本，第 763 页。

关。又经过大约半个多世纪的努力，到公元前520年晋国基本扫清了戎狄的威胁，不能不说是政治上的大胜利。

在晋国初封之时，西周王室要求晋国"启以夏政，疆以戎索"①。所以说从一开始晋国就不是按照周人的礼仪标准来设计国家制度的。在典籍的记载中，经常看到晋国君臣不习礼仪的记载。《左传·宣公十六年》，晋侯派士会调节周王室诸卿之间的矛盾，周定王设殽烝招待他。士会不知道为何礼仪。王召而告之，士会才明白，并让其准备回去后讲求典礼，修晋国之法。杜预注："传言典礼之废久。"② 按照杜预的说法，就是晋国以前也遵循周礼，只是到了东周之后才因为时间久远而湮没。现实的情况是晋国从初封之时就没有遵循繁文缛节的周礼，因此就不存在被后来遗忘的情况。在《国语·周语中》载："余一人敢设饫禘焉，忠非亲礼，而干旧职，以乱前好？且唯戎狄则有荐体。夫戎狄冒没轻儳，贪而不让。其血气不治，若禽兽焉。其适来班贡，不俟馨香嘉味，故坐诸门外，而使舌人体委与之。女，今我王室之一二兄弟，以时相见，将和协典礼，以示民训则，无亦择其柔嘉，选其馨香，洁其酒醴，品其百笾，修其簠簋，奉其牺象，出其樽彝，陈其鼎俎，净其巾幂，敬其祓除，体解节折而共饮食之。于是乎有折俎加豆，酬币宴货，以示容合好，胡有孑然其郊戎狄也？"③ 这段文字将此事详细论述，并且引出了问题之本质，就是自然指出戎狄行为特点，而将华夏饮食礼节与戎狄行为相对比，暗含着晋人的戎狄性。《左传·成公二年》，即公元前589年，在晋齐鞌之战后，晋景公派巩朔到周定王处献捷，周定王不见，派单襄公推辞，并且讲了一番话。"蛮夷戎狄，不式王命，淫湎毁常，王命伐之，则有献捷，王亲受而劳之，所以惩不敬，劝有功也。兄弟甥舅，侵败王略，王命伐之，告事而已，不献其功，所以敬亲昵，禁淫慝也。今叔父克遂有

① 同上书，第1539页。
② 相关论述在赵世超《晋"和戎狄"评议》，《史学月刊》1985年第2期。
③ 徐元诰：《国语集解》，王树民、沈长云点校，中华书局2002年标点本，第58—59页。

功于齐，而不使命卿镇抚王室，所使来抚余一人，而巩伯实来，未有职司于王室，又奸先王之礼。"① 打败戎狄之人则有献捷，是为了树立周王的尊严，对于齐国这样的诸夏之国根本不需要献捷，是为了表示亲昵之意。这件事情折射的是晋人对于周代礼仪的生疏，夷狄化程度较深。

在讨论了"和戎狄"的策略和意义之后，我们着重分析一下晋国对于戎狄是采取什么文化策略。从真实的历史情况来看，恐怕不是儒家所提出的"用夏变夷"，实际的情形是从晋献公时期就推行"用夷变夏"的方针。前面已经阐述过，"晋献公娶于贾……又娶二女于戎，大戎狐姬生重耳，小戎子生夷吾。晋伐骊戎，骊戎女夷骊姬，归，生奚齐，其娣生卓子"②。

"晋文公重耳……献公二十二年，献公使宦者履鞮趣杀重耳……重耳遂奔狄。狄，其母国也。是时重耳年四十三。从此五士，其余不名者数十人，至狄。狄伐咎如，得而女，以长女妻重耳，生伯鯈、叔刘，以少女妻赵衰，生盾。……（重耳）乃谋赵衰等曰：'始吾本狄，非以为可用兴，以近易通，故且休足……重耳居狄凡十二年去。'"③

所以在晋国既有狄人力量，以重耳为首，也有以骊姬为首的戎人力量，是多种政治势力在较量，由于骊姬得宠并主宰晋国政治，使得晋国历史朝着夷狄方向进一步发展。"骊戎居于析城、王屋之间，离晋不远，故晋献得而伐之，晋文得而赂之。"④ 一说齐桓公"破屠何，伐山戎，刜令支，斩孤竹"⑤，当中的令支就是离戎，即骊戎。当晋献公伐骊戎获得骊姬，后因宠爱立为夫人，大夫史苏就从中感受到了晋国文化戎狄化的危机，认为"有男戎必有女戎，若

---

① 杨伯峻：《春秋左传注》，中华书局1981年标点本，第809—810页。
② 同上书，第238—239页。
③ 《史记》，中华书局1959年标点本，第1656—1657页。
④ 顾颉刚：《骊戎不在骊山》，载顾颉刚《史林杂识初编》，中华书局1963年版，第54—56页。
⑤ 黎翔凤：《管子校注》，中华书局2004年标点本，第425页。

晋以男戎胜戎，而戎亦必以女戎胜晋"。接着史苏分别举例夏桀与妹喜、殷纣与妲己、幽王与褒姒三个典故，对于女人亡国的教训做了总结，但是也谈到晋国不是"用夏变夷"而是"以夷变夏"。从晋献公时期，就改变了华夏的传统立场，由于力量消长变化，戎族力量超过了华夏力量，造成晋国政权一度混乱。

骊姬进入晋王室是一个标志性事件，改变了晋国统治集团的力量对比和权力结构体系，戎人的地位一下子上升许多，其文化习俗便被大量带进晋国社会当中。这进一步削弱了晋国公族的力量，也就进一步淡化了华夏文化的影响力，"晋桓、庄之族偪，献公患之。士蒍曰：'去富子，则群公子可谋也已。'公曰：'尔试其事。士蒍为群公子谋，谮富子而去之。'"① 可见晋献公是有意识地利用戎狄力量，弱化晋国群公子的地位，开始了晋国转向夷狄化。在《国语·晋语一》韦昭注载："桓叔、献公曾祖曲沃桓叔成师也。桓叔伐晋，杀其兄子昭侯于翼。桓叔生严伯，严伯又伐翼，杀昭侯之子孝侯。严伯生武公，武功灭翼而兼之。武公生献公，献公灭桓、严之族。"② 所以曲沃代晋对于晋国历史走向产生了深远的影响，破坏了道统，继承权陷入合法化危机，公族斗争造成了夷狄力量的引入。骊姬进入晋公室事件，超越了一般意义上宫廷斗争，包含着夷与夏两种文明与价值的选择，有着较强的指代意义，是两种文明的近距离接触。③

在晋国王室两大集团关乎王权的斗争中，晋献公动用了国家力量，残灭晋公族。"富子"是桓庄之族中的智囊，先谮富子，为尽灭晋之公族做准备。晋献公一朝在"唯无亲"路线执行下，造成的统治基础损失是难以估计的。后来晋文公力图恢复，直到晋成公继位后公族势力才慢慢恢复。"亲亲"是华夏礼仪的核心，可是在晋国历史上却发生了引进戎狄势力，消灭亲子即弟兄的公族斗争，正

①　杨伯峻：《春秋左传注》，中华书局 1981 年标点本，第 226—227 页。

②　徐元诰：《国语集解》，王树民、沈长云点校，中华书局 2002 年版，第 265 页。

③　梁葆莉：《从重耳流亡看春秋前期戎狄与晋国融合的精神轨迹》，《徐州师范大学学报》（社会科学版）2009 年第 7 期。

反映了华夏与夷狄文化上深刻而尖锐的冲突。[①]

到了晋文公时期，由于晋文公长时间流浪在外，而期间又寻求大国支持，周王室之同宗卫、曹、郑三国对重耳"不礼"，恐怕除了国家政治的切身利益之外，文化的取向与选择也起到了重大作用。对于重耳支持较大的要么为夷狄，要么就是被华夏视作夷狄之国。重耳起先便奔向狄，狄为其母家，想要借助狄的力量来恢复自己的权力。由于重耳自己有狄人血统，所以当时在卫人看来，就属于狄人，所以有"卫文公有邢狄之虞，不能礼焉。"[②] 由于狄人屡次伐卫，为卫之大敌，重耳处狄十二年，不但母亲为狄人，而且自己也纳狄女，这是卫人不礼重耳的深层原因。反倒是秦、楚、宋、齐这些诸侯国对于重耳表现出极大的礼遇，并不以重耳与戎狄的血缘关系为重，赠之厚礼，给以妻女，助兵返国，与卫、曹、郑华夏诸国的反映完全相反。虽然齐国是华夏集团成员，但是并非晋之同宗，而且属于海岱文化，吸收了东夷若干文化因素。宋乃殷商后裔，楚为南蛮，秦为西戎，正是这些非华夏的势力在成长壮大中推动春秋历史的演进。

事实上，在与晋国广泛接触的过程中，戎狄的文化气质、精神风貌也受到影响，戎狄多次协助晋军作战，根据《左传》记载：宣公八年，白狄会晋伐秦；成公二年，鞌之战晋的友军中有狄人；襄公二十八年，白狄与诸侯同朝于晋。这些活动对于狄人逐渐华夏化无疑是有益处的，使得之前半农半牧的经济形态逐渐向定居农业的方向发展。晋国大规模与戎狄交往，在军事上可能向戎狄多有借鉴，晋人在军事上的"毁车就徒"就是为了适应与狄人作战而学习狄人的方式。这种广泛而深入的交流一直有影响，一直到战国时期，赵武灵王的胡服骑射就是向戎狄之人学习的典型事例，也是这种以夷变夏之遗绪。

根据以上分析，我们有理由相信晋国在春秋时期处理华夷关系

---

① 张碧波、庄鸿雁：《华夷变奏——关于中华多元一体运动规律的探索》，黑龙江人民出版社 2009 年版。

② 杨伯峻：《春秋左传注》，中华书局 1981 年标点本，第 406 页。

时基本上是用夷变夏的方略，就是广泛学习夷狄，政治上联合夷狄。在礼仪文化上，晋国对于华夏礼仪之生疏是惊人的，过去学者都从不同角度论述过，但是必须看到政治实践上晋国的特色，有学者指出了孔子的礼制与晋国文化有着尖锐的冲突，本质上就是晋国用夷变夏的实用主义与孔子所倡导的华夏文化的冲突。[①]

三　秦、楚两国华夏化的历程

与齐、晋两国在对待夷狄上差异不同，秦、楚两国都是由夷狄进为华夏的国家，这两国在早期都是被视为戎狄之国，后经过励精图治成为春秋时期的大国。这期间有相似的地方，主要是兼并周围小国和向四方拓展，积极参与华夏事务。同时，这也有一些区别，秦早期即与西周王朝发生紧密联系，趁着周王朝崩溃留下的势力真空，积极介入，秦国与各个戎狄部落进行艰苦斗争而最终发展为横扫六合、统一天下的大帝国。楚国的历史与秦国有相似之处，也有差异的地方，楚国在南方蛮荒之地尽力开拓，在文化形态上发展独具特色的楚文化，在政治生活中极力靠近中原，参与华夏诸国的政治生活，终于成为南方大国，长期与晋国争霸，最后则受到南方诸国的打击而衰落下去，终为秦所灭。所以分析秦国和楚国在华夷关系的政治实践，可以帮助我们去理解当时的族群关系。

（一）春秋时期秦国华夷关系

秦国的历史自西周一直贯穿到秦国统一天下，在这一部分主要阐述春秋时期的秦人在处理华夷关系的历史。在早期秦国与西周和犬戎是三角关系，也就是为西周守卫西部边疆。其实关于秦文化的研究，各位学者已经做了大量工作，并且取得了丰硕的成果。

秦国的历史当中有一个族属来源问题。一直以来有"东来说"与"西来说"两派争辩，马非百等"东来说"学者依据《史记·秦本纪》中秦传世承的记载，从地名、信仰等方面能找到秦人来自

---

① 王浚波：《论孔子"礼制"思想与晋国文化之冲突性》，《太原大学学报》2009年第 3 期。

东夷的线索。"东来说"较"西来说"更接近历史真实。如果从考古的角度来看，完全可以说秦文化有多个源头，既接受了周文化的影响，又继承了甘青古文化的因素，尤其是甘青地区葬俗中标志性、偏洞室的墓室结构是从戎狄学习而来。①

春秋时期的秦国在总体上仍然只是一个区域性的政权力量，从当时青铜器发展的状态来考察，可以看到，秦国的青铜器发展缓慢，一直保守着西周那种以鼎、簋为核心的组合，也没有青器型的创新。同时期关东地区的青铜器经历了从"鼎、簋、壶"向"鼎、豆、壶"的转变，流行舟、敦、提梁圆壶、莲鹤方壶等新器型，涌现镶金、嵌错金银、针刻等新的装饰工艺，以及失蜡法、捶打成型工艺等新工艺。这说明平王东迁之后青铜器的技术中心迁到关东，特别是三晋地区。春秋时期秦墓青铜器不断明器化，表明秦统治区的文化进一步衰落。这恐怕是因为秦地缺乏必要的技术和物资。因为秦人长期处于相对封闭的环境中，与东方缺少积极紧密的文化联系，"秦仍率东雍州，不与中国诸侯之会盟，夷翟遇之"。

商鞅变法之前的秦国政治地图是一个封闭的单元，在文化上呈现出戎狄性的特点。在中原诸国看来，秦为戎狄之国，春秋时期秦人包括戎狄之族和周遗民，所以文化呈现出多元的特色。俞伟超认为，屈肢葬、侗寨墓、围沟墓等可以被看作秦文化的传统特征，而这些文化都源于羌戎文化。②俞伟超进一步指出秦文化与姜戎文化有亲缘关系，后又受到周文化强烈影响。

"东来说"认为秦人原来为分布于山东及其附近的东夷族一支。20 世纪 30 年代，卫聚贤、徐旭升倡导"东来说"。20 世纪 80 年代后，顾颉刚、林建明、何汉文等学者将其完善化、系统化，一时有"东来说"压倒"西来说"之势。这些学者提出以下几个理由：第一，秦人始祖吞玄鸟蛋的传说，与东夷如出一辙。这反映出共同的鸟图腾崇拜。第二，秦为嬴姓，并割据东方，徐、江、黄、葵均

---

① 戴春阳：《礼县大堡子秦公墓地及有关问题》，《文物》2000 年第 5 期。
② 俞伟超：《先秦两汉考古学论集》，文物出版社 1985 年版，第 180—193 页。

是。第三，《史记》称秦"帝颛顼之裔"，秦襄公又"自以为少昊
之神"，颛顼、少昊都是传说中东夷部落首领，颛顼墓在今河南濮
阳，少昊墟在今山东曲阜，均位于东方。第四，秦人祖先和殷人关
系密切。这些证据均指向"东来说"。秦人东来于夷，为周守西
陲，受到周文化的影响，同时又吸收戎狄的因素，因此，其是几种
文化因素的大融合。根据目前资料来看，《史记·秦本纪》中相关
资料与《左传》所记录先秦史料相佐证，秦人的史实基本是清晰
的。在春秋时期秦人与晋发生了一系列纠纷，战战和和。主要是在
戎人地盘上争斗，遂霸西戎。秦穆公在与晋周征战过程中，败多胜
少，出关东的政治策略不能实现。秦人早期生活在群戎包围之中，
与戎人有密切的文化互动，而西周之后，又在戎人占有的地盘上开
始了自己的扩张。这里出现了一个重要的人物，就是由余，本来他
是戎王的使者，结果秦穆公非常欣赏他的才华，经过一番离间，由
余归秦穆公所有。在秦穆王与由余的对话中，有一段关于戎与华的
文化对比的精彩演说。秦穆公让由余观秦之宫室、财物。由余说：
"使鬼为之，则劳神矣。使人为之，则苦民矣。"穆公怪之，问曰：
"中国以《诗》、《书》、《礼》、《乐》、法度为政，然尚时乱；今戎
夷无此，何以为治，不亦难乎？"由余笑曰："此乃中国所以乱也。
夫此上圣黄帝作为礼乐法度，身以先之，仅以小治。及其后世，日
以骄淫。阻法度之威，以责督于下，下罢极则以仁义怨望于上，上
下交争怨而相篡弑，至于灭宗，皆以此类也。夫戎夷不然。上含淳
德以遇其下，下怀忠信以事其上，一国之政犹一身之治，不知所以
治，此真圣人之治也。"这一段话是将中原文化与夷狄文化进行比
较，基本上对春秋的礼仪法制持否定态度，这是礼坏乐崩秩序失衡
时期的特点，反而显示夷狄文化的优越性。这也代表秦人文化的特
点，也就是后发优势，更少文化负担。但是其落后性也是明显的。

关于殉葬的陋俗问题，春秋时期东方诸国已经很少出现了，而
秦仍然保留这种习俗，可见其受戎狄影响之深。根据学者研究，秦
国的人殉制可能是从秦襄公时期开始的，甘肃礼县大堡山秦公陵园
及其附近圆顶上秦国贵族墓地的发掘可以证明。据报道，二号墓有

牲人十二具，殉人七具；三号墓有牲人七具，殉人一具以上。① 在《史记》中记秦武公二十年（前678），"武公卒，葬庸平阳。初以人从死，从者六十六人"②。考古发现的人殉实例比《史记》这条记载早一百年。《左传·文公三年》载："秦伯任好卒。以子车氏之三子奄息、仲行、鍼虎为殉。皆秦之良也。国人哀之，为之赋《黄鸟》。"上层社会的保守落后与下层民众的渴望改变对比明显，反差极大，同时说明秦主流文化的落后性。③ 在春秋时期，秦国青铜器也呈现出落后的特点，这一点在前面已有所涉及。秦人在春秋初期到秦穆王霸西戎的这一段历史上，秦戎关系的研究成果不多，一些陕西学者的研究结论值得我们重视，但其着眼点主要是在陇东宝鸡一带的历史地理探索。

（二）春秋时期楚国华夷身份之转换

楚国的立国是由外迁之族所建立，关于所迁之族属，学界略有分歧。《史记·楚世家》载："当周成王之时，举文、武勤劳之后嗣，而封熊绎于楚蛮，封以子男之田，姓芈氏，居丹阳。"这说明熊绎为楚国始封之君，楚人在周初封建诸侯中地位低下。《左传·昭公十二年》中楚灵王说："筚路蓝缕，以处草莽。跋涉山林，以事天子。唯是桃弧棘矢，以共御王事。"总体而言，楚人当时是处于比较落后的阶段，在早期发展过程中活动于江汉平原的西部。《左传·哀公六年》中楚昭王说："江、汉、睢、漳，楚之望也。"这四条河分别为长江、汉江、沮水与漳水，江在南，汉在北，沮入于汉，漳入于江。沮漳河流域是江汉平原的西大门，楚人正是经由这座西大门而纵横于江汉平原之上的。

从考古学上看，楚式鬲的产生和发展是一个具有标志性的过程，刚好可以反映出楚文化传承演变的脉络。楚式鬲是在商式鬲基础上发展形成，商代势力南下，在湖北盘龙城的考古遗址中，已经出现少量萌芽型的楚式鬲。到西周中期之后，江汉平原西部主要炊

---

① 戴春阳：《礼县大堡子秦公墓地及有关问题》，《文物》2000年第5期。
② 《史记》，中华书局1959年标点本，第183页。
③ 黄展岳：《古代人牲人殉通论》，文物出版社2004年版，第234页。

器是红陶锥足罐形鼎，楚人到了之后，才逐渐演变为成熟的楚式
鬲，即红陶绳纹锥足鬲。[①] 所以楚式鬲的形成过程有三个阶段。第
一阶段是用夏变夷，即华夏先民所创造的鬲为南方族群所继承。第
二阶段则是以夷变夏，即夷从自己罐形鼎的传统出发，改变了鬲的
形态，造出了萌芽型的楚式鬲。该"楚"是一个宽泛的地名，与楚
国、楚人无关，因此萌芽型的楚式鬲也可称"苗式鬲"或"蛮式
鬲"。第三阶段是熔夷夏于一炉而冶之，即楚人和蛮夷对华夏鬲和
蛮夷鬲的形态、工艺、性能融会贯通，创造出兼各家之长的楚
式鬲。[②]

在楚人的历史上，楚武王熊通可谓是一位雄才大略的王。公元
前704年，随国通报楚国，说周天子拒绝提高楚君名号。《史记·
楚世家》记载熊通闻讯大怒，说："王不加位，我自尊耳!"他自
立为楚武王，公开向周王挑战。这其实是一种对于周王朝不被认同
的愤懑，带着复杂的情绪表达想要融入华夏文化的心态。楚国在南
方不断发展壮大，吞食汉水流域姬姓诸侯和其附属小国，随国、卢
国、罗国、鄢国和蓼国先后都被其征服，楚国势力逐渐强大起来。

在楚武王时，楚国开始结好于诸侯，使人献周天子，周天子赐
胙，并欲使其毋侵略中国，镇抚南方夷越之地。后来，楚与齐会
盟，在楚武王之后由于蔡息不和，导致楚人渔翁得利。在申、息被
灭之后，楚国北进中原的通道就基本通畅了。因为楚国在城濮之战
被晋所败，楚成王暂时停止了北上之步伐。楚文王打通了通往中原
通道之后开始与晋争锋，而像郑、宋则往往成为双方争夺的对象，
处在中间摇摆不定，饱受其苦。楚庄王八年伐陆浑之戎，兵至于
洛，观兵于周郊，周定王派王孙满前去慰劳楚军。楚王便问起周鼎
之轻重，表现其欲称霸中原、取周王室而代之的意图。

在齐桓公争霸之时，齐国实力强大，又遵循尊王攘夷的策略，
开始伐戎、伐狄。《左传·闵公元年》中管仲对齐桓公说："戎狄

---

① 苏秉琦：《从楚文化探索中提出的问题》，《江汉考古》1982年第1期。
② 张正明：《楚史》，中国人民大学出版社2010年版，第49页。

豺狼，不可厌也；诸夏亲昵，不可弃也。"在这种思想指导下，齐楚争霸的过程就带有华夷冲突的意味了，在中原诸国看来，楚蛮夷也。战争开始是公元前659年，楚伐郑，缘由便是郑与齐相通。接着公元前656年，齐伐蔡，屯兵于楚国方城之外，就是发出一个试探性战争信号。《左传·僖公四年》中楚成王的使者对齐桓公说："君处北海，寡人处南海，唯是风马牛不相及也，不虞君之涉吾地也，何故？"此处之海，并非大洋之水，倒类似于极远之地的意思。其实当时陉山一带尚未纳入楚国版图，也就是未开垦之地，但是楚国已经把此处作为自己的势力范围了。管仲对曰："昔召康公命我先君大公，曰：'五侯九伯，女实征之，以夹辅周室'，赐我先君履，东至于海，西至于河，南至于穆陵，北至于无棣。尔贡包茅不入，王祭不贡，无以缩酒，寡人是征。"这一段话首先指出齐国代表的华夏，表明齐国旨在维护华夏的整体利益，同时又指出楚国不按时纳贡助祭，所以要征伐。在内外服制度下，楚国应当为外服的朝贡者，但是楚国并未做到，便与齐国发生了冲突。事实上，在春秋历史上，长期与齐楚争霸的过程，就是楚国不断努力力图争取中原霸权，积极参与华夏事务的过程，也就是取得华夏认可的过程。对于中原霸主而言，与楚国争锋，带着明显以夏征夷的色彩，对楚国的战争就是对蛮夷的征服，夹在其中的郑、宋诸国，则会在大国的夹缝中选择站队，同时还要作为楚联盟者在身份认同方面遭受道义谴责。

楚国在面对诸夏的军事压力时，在背后还有群舒方面的压力。在公元前601年，也就是楚庄王十三年，群舒叛楚，楚国在淮南的属地岌岌可危。江南的铜矿是楚国的战略资源，如果淮夷与扬越联合，则楚国的铜矿就可能丧失。于是楚国便对群舒进行军事打击。《左传·襄公十三年》中言及楚君之谥的问题，令尹子囊力排众议，认为应当谥为"共"，并讲出理由："赫赫楚国，而君临之，抚有蛮夷，奄征南海，以属诸夏，而知其过，可不谓'共'乎？请谥为'共'！"在此段话中的"抚有蛮夷""以属诸夏"，可以说一直是楚国奉行的夷夏策略，对蛮夷等更落后的族群实行征剿，但自身却积极参与华夏事务，力图获得华夏身份。这是一条贯通南北、融合华夏的路线，包含着开放与进取的思想，应该说在当时是具有积极意义的。

从时间上来看，楚厉王之前的楚国，整体被华夏看成蛮夷，而在蛮夷如群舒和淮夷之族看来，则属于华夏。在南方一系列族群发展的序列中，楚国在这个序列中居于中枢地位，能够兼收并蓄，没有族群偏见。从楚武王时起，楚文明进入苗壮成长期，但是在夷夏之中的处境仍未改观。楚人乐于以华夏自居，但是在与周王室或中原诸国发生冲突时，则会以蛮夷自处，几代楚王均讲过"我蛮夷也"，以此来寻求自身的现实意义。但是这句说辞背后包含着愤懑和委屈，同时又有一种不被认可的怨恨等因素的复杂情绪。在春秋时期，关于华夷冲突的政治实践在楚国这里就是"抚有蛮夷""以属诸夏"，其内涵是开疆拓土，不断进取，在文化选择上则是积极希望加入华夏族群，使自己变为华夏一员。如果说管子的华夷方针是奉行尊王攘夷，以维持华夏礼乐文明的华夏中心主义。孔子的思想就是"裔不谋夏，夷不乱华"的温和主义与和平主义，各族群平等相处的诉求，更多的是一种思想家的智慧。

在春秋时期，秦、楚两国都是由夷而夏的国家，最终取得了华夏的认可，但是其政治实践又大略不同，概括起来讲：第一，秦为东夷人的血统，楚为南方蛮夷族群，在地理认可上可谓不同。第二，秦人大致是周王认可的族群，在西周时期，便与周人有合作，共同抵御戎人，保周人边陲，在西周灭亡之际，护驾有功，封为诸侯。而楚人可以说是自发成长的族群，直到自身壮大，与齐晋争战，而受到中原诸侯之重视。第三，两国均经过艰苦奋斗，成为历史的主角，两国成长面临的背景也不一样，楚国背后有广阔的腹地，蛮夷遍布，不断挑战和削弱楚国实力，而秦人的政治中心则是不断东迁，步步为营，华夏化的过程伴随着政治中心的东移，其命运迥异。

第三节　春秋时期华夷观念的兴盛

西周时期华夏观念并不明显，诸夏只是在政治共同体的意义上存在，也就是作为一个政治整体对抗其他族群，可以将其称为政治共同体。在春秋时期由于历史情景的转变，不存在这样政治联合，诸夏是作为一个利益共同体出现的，在春秋早期可能还会有这样的问题，经过一段时间之后，也就是华夏的危机逐渐解除之后，华夏的观念便有些转变。我们为了梳理春秋华夷观念形成过程，必须进行历时的分析。

一　春秋华夷之辨主要内容

（一）族群的主要分布

1. 春秋时期的戎族分布

"戎"字像一人一手持盾，一手持戈的样子，裘锡圭先生认为戎是一手拿盾牌，一手持戈，其中"十"不是甲，而是盾牌的象形，进攻和防卫均具备戎的本义。[①]《史记》中记过有娀氏的事迹，就是戎字加上女字构成，因此该字可能在起初是对先商的专称。周人灭商，自名为华夏正统，后逐渐扩展到一种通称。在周代早中期，东方族群也被称为戎，《尚书·费誓》载："甲戌，我惟征徐戎。"到了春秋时期，东方的族群就不再称戎了。西周时期称异族群为戎，是与周人华夏族群意识兴起有关系。

"姜戎"在《国语·周语上》中出现过。"三十九年，战于千亩，王师败绩于姜氏之戎。"这是发生于周宣王时期的千亩之战，周王室的军队败于姜氏之戎。《左传·襄公十四年》载："我诸戎饮食衣服，不与华同，贽币不通，言语不达，何恶之能为？"这里用了"诸戎"一词，对应的是诸夏，所以就是众多戎族形成的族群联盟，所以戎、诸戎和姜戎意义是一致的，都是针对华夏而言的。

---

① 裘锡圭：《文字学概要》，商务印书馆 1988 年版，第 62 页。

姜姓之戎源自羌族，是以羌族中姜姓为主体的西部部落联盟，《左传·庄公二十二年》载："姜，太岳之后也。"

公元前 676 年，即鲁庄公十八年，有"公追戎于济西"的记载。之后，山戎除少部分留居旧土，其余大部分因为齐鲁所逼，北上建立了名为"无终"的国家，后与令支、孤竹结为同盟，成为华夏国家的严重边患。[①] 北戎主要生活在济西一带，公元前 732 年，鲁隐公会戎于潜，八月，鲁隐公及戎盟于唐，潜与唐这两个地名均在今鱼台县东北 20 里。

伊洛之戎是指在华夏腹地的戎人。伊洛之戎在公元前 649 年，伐京师，在公元前 647 年和公元前 644 年，齐侯两次戍周，都是这一支戎人惹的祸，可见在当时的伊水和洛水两岸都有大量戎人。在平王东迁之后，陆浑之戎便迁入伊川，将该地称为陆浑县。这支戎人内迁后被晋国收留，在《左传·昭公九年》记载了周王对其不满的内容："先王居梼杌于四裔，以御魑魅。故允姓之奸，居于瓜州，伯父惠公归自秦，而诱以来，使逼我诸姬，入我郊甸，则戎焉取之。"[②] 允姓之戎早期居于瓜州，后来才东迁，依附晋国，晋国赐予其南鄙之田，在一定情况下也为晋人所用。晋人所迁之戎应至少有两支，一为允姓，一为姜姓。其中允姓之戎有另一个称呼，就是阴戎。这是对这一支的专称，并非阴地之戎的泛称。[③] 其中之瓜州就是如今宁夏固原一带，并非远在西域。见于史书的还有犬戎，一支在渭汭，公元前 660 年，虢公败犬戎于渭汭；另一支居于骊山，便被称为骊戎，因其周末攻杀幽王，留于骊山，遂以山为号。除此之外，还有茅戎，可能居于茅津，就是黄河在陕晋交界的拐弯处，有渡口曰茅，因而谓之茅戎。

春秋时期戎的称呼比较混乱，我们只能梳理一个大略，因为其中并非是血缘完全同一，而是决定于首领，即上层贵族，并且关于其起源很可能就是族群祖先构建的结果。姬姓之戎一说为骊戎，很

---

① 舒大刚：《春秋少数民族分布研究》，台湾文津出版社 1994 年版，第 94 页。
② 杨伯峻：《春秋左传注》，中华书局 1981 年标点本，第 1309 页。
③ 佘太山：《古族新考》，中华书局 2000 年版，第 54 页。

可能就是这个情况，在力求寻找正统。倒是姜姓之戎可能与羌有同源关系比较可信。在春秋时期以鲁国为代表的华夏对于戎的认识和命名是比较粗疏的，秦、晋诸国的分类会精细一些。这说明所谓戎是华夏对其的认知与称谓，并非自称。

2. 春秋时期的狄族分布

在春秋前期，戎狄的称谓并不是分得很清楚，两者称谓并无不同。[①] 王国维也注意到这个问题，"至幽、平以后至于春秋隐桓之间，单有'戎'号。庄闵之后，乃有'狄'号。"[②] 田继周在总结说："鲁庄公三十二年始有狄称。在此之前，称北方民族为戎、北戎和山戎；在此之后，对北方民族很少称戎、称狄，或赤狄、白狄、长狄。"[③] 狄是比戎更晚与华夏族群接触的。杨建华对《春秋》和《左传》中的狄族群进行了梳理，狄是在僖公三十三年开始分为赤狄、长狄、白狄、鲜虞等不同的称谓。同时，这时候狄的各个分支可能已经强大起来，狄开始攻击邢、卫、鲁、齐、晋诸国。这可以分为前后几个阶段，从庄公三十二年到僖公三十三年，即公元前662年到公元前628年。由于当时齐国比较强大，狄人较少伐齐。大致说来，与晋国作战的主要是白狄，主要来自陕西，与东部诸国作战的主要是赤狄。[④]

根据杜预注中晋灭赤狄潞氏的资料，可以推断郑瞒与赤狄关系密切，可能属于赤狄一支。晋国与狄人接触较多，晋国先后三次攻灭了赤狄，地点都在今长治附近，距离潞城县也不远。晋国开始主要把力量用来对付东边的赤狄，起初对白狄采用联合的态度，后改变策略。成公十二年，晋人与白狄发生了战争，这个地方就是现在的隰县，也和晋与白狄作战的蒲县接近。晋与白狄有婚姻，秦国经常从中挑拨晋狄关系，从中渔利。根据白狄与秦晋之间的关系来

① 杨伯峻：《春秋左传注》，中华书局1981年标点本，第240页。
② 王国维：《鬼方昆夷猃狁考》，载王国维《观堂集林》，中华书局1959年版，第574页。
③ 田继周：《先秦民族史》，四川民族出版社1996年版，第389页。
④ 杨建华：《〈春秋〉和〈左传〉中所见的狄》，《史学集刊》1999年第2期。

看，可以推断白狄主要在陕西渭河以北，就是陕西北部一带。有一部分跨过渭河，分布在山西西部。有一部分继续东迁，到达山西东部，建立了中山、肥和鼓等国，后两者被晋所灭，中山国一直到战国中期都存在。

在《春秋》与《左传》中有时"戎狄"连称，可以认为这是一种泛指，是华夏族群对于非华夏族群的一种概括说法。狄人的生活中有农业，《左传·襄公十四年》载："我先君有不腆之田，与汝剖分而食之"，后面有一段驹支对曰："赐我南鄙之田，狐狸所居，豺狼所嗥。我诸戎除剪其荆棘，驱其狐狸豺狼，以为先君不侵不叛之臣。"[①] 当时狄人重货轻土，虽然农业成分没有华夏族群高，有一定的畜牧成分，但是并不是完全的游牧经济。

（二）春秋华夷之辨的内容及本质

华夷关系在春秋时期出现了较大的转折，开始紧张，使得华夷问题开始加入族群的思维方式。在文化上双方差异较大，在语言和生活习俗方面同样如此，戎人披发左衽，明显与华夏不同，华夏讲究冕服采章。饮食方面肉食较多，而可能因为海拔的影响，熟的不是十分透，故周定王曰："戎狄冒没轻儳，贪而不让。其血气不治，若禽兽焉。其適来班贡，不俟馨香嘉味，故坐诸门外，而使舌人体委与之。"[②] 这说明其语言与华夏不同，饮食习惯也差异较大。在《吕氏春秋》中总结得较为全面，"蛮夷反舌殊俗以习之国，其衣服冠带、宫室居处、舟车器械、声色滋味皆异"[③]。这一段话是站在华夏的视角上，认为夷狄与华夏在各个方面都有差别，在一定意义上带有歧视的意思，夷狄并非反舌，却被说成这样，这明显是主观臆断。从上文提到的由余和秦穆公的交谈中可以看出，戎人的政治特点就是，简单易行，相比于华夏繁杂的礼制而自有其特点。在军事上，其进攻与撤退都比较迅速，在军事策略上应该比较落后，即胜不相让，败不相救。

---

① 杨伯峻：《春秋左传注》，中华书局1981年标点本，第1006页。
② 徐元诰：《国语集解》，王树民、沈长云点校，中华书局2002年版，第58页。
③ 《吕氏春秋》，上海古籍出版社2002年标点本，第130页。

春秋时期的华夷思想可以概括为几个方面：

1. 尊夏贬夷，强调华夷间区别，强化诸夏认同。

华夏族群认为华夏的文化高于夷狄，华夏有诗书法度，夷狄则是父子无别，同室而居，披发左衽。在《史记·秦本纪》中，秦穆公向由余炫耀其宫室之美，财富之众，对由余说的话明显有鄙视的成分。"国以诗书礼乐法度为政，然尚时乱，今戎夷无比，何以为治？"① 在与异族群的交往中华夏认识到与夷狄的差别，自觉加强华夏族群的认同，认为非我族类，其心必异。《左传·成公二年》载："蛮夷戎狄，不式王命，淫湎毁常，王命伐之，则有献捷，王亲受而劳之，所以惩不敬，劝有功也。兄弟甥舅，侵败王略，王命伐之，告事而已，不献其功，所以敬亲昵，禁淫慝也。"② 在诸夏和蛮夷作战胜利之后，可以献捷表功。在城濮之战、鄢陵之战后晋国君向周天子献捷，天子都愉快地接受了。到了鞌之战后，晋景公派人向周定王献捷，因为晋、齐均为华夏，且为甥舅之国，周定王却责备并拒绝了。前者之所以接受，是因为春秋初年，楚被视作蛮夷，当然要献捷了。曾经邾、莒向晋国诋毁鲁国，子服惠伯就不满，认为晋信蛮夷而弃诸夏，这种思想就是典型的诸夏认同的观念。

2. 内诸夏而外夷狄，在地理和心理上加以区别。

周代统治者认为华夏居于中国，而夷狄居于边裔之地。《国语》中的五服制度，这个同心圆将中国放在中间，其他族群则被边缘化。在《周礼》中就把周天子与诸侯和蛮夷的关系理想化，孔子修订《春秋》就把"内其国而外诸夏，内诸夏而外夷狄"作为主导思想，在地理的角度严华夷之防。但是，孔子的思想里也包含着夷狄可以改造教化的思想。朱熹《论语集注》引程子曰："夷狄且有君长，不如诸夏之僭乱。"实际上，这是认为夷狄比华夏秩序好。孔子有一次表示要到九夷去住，别人说其简陋，孔子则说："何陋

---

① 《史记》，中华书局1959年标点本，第239页。
② 杨伯峻：《春秋左传注》，中华书局1981年标点本，第809页。

之有？"从一开始，对待夷狄的态度就是保守与开放并存，有一定的不统一性。

3．用夏变夷的思想。

华夏族群认为，应该用先进的华夏文化去影响改变夷狄，让他们接受华夏文化，成为华夏的一部分。同时，华夏与夷狄不是一成不变的，而是可以相互转化的，当然重点是夷狄向华夏转化。孟子讲"吾闻用夏变夷者，未闻变于夷者也。陈良，楚产也，悦周公仲尼之道，北学于中国，北方之学者未能或之先也。"① 这里面就充满了华夏文化的优越意识，因为春秋以后实际上许多夷狄内迁与华夏族群已经融为一体，在文化逐步接近已经是事实的基础上，所以提出用华夏的文化去改造夷狄，使其接受华夏文明。

4．提倡诸夏互助，同时也倡导以文德使夷狄归服。

在春秋前期，面对戎狄蛮夷的进攻，诸夏在心理和情感上团结起来，互相帮助一起来抵抗夷狄的入侵是当时的潮流。"无论是在原始人中，还是在文明社会中，合作与相互之支持都是以持久的情感为基础的。"② 在春秋时期，周王实力下降，诸侯各自为政，在异族入侵的危急关头下，诸夏团结起来，帮助弱小华夏国家成为自觉的行动。《诗经·閟宫》："戎狄是膺，荆舒是惩，则莫我敢承。"这段内容就是歌颂鲁僖公与齐桓公的功业，北挡戎与狄，南抗荆楚和群舒，天下无敢御也。③《国语·齐语》："筑葵兹、晏、负夏、领釜丘，以御戎狄之地，所以禁暴于诸侯也；筑五鹿、中牟、盖与、牡丘，以卫诸夏之地，所以示权于中国也。"④ 这些资料都是齐国帮助弱小之国，维护华夏利益的事迹。

在武力进攻夷狄的思想之外，也主张对夷狄以文德教化使之归服，到了春秋晚期，华夷之间的力量对比发生了变化，华夏占据更加主动的位置，用夏变夷的思想便应运而生。一方面，这种思想展

① （宋）朱熹：《四书章句集注》，中华书局1983年标点本，第260页。
② 史宗：《二十世纪西方宗教人类学文选》，上海三联书店1995年版，第98页。
③ （清）胡承珙：《毛诗后笺》，黄山书社1999年版，第1615页。
④ 徐元诰：《国语集解》，王树民、沈长云点校，中华书局2002年版，第240页。

示了华夏族群宽大的胸襟和自信，相信文化的力量，认为夷狄可教化，发展了孔子的修文德以徕远人的思想，但是同时也阻止了孔子思想当中夷夏互变的思想，为以后的族群中心主义埋下了伏笔。

西周时期的华夷之分，学者们的研究并未上升到文化礼俗的高度，夷是指族群的特称和周王朝内某种特定身份的称呼，或者是集合名词类似于异族这样的字眼。夏也呈现出狭隘的特点，主要是对于其正统性的确认，以地理来说，就是在姬周一族的发源地宋周一带。① 在《睡虎地秦墓竹简·法律答问》中："臣邦人不安秦主长而欲去夏者，勿许。可（何）谓夏，欲去秦属是谓夏。"② 在前面我们通过对铭文的分析知道，周人的夏在很大程度上是政治共同体，其标准为是否加入周人的联盟，与周人结为利益共同体，即归附周人。春秋时期，族群冲突严重，夏的概念得到扩展，夏与"雅"逐渐融合，逐渐构成华夏族群的文化标志。我们在讨论华夷问题时多以儒家观点为切入点，这是因为从汉代以后儒家地位的整体上升，儒家的尊王攘夷、用夏变夷几乎成为华夏理论的正统代表。在春秋时期，儒家的一些观点是站在思想家的立场出发的，和现实的政治实践也有一定距离，秦晋对于夷狄的态度完全是一种是实用主义态度，出于政治的目的需要灵活采用策略，并非单单强调华夷之分的态度，而是兼收并蓄，为我所用。

二　区分华夷的标准——周代礼仪文化

关于周代礼仪的研究已经非常成熟，任继愈先生讲："这套礼仪一定程度上又保留了原始的民主性和人民性。"③ 华夏文化有强大的同化力的根源，与周代礼仪呈现出鲜明的人文主义色彩有重要的关系。在前面的论述中，有学者已经指出，礼仪文化是从新石器时代的龙山文化就开始形成，周代中后期基本定型，并确立了华夏

---

① 陈致：《夷夏新辨》，《中国史研究》2004 年第 4 期。
② 睡虎地秦墓竹简小组编：《睡虎地秦墓竹简》，文物出版社 1990 年版，第 135 页。
③ 任继愈：《中国哲学发展简史》（先秦），人民出版社 1983 年版，第 172 页。

文化的基本特征。

族类的区别主要看其言论行为是否合乎礼仪，即文化礼仪方面的标准。文化的标准高于血缘、地域的标准，"华""夷"在不同场合易位而称。秦、楚与晋、郑、鲁、齐交涉，语言文字没有差异，虽然经济南北不同，但是没有本质的差异，都属于农业的范畴，区别在于旱作农业和水作农业的差异，但是生产的周期性、生产场地的固定性和相对稳定的收获就是共同点，这样的分析是我们把农业生产放到与游牧社会进行比较的背景上考虑的。这种共同性为文化上认同与融合提供了基础，事实上，从中国历史的长时段来考察，就会知道东南方向的族群是以融合与同化为主基调的，西北方向的族群则表现出更加复杂性。

楚国在春秋时期违背了尊王的原则，当然也就不具备"诸夏亲暱"的基础了。楚武王自称蛮夷，到了楚庄王时就开始问鼎中原，在华夏看来，楚为蛮夷。但是到了晋楚邲之战，楚国打败晋国，孔子在评价时贬低晋国而抬高楚国。董仲舒在《春秋繁露·竹林》中曰："《春秋》之常辞也，不遇夷狄而与中国为礼，至邲之战，偏然反之，何也？《春秋》无通辞，从变而移。今晋变而为夷狄，楚变而为君子，故移其言而从事。"① 《公羊传》就非常强调华夷问题，完全按照礼仪的标准对君主的行为进行评判，因事件而调整，文化和道德标准被强化。公元前 637 年，杞成公亡，《春秋》载："杞子卒。"杜预注："杞如春秋称侯，庄公二十七年绌称伯，至此用夷礼，贬称子。"《左传》称："书曰子，杞，夷也。"杜预注："成公始行夷礼，以终其身，故于卒贬之。"公元前 632 年，杞桓公朝于鲁国，《春秋》讲"杞子来朝"，《左传》云："用夷礼，故曰子。"杜预注："杞，先代之后而迫于东夷，风俗杂坏，语言衣服有时而夷。"杞国变夏礼为夷礼，就在杞朝鲁的当年，便遭到鲁国的讨伐，鲁"秋，入杞，责无礼也"。直到鲁文公十二年（前 615），同是杞桓公来朝鲁，《春秋》载："杞伯来朝。"杜预注曰：

---

① 苏舆：《春秋繁露义证》，中华书局 1992 年版，第 46 页。

"复称伯，舍夷礼。"虽然舍夷礼，但是不称其侯爵而"绌称伯"。杞是夏的后裔，属于华夏正宗，但是在地域变迁之后逐渐放弃周礼，从河南杞县迁到山东一代，与夷人杂居，便开始行夷礼。因此不但被称为子，还受到鲁国的讨伐，可以看出礼仪在此时被用来作用来区分夷夏的标准。

邾为曹姓之国，为武王诸弟之后。鲁僖公二十一年邾灭须句，须句是东夷小国，已经臣服诸夏，所以在《左传》评价这件事情时曰："崇明祀，保小寡，周礼也。"[1] 可见在这个时候华夷已经换位了，不是按照血缘出身，而是看是否遵守周礼规定的原则。最典型的事件是《公羊传》中鲁昭公二十三年七月载："戊辰，吴败顿、胡、沈、蔡、陈、许之师于鸡父"，这样记载的理由是："不与夷狄之主中国也。然则曷为不使中国主之？中国亦新夷狄也。"[2] 吴为夷狄，蔡、陈、许虽然为中国，但是从楚用夷礼，故为新夷狄。

---

[1] 杨伯峻：《春秋左传注》，中华书局1981年标点本，第392页。

[2] 王维堤、唐书文：《春秋公羊传译注》，上海古籍出版社2004年标点本，第480页。

第四章 战国华夷关系的嬗变

第一节 战国时期华夷演变态势

春秋末年到战国之际在中国版图上发生着巨大的变迁，这就是华夏族群逐渐融合与统一的趋势，一部分夷狄被消灭同化，另外一些族群则不断华夏化，统一的趋势正在形成。几乎与此同时，我们还必须看到，由于气候变化、族群冲突等原因在北方也形成了一个北方草原文化带，使得中国历史的南北对立确立起来，并且一直产生着深刻的影响。

一 战国时期中原华夏族群的概况

经过春秋200多年的兼并战争，到了春秋末年，诸侯林立的局面已被逐渐打破，华夏开始了迈出统一的第一步。在齐国、晋国等大国的打击下，大部分夷狄族群开始融入华夏之中。早期被称为蛮夷戎狄的秦国和楚国也认同华夏文化，积极加入华夏的政治生活当中，华夏族群的地缘迅速扩张和延伸。兼并战争在"夷变夏"的历程中起了重要作用。此时，周王室已经沦为小国，晋国分裂为韩、赵、魏三家之后，还有楚、燕、齐，另外还有南方的越国，除了这些强国之外，还夹杂着宋、郑、鲁、卫、蔡、莒、杞、邹、曾、中山等国。除此之外，还有大量未华夏化的少数族群，可以理解为大趋势之外的另类，已经不属于主流，战国时期统一的形势已经初露端倪。

对于华夏诸国内部的兼并战争而言，我们不作过多论述，单就华夏国家对于周边族群而言，应该说战争是华夏文化对于夷狄文化的胜利。不仅秦、楚这样的国家华夏化，而且一大批夷狄部族也融入了华夏，一些亦牧亦农的部族逐渐转化为农业部族。战国时期的少数族群主要分布在大国的周围。古人将山南水北称为阴，因此将位伊水、洛水的夷狄称为阴戎，所以只是就地域而言，实际上其并非一个族群，来源比较复杂。晋国先后攻灭了南部戎人，其中大部分归属于晋。在秦国的西南部（今天四川省），就是蜀、巴、苴、丹犁、邛都等部族，其中蜀国最大，巴次之。远在贵州的夜郎和滇两个部族较大。在中原的少数民族大都融入了华夏族群，但是中山国是一个例外。在春秋时期中山国被称为鲜虞，为白狄族属，战国时期魏文侯曾一度攻灭中山国，由于魏国和中山之间隔着赵国，不久又复国，最终亡于赵国。在楚国内部有大量的夷族，也是直到秦统一后才最终融合于华夏。①

在华夏族群逐渐融合的过程中，思想上也开始了统一运动，主要就是在《公羊传》中出现的主张统一而反对分裂的思想。这是对于社会中新因素的吸收，主张夷夏可变的思想。② 以文化上的一致性作为根本性因素，为统一扫清了思想上的障碍。《公羊传》的大一统思想在《周礼》中则演变为对于大一统国家完整的制度、设计，构想了一个未来国家的蓝图。在中原华夏开始从融合趋向统一和生产方式逐渐一致的时候，北方地区社会也在进行一种强烈整合运动，就是游牧文化带的形成。

二　北方游牧文化带的形成
（一）战国时期北方族群的分化

长期以来，以司马迁为代表的传统历史学家将春秋的戎狄与战国时期的匈奴胡人混为一谈，其实春秋时期在史书上出现的戎狄到了战国大部分都融入华夏系统之中，在生产方式上也逐渐适应定居

① 杨宽：《战国史》，上海人民出版社1955年版，第285—287页。
② 杨向奎：《大一统与儒家思想》，北京出版社2011年版，第73页。

农业的方式，文化上与中原进一步趋同，走向以华夏文化为中心逐步统一的道路。另外，北方又出现了一部分胡人，这些人与春秋时期人群是什么样的关系，恐怕传统史学从一开始就出现偏差。将戎狄与畜牧经济联系在一起，不但在时间概念上是错乱的，在经济方式对应族群的处理上也将历史过程简单化了，使得问题的研究偏离了历史真实。

战国时期的胡人并非春秋时期的北方戎狄，而是在这一历史时期出现在北方的另外一支人群。从生产方式上看，春秋时期的部分戎狄没有过定居生活，充其量是农业和畜牧业兼作的生产方式，并非游牧人群。从作战方式上看，战国时期骑兵是主要作战方式，而春秋时期的大量史料证明在当时有大量战车，但也有步兵。在《左传·隐公九年》中郑伯就讲"彼徒我车，惧其侵轶我也"，在小盂鼎中的鬼方之战役，也有"俘车卅两"的记载，西周中期的师同鼎中也有相同记载。战国时期的胡人军队则主要是骑兵，而赵武灵王胡服骑射就是要学习胡人骑兵作战方式。在人种方面，也不支持春秋时期及其更早时期分布在中国北方地区的戎狄是战国胡人的祖先。①

春秋时期广泛分布在今河北、山西、陕西和河南等地的戎狄，很大一部分在春秋后期就被同化了，分别并入了秦、晋等国。部分戎狄一度建立了自己的国家，代、中山就是事例，而到了战国时期也被强国消灭，融入华夏之中，至此北方地区的戎狄就消失了。从战国后期开始，重新出现在北方的胡人与春秋时期戎狄的并非同一个族群。司马迁在《史记·匈奴列传》中将这一看法系统化了，由于《史记》的重要性，这种看法一直影响着中国传统的史学思维，在当今史学界仍有重大影响。

（二）北方游牧文化带的形成

北方游牧文化带的形成是一个受生态环境、文化、族群互动等

---

① 林沄：《戎狄非胡论》，载林沄《林沄学术文集》（二），科学出版社2008年版，第4—5页。

多重因素作用下的一个复杂过程。从考古学的角度来看，从新石器时代一直到春秋之际生活在北方长城一带的人种属于高颅骨的古华北类型、古东北类型和古西北类型的居民。[①] 其和以低颅骨为特征的北亚蒙古人种差别较大，北亚蒙古人种是在战国时期才出现在北方长城地带。[②]

从地缘上来说，北方长城地带可以被划为三个部分，西段就是今甘肃、青海一带，中段为今晋北和内蒙古地区，东部则是今西辽河流域。因为受经度地带性的影响，这一区域的年降水量呈现从东向西逐步减少的趋势。这一趋势也对早期农业形成的模式有影响，到了后来，游牧经济的类型也差异较大。就西段而言，距今6000—4000年间是一个适宜旱作农业的时期，在青海的大地湾文化、甘肃的马家窑文化的马厂类型和后来的齐家文化，都呈现出向农业逐步发展的状态。在中部地区，可以分为三个类型，分别是庙底沟类型、海生不浪类型和阿善类型。这三个地区气候条件有差别，海生不浪类型为气候湿润，最有利于农业发展；庙底沟类型虽然降水量较多，但是气温较低，农业不如海生不浪类型发达；阿善类型分布区的温度虽然比海生不浪类型高，但是降水量很少，也是不利于农业发展的。[③] 这一地区在距今5000年前的龙山文化时期，气温和降水都比仰韶时期下降，在海岱地区大概在几乎同一时期也出现了降温，对该地区农业生产产生了极大的消极影响。在东部的西辽河流域，原始农业萌发于距今大约7000年的赵宝沟文化，到了距今大约6000年前的红山文化时期，农业有了新的发展，到了距今5000年前的小河沿时期，就出现明显的衰退迹象。从总体上看，夏代以

① 这种三分式的提法由朱泓提出，其依据主要是根据颅骨的情况来区分先秦时期的古人类。可参阅朱泓《内蒙古长城地带的古代种族》，《边疆考古研究》2002年第一辑；朱泓：《中国西北地区的古代种族》，《考古与文物》2006年第5期。

② 林沄：《夏至战国中国北方长城地带游牧文化带的形成》，《燕京学报》2008年第14期。又见林沄《林沄学术文集》（二），科学出版社2008年版，第39—76页。

③ 田广金、史培军：《内蒙古中南部原始文化的环境考古研究》，载内蒙古自治区文物考古研究所编《内蒙古中南部原始文化研究文集》，海洋出版社1991年版，第119—132页。

前的北方长城地带早已遍布了早期农业居民，这一地带并非一直就是畜牧业的场所，相关遗迹中出现了大量养猪遗存就是很好的证明。同时，我们也可以看到，其中的农业还不是十分稳定，甚至有间歇现象。

在距今 4000 年左右气候干冷化的过程中，并未导致农业全面衰退，在东段仍然有大量农业。东段是以养猪为主，而中西段则是养牛、养羊发达。由于没有发现驯马的证据，所以这时部分化的畜牧业绝不能和后来专业化的畜牧业相提并论。这时候的青铜器上受到了黄河流域文化和欧亚大草原文化的双重影响，夏家店上层文化的青铜戈显然受到二里头青铜戈的影响，而四坝文化中套管式青铜锛则是受到中亚腹地的影响。这种锛的原始形式在俄罗斯西伯利亚的赛伊姆—土尔宾诺文化和卡拉苏克文化中亦有发现，应当是起源于西伯利亚的。[1] 这样看来，欧亚大草原文化对长城地带文化的影响在夏代就开始了，但是北方还并非是专业化畜牧业经济。

在春秋时期，北方地带包含众多的非华夏族群，这些在华夏族群看来属于戎狄之族，其实是多种成分的混合体，由于气候变化的因素，导致北方族群有一个向东和向南的运动过程。因为东南方相对降水多一些，生存条件比西北部更加优越。这种运动不但有气候变化的影响，还有诸夏国家不断对其进行的冲击，先是西周，紧接着是齐国，而后是秦国和晋国，这些族群受到冲击会选择归附和逃遁。白狄不断东迁的原因应该是重点考虑秦国的军事压力，而部族不断东迁会造成文化上的趋同，但是并不等于说在华夏文化基础上趋同。陕西扶风召陈村西周晚期大型建筑的红烧土堆中蚌雕戴帽人头像，无疑具有欧罗巴人种的特征。穆王西巡的故事在《汲冢书·穆天子传》当中，同样表明很早之前中原和亚洲腹地就进行着文化交流。[2] 在传播的过程中，管銎战斧和柳叶形短剑也是从西方传入的，不过战斧主要在北方流行，而短剑则在西周早中期的周人中流

---

[1]　Jian Jun Mei, *Copper and Bronze Metallurgy in late Prehistory Xinjiang*, Oxford, 2000.

[2]　尹盛平：《周原文化与西周文明》，江苏教育出版社 2005 年版，第 302—303 页。

行，后来则传入巴蜀地区并且长期流行。

距今4000年左右出现的普遍干冷化，蒙古高原上的居民开始南下，并与南方居民有冲突加剧的趋势。猃狁在西周中后期的入侵就是这一过程的产物。猃狁可能是兴盛于商末周初之际的鄂尔多斯青铜文化的继承者。如同北方复合体中的大多数成员一样，戎狄族群可能是广泛分布的农牧民组成的团体。① 在战国时期，蒙古高原上属于北亚蒙古人种的游牧民族全面进入中国长城地带，这里原住居民应该有游牧化的趋势。在南部华夏文明的扩张下，戎狄族群大部分融合于华夏文明，而逃逸出的族群则摆脱华夏族群逐步和北方南下族群一起开始专业游牧的生活方式。于是在整个北方长城地带及其以北地区人群在生产上逐渐趋向一致，生产以畜牧业为中心，马被作为重要的牲畜来驯养。因为马是专业化游牧的基础，依靠马人们才能进行长距离的迁徙。在墓葬形式上表现为开始有较多的殉牲，墓中常有铜马衔和马镳。

考古资料显示中亚草原以畜牧经济为主的阿法纳羡沃文化在公元前3000年晚期到公元前2000年开始进入蒙古高原北部，但是由于遗址的缺环，往后一段历史的确难以说明。有一种鹿石遗存，由于全柱刻画出许多鹿石得名，这一图案是典型的欧亚大陆特征，可以作为人群东来的证据之一。中亚游牧化的族群也将游牧文化带给华夏族群。骑马和战车是从中亚传入中原的。两轮大车的出现是殷商时从外部传入，即从北狄输入。匈奴之战车受其原住民影响。② 分布在蒙古高原西部和阿尔泰地区的这种鹿石为萨彦—阿尔泰类型，建造这种鹿石的人早期是蒙古人，后来进入此地的欧罗巴人也学会了。在商代和西周早期，中国北方长城地带所接触的居民应该是蒙古人种居民，后来有些欧罗巴人。蒙古人种随身佩带短剑、短柄战斧、弓箭、圭形盾牌，其他还有刀子、砺石、挂缰钩等，这都

① ［美］李峰：《西周的灭亡——中国早期国家的地理和政治危机》，徐峰译，上海古籍出版社2007年版，第168—169页。

② 徐中舒：《北狄在前殷文化上之贡献》，《古今论衡》1990年第3期，又收入《川大史学·徐中舒卷》，四川大学出版社2006年版，第129—172页。

是典型游牧人的装束。

综上所述，北方草原地带是多种文化交汇的地区，由于气候、生态、地缘诸因素的复杂作用，这一地区受到来自欧亚腹地的深刻影响。西周和春秋的戎狄大部分融入了华夏文明，一部分则游离于华夏文明之外，逐渐形成了专业的游牧族群。在春秋战国时期，北方蒙古人种大量南下，使得该地原有居民或者被中原同化，或者融入北方地带，使得半农半牧的人群逐渐减少乃至消失，经过长期的过程，日益分裂为在经济上相互依赖而又有明显差异的集团。在中国北长城一带形成了一个文化上更为统一的游牧文化带。两种经济方式的对立成为常态，北方反复入侵南方，历史开始了一个新时代。

三 游牧文明与农耕文明的比较

长期以来，我们总是以为农耕文明比游牧文明先进，这个观念就是华夏优于四夷观念在经济方式上的一种自然推演。但是从海外一些研究成果来看，在这两种生产方式基础上构建的文明形态不存在孰高孰低的问题，只不过是不同族群对于自然的一种正常适应，并建立在此基础上的社会组织形式和价值伦理系统也是与此相适应的。

早期的畜牧业和农业相伴而生，且在地域上互相交叉，不具备迁移性质，属于放养型畜牧业。与后来出现的专业游牧经济相比，有几个区别。第一，模式而言，放养型畜牧业的食物主要来源于聚落周边，因此规模较小。游牧型畜牧业是一种更高级的形式，脱离了农业的束缚。第二，与放养型畜牧业不同，游牧型畜牧业与农业分离，成为草原环境的产物，因为其能进行长距离迁移，所以可以建立广阔的生存空间，不像放养型畜牧业与农业结合在一起，在农耕区和半牧区都可存在。从战国到西汉时期，在中部和北部有一条农牧分界线，大致走向是东北—西南走向。这条线的东南方基本就是农耕区，而西方向则为畜牧业区。春秋时期这条线在陇山以东，由秦国都城雍以北沿岐山、梁山东北行，再经麻隧、彭衙之北，而到梁国的龙门山下。以今天地理环境来说，就是经过陕西泾阳、白水、韩城诸县市之北，而达于黄河之滨，这条分界线由龙门山下东越黄河，经屈之南，循吕梁山东麓东北行，至于今山西太原市阳曲县北，也就是当时孟县之北，又东南绕今孟县之南，东至太行山上，在循太行山东麓，过燕国都城蓟之北部，东到渤海之滨。[①] 这条线南部居民也有部分戎人，但是长期与华夏族群接触，接受华夏的生活方式，开始了农耕生活。我们在这个过程中应当充分考虑华夏文化的影响力，毕竟来说，农耕区域的生产率要高，单位面积的收获物会增多，在这条线之南如果采用畜牧业经济恐怕也是对自然条件的浪费。

华夏农业文明的发祥地在今陕西关中盆地。周人对于旱作农业的发展做出了巨大的贡献，农业文化的特点在周人这里得到充分的体现。农业社会与游牧社会相比较而言，呈现出截然不同的特点，也就会产生不同的社会形态。第一，稳定性。农业社会是定居生产的，社会文明因素可以不断地积累和深入。游牧社会往往会大规模的迁徙，社会文明难以产生积累效应，农业生产的稳定比起游牧来说可能更有保障。人群的流动性使得文化的传承变得极为困难，在一些时期可能会发生倒退。第二，密集性。农业社会的大部分人口都是在一个固定的地方集中生活，和土地建立密切的关系，人口密度相对较大，文化的负载就强。而游牧社会的生产人群比较稀疏，人口密度也比较低，导致社会组织结构发展程度较低。第三，本位主义的认知模式。农业族群在接触游牧文化会时对其与自身差别较大的文化进行价值判断，由于社会生活表层的差异，导致在认知上本位主义成为一种基本思维方式，出现了对游牧族群的歧视心理。

我们必须澄清一个问题，是不是说游牧文明就是比农耕文明落后。关于这个问题，中国古代的史学传统给出的答案是肯定的，华夷之分在一定意义上仿佛成了两种生产方式以及建立在这种方式之

---

① 史念海：《论两周时期农牧地区的分界线》，《中国历史地理论丛》1987 年第 1 期。

上的社会的差别。西方学者狄宇宙在这一方面作了一些研究。他充分肯定游牧族群在技术上的先进性。第一，驯马技术是一项非常重要并且是有技术含量的，游牧族群号称马背上的人群，其对马熟练的操控都是当时领先的技术，而这些确实是中原族群所欠缺的。第二，马车是青铜技术高度发展的产物，因为木质材料必须要大量的构件才能结合在一起，这里面包含着大量的技术，随着技术不断进步，马车成为战争的主要工具。中国最早的马车是在商朝出现的，徐中舒先生曾经论断过此与北狄的关系，认为马车是从北方传入中国的。马车在欧亚大陆中部发现的时间可以追溯到公元前2026年辛塔什塔—彼得洛夫卡文化的遗址。[1] 马车被认为是青铜时代技术含量最高的装备，在《周礼·考工记》中专门有造车之法。第三种，青铜武器铸造，大约在公元前12—前8世纪，一种称为卡拉苏克的新型文化统治了南西伯利亚、叶尼塞河流域、米努辛斯科盆地以及阿尔泰地区，并且一直扩展到蒙古西部的广大区域。[2] 在这一文化中，青铜短剑与鄂尔多斯类型的短剑相似，表明鄂尔多斯短剑技术的先进性。在夏家店上层文化中，銎柄式剑最具有代表性，基本上可以确定是北方自身的青铜器。[3] 在装饰性青铜器方面，北方游牧部族一直有动物性装饰，往往在短剑和青铜刀顶端装饰立体动物的造型，也有动物纹柄短剑和青铜刀。内蒙古中南部毛庆沟的虎咬羊纹铜饰牌，固原杨郎墓地出土的虎纹牌饰和虎兽咬羊纹饰牌，在上述两处墓地还有鹰鸷之类的鸟头纹饰，在黑海沿岸的斯基泰文化也有造型上相似的鸟纹，这说明两地的游牧文化已经有所接触。铸造青铜器是在铁器出现之前早期社会最为先进的技术，青铜器的铸造工艺代表着青铜时代生产力水平和技术发展的高度。商周时期的北方铜器是合范铸造的，而到在春秋中晚期，北方族群在青铜器铸造工艺上出现划时代的变化，那就是青铜镀锡工艺的使用。在对

---

① D. W. Anthony, "The Birth of the Chariot", *Archaeology*, Vol. 48, No. 2, 1995.

② S. V. Kiselev, *Drevniaia Istoriia Iuzhaoi Sibiri 2nd*, Moscow, 1951.

③ 田广金、郭素新：《北方文化与匈奴文明》，江苏教育出版社2005年版，第361页。

今宁夏固原、宁夏庆阳、内蒙古凉城毛庆沟的一批北方族群青铜器进行 X 射线进行分析，得出结论：公元前 6—前 4 世纪，中国北部的鄂尔多斯青铜器表面存在着镀锡技术，工艺分为热擦和热浸两种，所镀的锡层既有纯锡也有铅锡合金，为当时草原游牧部落一项重要的先进工艺。① 除了表面镀锡的工艺之外，毛庆沟 27 号墓出土的大型虎纹牌饰物和西沟畔 2 号墓出土的虎争斗纹金牌饰物，在牌饰的背面均有清晰的麻布纹，这是失蜡法技术的确切证据。

中亚地区铁器的利用大约在公元前 1000 年就开始了，欧亚大陆早期冶铁业的中心在阿诺（Anau）地区和费尔干纳（Ferghana）盆地地区，这一新技术不久就向外传播。我们知道在中原地区至少到了春秋后期才出现了铁器，大量铁器的使用应该是战国时期的事情了，可见在技术上中原并不是完全领先于草原游牧族群的。②

在文明的比较上，确实是一个困难的话题，但是狄宇宙的研究为我们提供了一个基础，我们可以顺着这个思路继续向前。在两周时期，华夏文化的迅速发展主要体现在社会组织的复杂化，对于西周而言就是建立在分封制基础上的政权组织形式，在上层社会的安排上则是有了嫡长子制度和宗法制度，概括地说，建立一套礼仪制度。这一套礼仪制度就是礼乐文化，确立了社会的秩序。周代礼乐制度在人与社会的关系中发展出相当烦琐的规则，在人与自然的关系方面也达到了非常高的程度。当时的青铜器这种最为重要的资源是用来制作礼器，主要用作礼仪仪式，为了制度仪式当中让王获得崇高感，从而增强统治的合法性，服务于礼乐文明的。我们也应该看到在技术层面我们并不是领先草原族群，上面已经作了简要的论述，代表青铜器重要工艺方面，草原族群比中原还早，青铜器的铸造工艺、纹饰审美也丝毫不逊色于中原

---

① 韩汝玢、［美］埃玛·邦克：《表面富锡的鄂尔多斯式青铜器饰品的研究》，《文物》1993 年第 9 期。

② ［美］狄宇宙：《古代中国与其强邻——东亚历史上游牧力量的兴起》，贺严、高书文译，中国社会科学出版社 2010 年版。

地区。草原族群表现出自己的特色，形成了典型的尚武特征，无论从骑马和射箭技术来看，还是青铜器主要被用作武器来看，都是为攻击和掠夺的战争做准备。

游牧社会在形成过程中保留了典型的尚武特征，表现在青铜器的动物形纹饰上，则出现了老虎和鹰隼。这一特征等凶猛的象征，中原青铜器在商代主要是饕餮纹的狰狞和神秘。两者对比，北方草原是武器，中原华夏是礼器。北方草原具有攻击性，中原华夏则具有人文性。北方草原是流动的专业化畜牧，中原华夏则是典型的定居农业。华夷截然不同的社会经济形式，这两种社会形式在一些古代思想家那里有厚此薄彼的倾向，可以认为就伦理道德礼仪文化社会秩序百姓日用方面而言，中原确实是占有优势的，但是就技术发展，武器进步程度甚至审美工艺水平而言，恐怕两者不相上下，在个别方面中原甚至整体是落后的。

就社会生产方式而言，游牧经济和农业经济对比，没有高低之分。农业比畜牧业高级恐怕或多或少受到恩格斯的三次社会大分工理论的影响，其实人类历史发展受到诸多因素的影响，是多种因素合力的结果。从实际情形来看，农业和专畜牧业都是对自然条件的合理适应，就技术含量而言，都具有丰富的知识和技术。中国古代一部分思想家对草原族群是抱有成见的，一个重要的原因是受到其攻击之后的感情好恶。对于西周历史灭亡的历史记忆沉淀，把感情因素加到了逻辑判断之上，戎狄豺狼的理解是族群本位主义的思维。关于这一点将在本书后面继续阐述。

当我们分析差别的时候必须看到融合的趋势，文化的影响从来不是单向的，一般来讲，文化的影响和交流是双向的互动过程。中原地区和北方地区一直进行着族群的融合，在学者的研究中过去多注意族群华夏化的过程，以华夏族为中心的族群融合。在东夷和南方各族群中，融合是主流的，春秋时期楚国、吴越诸国逐渐华夏化，这其中有一个重要的因素就是生产方式比较趋同，都是属于农耕文明，只不过在中原属于旱作农业，在南部地区为水作农业，在本质上符合农业文明的属性，使得融合起来更为方便一些。事实上，北方草原文化与华夏之间也有大量的交流，殷商时期流行的北方动物纹饰相当程度地吸收了南方的华夏文明，采取商王朝的礼器系统。这个会影响其社会秩序和意识形态，并且会对其战争文化有所修正。① 从殷商经西周到春秋，晋陕高原由南而北逐渐产生华夏化的倾向。同时，我们不能忽视北方华夏族群"戎狄化"的历史进程，特别是三晋、秦国和燕国。正是这些吸收了若干北方族群营养的国家，不断发展和势力增强，在春秋战国的舞台成为耀眼的明星，最后由秦国完成了华夏的统一大业。

第二节　儒墨两家的华夷思想

一　儒家的华夷思想

儒家的华夷思想是指孔子开启的儒家学派在处理华夷问题时候的思想总和。孔子是出生在春秋后期鲁国的思想家，对于华夷关系的处理提出了自己的观点。孔子说："夷狄之有君，不如诸夏之无也。"② 这表现出对地域华夏文化的高度热爱，即使夷狄有君主也没有华夏社会更有秩序，这是因为在社会秩序中有礼乐文化的作用。在对管仲的评价过程中，孔子就更加阐述了这一思想。在管仲的个人行为与其所做贡献的对比上，孔子见其大者，对于子贡的质疑"管仲非仁者与？桓公杀公子纠，不能死，又相之"。孔子说："管仲相桓公，霸诸侯，一匡天下，民至于今受其赐。微管仲，吾其披发左衽矣。岂若匹夫匹妇之为谅也，自于沟渎而莫之知也。"③ 其高度评价了管仲的历史作用，在保卫华夏礼仪文化方面，其功德无量，比起那些个人违礼的瑕疵简直不值一提。在后来，孔子也提出了一些用夏变夷的主张。《论语》载："子欲居九夷，或曰：

---

① 杜正胜：《欧亚草原动物纹饰与中国古代北方民族之考察》，《"中央研究院"历史语言研究所集刊》1993 年第 64 本。

② （宋）朱熹：《四书章句集注》，中华书局 1983 年标点本，第 62 页。

③ 同上书，第 153 页。

'陋，如之何？'子曰：'君子居之，何陋之有？'"[1] 这就是说再偏僻的简陋之所，只要懂得文化礼仪的人去教化，就能改变他们，不存在地域僻陋的问题，这里头包含的思想是用夏变夷的思想。孔子是主张用周礼来重现维持春秋时期礼崩乐坏的政治秩序，将礼放在很高的地位，认为维护礼仪文化和族群的存亡是联系在一起的，同时强化礼仪的教育功能。这基本就是孔子的思想。华夏族群联合反击戎狄的历史背景，是两周时期非常丰富的华夷思想的一部分。对春秋前期历史事实的总结，不可将用夏变夷价值估计过高。造成过高估计的主要原因是在汉代儒学的官方化之后，孔子地位不断上升，孔子的思想逐渐被神圣化。孔子提出的用夏变夷的思想有一定价值，对于确立华夏文化的自主意识和对异族的教化是有积极意义的。

孟子基本上继承和发展了孔子的思想，认为只能是用夏变夷，不可以夷变夏。战国时期华夏已经解除了来自夷狄的军事威胁，其中夷狄要么南附，华夏化成为华夏族群的一员，要么远遁，逐渐融入专业游牧社会之中。随着华夏更加自信，只能用夏变夷，不可以夷变夏。孟子说："吾闻用夏变夷者，未闻变于夷者也。"[2] 对于南方族群，孟子称之为南蛮鴃舌之人。为了论述自己的观点，孟子以舜与文王的情况作为例子。二者在接受华夏文明之后，一样可以成为圣人，"舜生于诸冯，迁于负夏，卒鸣条，东夷人也。文王生于岐周，卒于毕郢，西夷人也。地之相去也，千有余里；世之相后也，千有余岁。得志行于中国，若合符节。先圣后圣，其揆一也"[3]。东夷西夷之人只要遵守华夏礼仪文明一样可以成为圣人，所以以夏变夷是可行的，也是可以操作的。但是孟子的观点确实也封闭了华夏向周边族群学习的可能性，事实上战国的政治实践告诉我们，华夏族群国家在一定的层次和意义上也向周边族群学习。孔子的思想包含以华夏为正统的思想，华夏礼仪是诸夏所必须遵守

---

① （宋）朱熹：《四书章句集注》，中华书局1983年标点本，第113页。

② 同上书，第260页。

③ 同上书，第289页。

的。在齐鲁夹谷之会时，公元前500年春，孔子以礼相的身份随定公参加这次会晤，结果齐人演奏夷狄之乐，倡优为戏于前。这一系列举动对孔子来说是不可忍受的，当时就变得怒不可遏，认为以夷乐扰乱华夏正统的人罪责当诛。《左传·定公十年》载："夏，公会齐侯于祝其，实夹谷。孔丘相。犁弥言于齐侯曰：'孔丘知礼而无勇，若使莱人以兵劫鲁侯，必得志焉。'齐侯从之。孔丘以公退，曰：'士兵之！两君和好，而裔夷之俘以兵乱之，非齐君所以命诸侯也。裔不谋夏，夷不乱华，俘不干盟，兵不逼好。于神为不祥，于德为愆义，于人为失礼，君必不然。'齐侯闻之，遽辟之。"①

在对待管仲的评价问题上，孔子和孟子出现较大差别，刚好反映了不同历史时期人们的倾向性，孔子看到的是华夏族群的危机，文明有被异族扑灭的危险，管仲的个人私德是否符合礼就不是最重要的，而在看他对于整个华夏文化的贡献。在孟子的时代，华夷族群冲突的大背景也已不存在了，以王道和霸道的视角对其评价，地位当然就会很低。有学者对这个问题进行分析，虽然研究基本能够成立，但是没有抓住问题的本质，那就是华夷冲突的紧张与缓和不同，其中的事件参与者管仲的地位就大相径庭，差之甚远。②《孟子·公孙丑上》载公孙丑问曰："夫子当路于齐，管仲、晏子之功，可复许乎？"孟子曰："子诚齐人也，知管仲、晏子而已矣。或问乎曾西曰：'吾子与子路孰贤？'曾西蹴然曰：'吾先子之所畏也。'曰：'然则吾子与管仲孰贤？'曾西蹴然不悦，曰：'尔何曾比予于管仲？管仲得君，如彼其专也，行乎国政如彼其久也，功烈如彼其卑也。尔何曾比予于是？'"曰："管仲，曾西之所不为也，而子为我愿之乎？"曰："管仲以其君霸，晏子以其君显。管仲、晏子犹不足为与？"曰："以齐王，由反手也。"③ 在这一段话里，孟子借用曾西的口说明了对于管仲的态度，对于管仲而言是以其君

① 杨伯峻：《春秋左传注》，中华书局1981年标点本，第1578页。
② 黎业明：《孔子孟子对管仲评价之比较分析》，《深圳大学学报》（社会科学版）2004年第5期。
③ （宋）朱熹：《四书章句集注》，中华书局1983年标点本，第227—228页。

霸，对于王道与霸道的思想渗透其中，反对霸道也就对管仲作较低评价，而只字不提华夷层次上保卫华夏文化的历史功绩。在一定意义上，这可以帮助我们认识华夷问题，因为背景不同而思想家的认识也不同。

在孟子的时代，族群融合趋势已经相当明显，秦楚吴越等夷狄国家，在与华夏之国的接触中不断地接受华夏文化。孟子主张对"修文德"以"来远人"，这种和平同化的政策与用夏变夷的思想是一脉相承的。孔子提倡"用夏变夷"的思想与其在教育思想中的"有教无类"是有联系的，既然在一个社会的垂直层次上可以让不同阶层的人来接受文化与教育，那么四周不同族群的人们也可以享有中原的礼乐文化。这主要靠教育感化的方式使得人们进入较高的阶段，通过教育感化他们，有教无类与用夏变夷是相同的。

荀子的思想继承了孔孟的观点，认为环境对于人的情感素质的塑造意义非凡，"居楚而楚，居越而越，是非天性也，积靡使然也"[1]，将环境因素放到影响人群的因素之中是有一定科学性的。荀子强调不同的教育对人的影响，"干越夷貉之子，生而同声，长而异俗，教使之然也。"[2] 鉴于这样的思想认识，荀子主张对不同的族群实行"因俗而治"的方针，对于以夏变夷的理论是一个革新，不再因循使用固有的以夏变夷理论。荀子认为："彼王者之制也，视形埶而制械用，称远迩而等贡献，岂必齐哉？故鲁人以糖，卫人用柯，齐人用一革，土地刑制不同者，械用、备饰不可不异也。故诸夏之国同服同仪，蛮、夷、戎、狄之国同服不同制。"[3] 荀子不同意世俗所谓楚、越不受汤武之制的说法，认为汤武采用不同政策来管理不同地域、不同民族、不同习俗的人，与鲁国人用碗、卫国人用盂、齐国人用整块皮作为器皿一样，都是就地取材，根据当地地理环境和风俗习惯自然形成的结果。在这个层次上，荀子就更加包容，更加开放，更加尊重夷狄族群的风俗，并非如孟子

①　梁启雄：《荀子简释》，中华书局1983年版，第96页。
②　同上书，第2页。
③　同上书，第239页。

那样强求"用夏变夷",也是儒家用夏变夷思想的进一步发展。蒙文通先生认为,这与荀子出生在赵国,与北狄接壤,并南游楚国,与多个非华夏族群密切接触有关。[①]

二　墨家的华夷思想

墨子所代表的学派叫墨家,其本人名翟,生活年代在孔子之后,其籍贯说法不一,一般认为其为鲁国人。他的思想最具有代表性的"兼爱",也就是一视同仁的爱一切人,这里的一切人包括异族的人。在墨子生存的时代,中原地区已经形成了华夷杂居的形势,墨子的兼爱主张也就包含这些夷狄之人。在"兼爱"的基础上,他主张"非攻",反对一切侵伐别国的战争,反对贵族生活奢侈化,提倡节省财力,对儒家主张的"厚葬"也提出反对,主张"节用""节葬"和"非乐"的思想。墨家是代表下层民众的利益,对儒家提出的繁文缛节和厚葬久丧等内容提出了批判,逐渐从这一思想出发,发展到"非儒"的境地。

《墨子·兼爱上》载:"圣人以治天下为事者也,不可不察乱之所自起,当察乱何自起?起不相爱。"[②]他认为解决冲突的途径就是要使得政治家有兼爱的情怀,有发自内心的合理内核。墨家思想包含着贯通华夷的大爱思想应该是值得我们研究的。墨子的"兼爱"是贯通华夷的,包括四夷在内,"古者禹治天下,西为西河、渔窦,以泄渠孙皇之水;北为防原泒,注后之邸、嘑池之窦,洒为底柱,凿为龙门,以利燕、代、胡、貉与西河之民;东方漏之陆,防孟诸之泽,洒为九浍,以楗东土之水,以利冀州之民;南为江、汉、淮、汝,东流之,注五湖之处,以利荆、楚、干、越与南夷之民。此言禹之事,吾今行兼矣。……昔者武王将事泰山,隧传曰:'泰山有道。曾孙周王有事,大事既获,仁人尚作,以祗商夏,蛮夷丑貉。虽有周亲,不若仁人,万方有罪,维予一人。此言武王之

---

① 蒙文通:《周秦民族与思想》,载蒙文通《经学抉原》,上海人民出版社 2006 年版,第 136—137 页。

② (清)孙诒让:《墨子间诂》,中华书局 2001 年标点本,第 99 页。

事，吾今行兼矣。'"① 这个思想在一定程度上有超越的意义，比儒家的血缘之爱走得更远。墨子用雄辩的实际事例说明大禹治水时各个族群都有所受益，并非为利一方而为害另一方，真正做到了天下九州，均获其利，可谓兼利于四夷。而周武王在泰山祭祀之时明确表示要护佑夏商遗民及四方之族，也是借此说明自己爱及天下的思想。

在墨子的思想中华夷不应该被区别对待，不论楚国也好，越国也好，在墨子这里都被一视同仁。在墨子的思想里，或许包含着企图融入华夏文化的若干族群在价值心理方面的诉求，其立足点并非华夏，而是天下大爱。墨学的根源是夷狄之族群应为"代与山戎、孤竹、东夷、貉族之教"。战国之时墨学在所谓的夷戎之国广泛流传。②

从上面的分析可以看出，墨子关于华夷的思想主要体现在"兼爱"的思想上，这一思想从产生到发展可能都有少数族群的精神诉求，主张"兼爱"天下超越了儒家的血缘等差之爱，是天下大爱。从其学说流行情况来看，多是夷狄之地，大致反映了春秋战国之际融入华夏族群的夷狄之族的心声。过去学者多讲墨学是下层百姓的声音，其实从族群的视角来看，墨学也是在当时社会中处于较低地位族群的声音。伟大的思想都来自于力图改变现状的力量，墨学在传播的过程中也印证了这一情况。墨家不是像儒家站在华夏的立场看如何处理华夷关系，而是站在天下的视角看应该拥有一种更为合理的华夷关系。

第三节　战国时期大一统思想笼罩下的华夷观

一　华夏族群的自我中心认知方式

与春秋时期的华夷斗争趋势最大的不同，战国时期华夏文化取

---

① （清）孙诒让：《墨子间诂》，中华书局 2001 年标点本，第 107—111 页。
② 蒙文通：《先秦诸子与礼学》，广西师范大学出版社 2006 年版，第 87 页。

得了决定性的胜利，整个华夏地区统一的趋势已经出现。其实从春秋中期开始，华夏文明在一定范围内就已经取得优势。

关于中国概念的演变，虽然时代不断变迁，但是圈层的认知方式并未改变。《战国策》载："中国者，聪明睿智之所居也，万物财用之所聚也，贤圣之所教也，仁义之所施也，诗书礼乐之所用也，异敏技艺之所试也，远方之所观赴也，蛮夷之所义行也。"①这一段话充满了对于自己所生之中国的自豪感和对于自身文化价值的认同，这是战国时期华夏在一定区域内完全战胜了夷狄族群之后，自身文化大发展的产物。同时，滋生出越来越强烈的自我意识，以自身为中心观察世界的视角，可以称之为族群中心主义。华夏族群的主流意识把中国更多地看成了文化的概念，凡是礼乐文化所在之处，可谓之中国，是夷狄所心仪之所在。中国与文明，夷狄与落后就建立了紧密的联系。不断有中国化的夷狄，中国的地域也在不断扩大。

世界上不同的族群大都将自己的居住地称为"中国"，这是人们自己的一种认知本能。在自我的世界当中，总是用二分法的思维方式，将华夏理解为文明、正统，将夷狄视为野蛮、非正统。华夷之辨的核心在于文化之辨和道德之辨，使得族群文化因为华夷之辨而有了封闭性。这就为以后历史中的衰退和挫折埋下了伏笔。开放和封闭是共存的，但是专制的体制更容易与封闭性结合在一起，每一次的族群融合都为华夏文明注入了新鲜血液，增加了活力。春秋战国族群文化的融合，诞生了秦汉统一，魏晋南北朝的交流和融合，则诞生了隋唐盛世。在明清时代由于缺少新鲜血液的补充，在政治上越来越趋于保守，最终沦为西方的半殖民地，经济和社会的发展全面停滞。开放会带来繁荣昌盛，保守则会带来落后，华夏族群在文化上的保守主义带来的负面作用是明显的。

---

① 《战国策》，上海古籍出版社 1998 年起标点本，第 656 页。

二　战国时期对于华夷世界秩序的构建

（一）族群祖先的构建

前面我们已经论述了民族的问题，倾向于认为中国的民族是随着近代国家的构建而同步出现的，是近代社会的产物。所以在分析历史上早期不同血缘和文化的人群时，本书一直使用"族群"这样的概念。在战国时期，也就是在秦朝统一的前夜，作为中华族群的开始形成阶段，伴随着一系列的文化因素以中国北方黄河流域为中心，包括南方一部分地区的华夏族群开始形成。这时候我们必须进行理论上的分析。

在战国时期，史学家也力求构建华夷一体的秩序，司马迁在表述楚与匈奴的起源时则描述为："楚之先祖出自帝颛顼高阳""楚苗商尚有滇王""中国之虞与荆句吴兄弟也""越虽蛮夷……盖禹之余烈也""匈奴，其先祖夏后氏之苗裔也。"[1] 这些都是对周边族群的祖先进行一定的推定与构建，将其祖先说成是与华夏在上古有共同的祖先，完成对于华夷一体的文化创造。以顾颉刚为首的古史辨学派认为，历史是层累构建出来的，因为族群的融合造成了统一的现实需求，于是在文化上就必须打破这方面的种族主义，通过对祖先谱系的构建，楚、吴、秦、越、匈奴融为一体。在这个系统中不断向前推演，找到了黄帝，成为大家共同的祖先。战国时期人们制造了两个偶像，族群的偶像是黄帝，疆域的偶像是禹。[2]

在族群"冒荫"的微观研究上，王明珂的一系列成果值得我们借鉴。族群"冒荫"其实间接表达的是凝聚的诉求。共同的起源对于人群的凝聚非常重要，因此人们经常会创造、虚构、修正本族群

---

[1]　上面几条资料均来自《史记》，分别为《楚世家》《西南夷列传》《吴太伯世家》《东越列传》和《匈奴列传》的部分。

[2]　顾颉刚：《战国秦汉间人的造伪与辨伪》，载顾颉刚《古史辨自序》，河北教育出版社 2003 年版，第 108—110 页。

或他族群的来源。① 在战国的时代背景下，周边族群逐渐华夏化，就需要寻找历史记忆，使其认可这种华夏化的进程。太伯奔吴的故事就是这种历史诉求的产物，这种历史记忆是构建的结果。在春秋时期，吴国就找到了自己的祖源，而华夏也找到了失落了祖先的后代，华夏化顺利完成。② 在后代的史书中经常会出现其他族群说自己的祖先来自中原华夏的记载，只有一部分是历史的真实。吴国早期的分封是真实的历史存在，可见王明珂的理论有时并不完全符合历史。③ 后来中国的考古学家经过研究认为，太伯所奔的吴地应为距离西周接近的陕西陇县一带，并且青铜器铭文也支持这样的结论。④ 这使得我们将事实看得更清楚了。

近代一些民族学者的理论可以成为我们分析的依据，吉登斯指出，民族主义可以出现三种导向，即主权导向、民族构建导向和公民权导向。⑤ 在中国历史上，第三种导向恐怕是新中国成立之后的问题了，主权导向也是与近代国家联系在一起的，本书在研究开始就已经表明中国的民族是随着近代社会的转型而一并产生的。民族构建导向对于我们的分析是有指导意义的。从两周的历史来看，族群的构建是伴随着一系列文化的认同出现的，可以说是文化价值的共同体。

（二）天下大一统思潮下的华夷观

天下的观念是逐步发展形成的，在战国时期一部分儒家学派也开始以历史评论的方式来为统一事业服务，产生了《穀梁传》和《公羊传》两部类似于史评类型的史书。两部史书中通过对春秋史实和春秋笔法的评论来努力挖掘孔子"内中国而外夷狄"的含义，

---

① ［美］克里夫特·格尔兹：《文化的解释》，韩莉译，凤凰出版社 2008 年版，第261—262 页。

② 王明珂：《华夏边缘》，社会科学文献出版社 2006 年版，第 282 页。

③ 王晖：《西周春秋吴都迁徙考》，载王晖《古文字与商周史新证》，中华书局2003 年版，第 216—249 页。

④ 尹盛平：《周原文化与西周文明》，江苏教育出版社 2005 年版，第 159—160 页。

⑤ 肖滨：《民族主义的三种导向——从吉登斯民族主义的论述出发》，《开放时代》2007 年第 6 期。

目的是进行大一统的宣传教育。

在《禹贡》中就充满了天下一体的思想，将天下分为九州，然后按其山川、土壤、物产等要素给土地分出等级，并按照土地的等级和经济繁荣的程度给土地确定贡赋多少，以及叙述到达帝都的贡道。之后将五服制度整齐划一，以五百里作为定数，根据距离远近制定不同的管理标准，所以《禹贡》应该是战国时期人们对未来国家治理的宏观规划和设想等内容相关的文章。这篇文章就是中国人设想的天下的地理范围和不同族群的治理方略，是战国时期人们思想观念的产物，是天下观念出现的结果。关于《禹贡》的成书年代，说法较多，有西周成书说、春秋成书说、战国成书说、秦统一成书说，以及认为在公元前 1000 年蓝本已经写成，后经不断修改加工而成的说法，一共五种。① 在刘起釪后期的研究中倾向于认为九州的有关事实是夏代已经具备的。这一点与学者邵望平的观点相似，就是上面叙述的不断修改成书说，认为九州是公元前 2000 年前后历史自然形成的不同文化圈，并非顾颉刚所言《禹贡》的史实是以公元前 280 年前后的七国疆域为基础。不管《禹贡》成书于哪朝哪代，九州部分是以三代史实为依据的。② 其中含有每条贡道都直通冀州，使人们不能否定其历史事实产生于夏代的合理性，其蓝本必然产生于公元前 1000 年的时代。这样一来，王国维和辛树帜主张的西周说就有一定的合理性，倒是其中的五服说为战国时期人们设想的处理不同族群的制度设计，这一部分内容为战国时期的思想家增补进去的，对应的就是天下意识。

《周礼》这部书中同样反映了战国时期人们的天下观念，在汉代之前这部书叫《周官》，作为一部官制汇编的书，在编成及流传中必有在各个官名下注明其执掌者，即所谓"职文"。另外《周礼》也有汉代的资料，说明成书是一个较为漫长的过程，至迟成于春秋时期。该书集录了西周后期逐渐完整的六官官制资料，并将其

① 刘起釪：《〈禹贡〉写成年代与九州来源诸问题探研》，载唐晓峰主编《九州》（第三辑），商务印书馆 2003 年版，第 2—12 页。

② 邵望平：《禹贡九州的考古学研究》，《考古》1989 年第 4 期。

系统化，不涉及周以外诸国之官制。① 战国时期阴阳五行学说兴起，就在官制的基础上也加入了天地四方命名。

中央与四方的观念，就是中国人的宇宙图式，圈层式由内向外的过程。华夏居住于中央，四夷居住于四方。《国语·周语上》中的五服，《周礼》中的九服，都是战国时期天下观念出现的产物，这两部分恰恰是战国时期增加进去的内容。中央和四方之民就是通过服制联系起来的，五服中的要服和荒服，九服中的蛮服、夷服、镇服和藩服，都表现出蛮夷戎狄族群集团与华夏族群集团的关系，反映的是一手安抚、一手征讨的策略。这种设计就是一种天下秩序。这是包含着以帝都为中心的五个同心圆，刚好是一个文化传播的等级，即距离越远，华夏文化的影响力则越小。在周代社会中，礼仪制度的规定表现为一个社会中垂直的等级关系，而对待四夷族群则设计出一个地域上多圈层的同心圆结构，在文化渗透和控制力上也是等级机制。这样就构建了一个交叉的系统，也是等级制度在华夏社会内部向外族群的延伸，由社会的垂直转变为空间上的平行，这个圈层就是包含着天子和诸侯、半开化的蛮夷之间的文化和控制力分界线。古人对于五服的设计就是"暗示着文明的秩序"②，五服制也是政治文化圈，就是之后东亚式国际关系的蓝本。两周时期的天下观念是思想不断发展的结果，其核心是走向专制主义的，中国用德、刑、礼、政等几个要素对社会进行有效控制。③

大一统的观念在中国产生是比较早的，这是由华夏文化优越论在一定的历史条件下自然生成的思想。《尚书·尧典》讲禹"协和万邦""九州攸同"，到了西周时期，大一统的观念就得到了继承和发展，《诗经·北山》云："普天之下，莫非王土；率土之滨，

---

① 刘起釪：《〈周礼〉真伪之争及其书写成的真实依据》，载刘起釪《古史续辨》，中国社会科学出版社 1991 年版，第 619—653 页。

② 王铭铭：《西学"中国化"的历史困境》，广西师范大学出版社 2005 年版，第 235 页。

③ 高名士：《天下秩序与文化圈的探索——以东亚古代的政治与教育为中心》，上海古籍出版社 2008 年版，第 5 页。

莫非王臣"，意思即是天下统一于周王朝。春秋时期，各个诸侯国纷纷摆脱周天子的控制，社会秩序混乱。孔子维护周礼就是力图恢复社会秩序，维护周天子的社会地位，因此赞成尊王，希望维持国家的统一。其实从政体结构而言，战国思想家心目中国家与西周时的国家是不一样，西周的国家政体是血缘基础上的权力代理，而战国国家的趋势是政治体制重大变革，就是中央集权，血缘的界限逐渐被打破，完成国家在政治上的大一统。

《礼记》中五方之民的说法其实也是战国时期大一统观念的产物，将华夏放在中间作为尊贵的象征。四方对应四夷，将族群与方位联系起来，进而纳入阴阳五行的系列之中，是战国时期阴阳五行学说兴起的产物。《公羊传》是义理之学，用文化来划分华夷，看是否遵守华夏的礼仪制度作为标准，这些也是战国时期大一统观念形成之后华夏自信的结果。

第五章　两周华夷关系的形成和影响

第一节　族群冲突的资源地理气候因素

一　西周时期的族群资源争夺

资源竞争理论认为，在一定的社会条件下，人们会以族群为单位组织起来进行资源争夺，并因此构建起族群的社会边界，所以族群的本质是在资源争夺过程中构建起来的，社会竞争的需要以及群体和个体的应对策略，是族群建构的基本动力之一。资源竞争理论起源于达尔文的社会进化学说，早期只被应用于生物学领域，是用来解释生物界关于族源争夺及其物种生存与衍化的一个范式，后来被引入社会领域的研究，对社会系统内资源竞争的关注形成不同的理论思想。[①]虽然该理论在解释社会问题时更多的是以现代社会作为研究蓝本，更注重现代因素，并且在个体的分析中参考了经济学的基本概念即经济人假设，但是这些并不妨碍我们用其中的思想去分析两周的问题。在社会学的研究中，必须遵循一定的规律，至少可以分成两类。一类叫作柔性的，比如文化价值的制约功能、风俗习惯的规定性等；另一类可以被称为刚性的，主要指资源、地理、气候因素在社会发展中所起的作用，包括积极的推动作用和消极的限定作用，这些因素不可更改，作用力更直接。每一个社会要取得发展，都必须依靠资源来作为基础，结合我们对西周历史的研究来分

---

① 关凯：《族群竞争与社会构建：反思西方资源竞争理论》，《民族研究》2012 年第 5 期。

析。西周社会的战略资源主要有几个方面，首先是铜矿，其次是玉石，最后还有食盐这种在当时来说不易得到的生活资源，本书对铜和玉石进行详细分析。

（一）铜资源的争夺

青铜器在西周时期主要是被作为礼器。从文献与考古资料可以得知，在商周社会成员中存在着严格的等级制度，其目的是为了贵族阶级对庶民的统治，对于贵族而言也是为了可以使政治、经济利益在其内部得以有秩序的分配。在宗族组织内部，等级制度与宗法制度相关联，成为维护宗子对族人进行统治的工具。此种等级制度是通过多种仪式化的行为规范体现出来的，在东周之后，贵族阶级将这种制度的行为规范称之为"礼"①。通过用青铜器礼器来进行礼仪性质的活动，被称作"器以藏礼"。在这种等级社会中，一部分青铜器被用于贵族间各种礼仪活动，为维护礼制服务，成为礼制的工具，所以才称为礼器。礼器的用途多用于祭祀这种重要的活动，对于王与诸侯之类的国家统治者，通过祭祀祖先以及其他神灵来作为维护政治统治权力的保障，各级贵族特别重视祭祀家族先人以庇护自己的家族。同时，在宗族的组织内部作为大小宗的各级族长也以主持祭祀作为强化宗子权力的手段，族人之间以参加祭礼作为和睦亲族情谊的方式。祭祀是沟通神人的重要方式，祭祀权是至关重要的，是各级统治者取得统治合法性的重要手段。中国的礼乐文化实际上是脱胎于早期的祭祀文化。青铜礼器中大部分属于祭器。礼器也被用于贵族间婚媾、宴飨、朝聘、会盟等活动，有的也专门用于铭功颂德，一般这类器的铭文数量都比较多，史学价值也相对大一些。青铜器即被作为礼制的象征，各级贵族在数量上、种类上都有较为严格的规定，这是身份的标志，标志着个人的地位。一些特殊的重器甚至成为政权的象征，传说中的九鼎就是国家政权的同义语。如果要消灭一个王朝和诸侯，必须"毁其宗庙，迁其重器"。这里所言之重器就是王室和宗庙中的青铜礼器，由此可见此

---

① 朱凤瀚：《中国古代青铜器》，南开大学出版社 1995 年版，第 24 页。

种礼器与宗庙同为国、族存立之象征。鼎能成为国家政权的象征是与早期人们的思维有关系，"铸鼎象物"和"百物而为之备"等是"物谓鬼神"思想观念的集中体现。"禹铸九鼎"就是通过神秘力量控制了天下部族的一种宗教行为，正是在这个意义上，鼎能作为政权的象征，被赋予了神圣的价值。鼎上的图案就是从古老的巫术产生出来对于邪恶之物的镇压与控制，只有获得如此能力的人，民众才乐意将天下之统治权交予他，从而获得统治权力。[1] 青铜礼器之中的器铭常常称为"彝器"，先秦典籍中也有称其为"彝器"。《说文解字》载："彝，宗庙常器也。"《左传·襄公十九年》载："且夫大伐小，取其所得以作彝器，铭其功烈，以示子孙。"杜预注曰："彝，长也，谓钟鼎为宗庙之常器。"[2] 从这里可以看出，彝器就是常设于宗庙中的祭器。从上面的材料可以看出，中国青铜时代的特点就是青铜器在社会政治生活中有巨大的影响，甚至超过了对于物质文化的作用。事实上，一方面，青铜被铸造为武器，与军队和战争密切相关；另一方面，青铜被铸造为礼器，成为维护等级制度的工具，进而作为政权的象征。在一定的意义上说，中国青铜时代的最大特征是"青铜便是政治权力的一部分"[3]。既然青铜器有如此重要的价值，当时的统治者就要想方设法控制铜资源来维持自己的统治，无论是来自现实的军事目的，还是政治目的，其价值都是难以估量。我们完全可以说，在青铜时代，铜资源就是国家的战略资源，具有不可替代、不可复制的地位。

在分析铜矿在中原和南方地区的分布，以及为什么去南方争夺铜资源之前，我们有必要分析一下青铜器冶炼的相关技术，只有这个问题清楚了，我们才能认识到铜矿的重要性。青铜器的制造要经历采矿、冶炼、运输、掺入合金、铸造器皿、修饰成型的漫长过程，需要大量的人力和物力才能办到，而且需要周密的协调和管控。根据自然科学的研究成果，对殷墟妇好墓 12 件青铜器和宝鸡

---

① 赵世超：《铸鼎象物说》，《社会科学战线》2004 年第 4 期。

② 杨伯峻：《春秋左传注》，中华书局 1981 年标点本，第 1047 页。

③ 张光直：《中国青铜时代》，生活·读书·新知三联书店 1999 年版，第 13 页。

弭国墓地 24 件青铜器做同位素分析，其中妇好墓中殷商时期铸造青铜器的部分原料可能来自湖北大冶铜绿山矿区。根据磁力的分布情况判断，这批矿石的来源并不单一，而是多点多矿。弭国墓地青铜器的铜矿在陕西和湖北均有分布。在商周时期冶炼铜的选矿问题上，迁都与选矿关系密切。商代都城由西向东迁移，追寻铜矿是主要因素。[①] 中国商周时期的青铜铸造中心在中原王都所在，这一点已经被考古所证实。

现代地质勘探资料表明，中国大陆的储铜点主要分布在长江中下游的湖北、湖南、江西、安徽及西南地区，在长江中下游有一条蕴藏丰富的铜矿带。按照国际标准计算，这些铜矿多是大型富矿。一般来说，储量在 50 万吨的就算大型铜矿，光江西德兴铜矿其矿石储量就达到 16 亿吨，含铜量 700 万吨以上，在世界上也是少见的。黄河流域的陕西、河南、山东铜矿点较少，铜矿资源缺乏。三代青铜业相当发达，其需要的铜料也是相当可观的。使用青铜器的王朝主要分布在黄河流域，而铜矿主要分布在长江流域，这种空间上的错位，就必须进行争夺才能得到铜资源，并导致了商周一系列战争的爆发。湖北盘龙城是一个非常典型的事例，在该城所出的商代铜器，绝大部分是二里岗文化上层，个别可以早到二里岗文化下层，目前一般认为这里是商人远离故土南下后遗留的遗存。除此之外，在南方关于商人的遗存只有岳阳铜鼓山。这两处地方均距离商人的中心地带太远，只能理解为是为了某种目而建立的军事据点，考虑到据此不足 100 千米—200 千米的地方就是当时的铜绿山矿区，设立这两个据点就是为了控制当时最主要的铜资源。[②] 所以商代就开始以族群为单位进行资源的争夺。

西周的夏是一个广义的概念，就是西周王朝的政治共同体，以这个共同体来对抗周边族群。在青铜器当中，有一些就明显有"俘

---

① 石璋如：《殷代的铸铜工艺》，《"中央研究院"历史语言研究所集刊》1955 年第 26 期。

② 俞伟超：《长江流域青铜文化发展背景的新思考》，载俞伟超《古史的考古学探索》，文物出版社 2002 年版，第 141 页。

金"的字眼，表明战争中将缴获的铜作为主要的战利品。这些铜也主要是从淮夷的领地取得的。西周早期的过伯簋铭文："過（過）白（伯）從王伐反（叛）荆，孚（俘）金，用乍（作）宗室寶障彝。"该器为昭王时期器，应该是过伯第一次随昭王南征的历史记载。员卣当中也涉及"俘金"的历史事实："員從史旗伐會（鄶），員先内（入）邑，員孚（俘）金，用乍（作）旅彝。"该器现藏日本东京藤井有鄰馆，也为昭王时期的器。1972 年出土与陕西眉县的旗鼎中有王姜赐田之事，与此史旗当为一人，王姜为昭王之后，那么史旗也为昭王时候的人。在该铭文中记载的会，位于今天河南密县，在公元前 769 年被郑所灭。[①] 所以这次战争发生在中原靠南地区，接近淮水。西周中期的中偯父鼎："唯王五月初吉丁亥，周白（伯）邊及中（仲）偯父伐南淮尸（夷），孚（俘）金，用乍（作）寶鼎，其萬年子子孫孫永寶用。"这个器也是典型的俘金证据。师寰鼎的铭文在本书前面已经录过，时代为宣王时期的器，其中也有"俘吉金"的字眼，宣王为中兴之君，在打败南淮夷之后所获甚多，铜当然为其中重要的一项。

蔡侯鼎铭文："絲侯隻（獲）巢，孚（俘）氒（厥）金、冑，用乍（作）旅鼎。这个器是属于西周早期，关于巢国的地望问题，有学者指出在今安徽巢湖一带似乎有些太过于偏南的，但是作为俘金的史实还是可信的。翏生盨："王征南淮尸（夷），伐角、津，伐桐、遹，翏生從，執訊折首，孚（俘）戎器、孚（俘）金，用乍（作）旅盨，用對剌（烈），翏生眔大媪（妘），其百男、百女、千孫，其邁（萬）年眉壽永寶用。"其一共三器同铭，分别藏于上海、旅顺和镇江三地博物馆，记述翏生跟随夷王讨伐南淮夷，获胜之后俘获器和铜，在这里的器就是青铜器。

曾伯霖簠铭文：

佳（唯）王九月初吉庚午，曾白（伯）霖悊（慎）聖元

---

① 马承源：《商周青铜器铭文选》（三），文物出版社 1988 年版，第 78 页。

武，元武孔耆，克狄吉金黄鑪（鋁），余用自乍（作）遵
（旅）臣，呂（以）征呂（以）行，用盛稻粱，用毒（孝）用
亯（享）于我皇文考，天賜（賜）之福，曾霖叚（遐）不黃耇
邁（萬）年，眉壽無彊（疆），子子孫孫永寶用之亯（享）。

（《集成》9.4631）

该器为传世器，现在仅存器盖，现存于中国国家博物馆。该器
中"克狄"，就是因为需要用晋南所产食盐去交换南方的铜与锡，
但是道路被淮夷控制，贸易无法正常进行，就发生了繁汤之役。郭
沫若认为该繁汤与晋姜鼎所指为一地，这种说法在年代上恐怕难以
对应，因为根据目前研究的成果，曾伯霖簠的年代应当在春秋早期
偏晚甚至于更晚①，在时间上晚于晋姜鼎和荣生钟。李学勤研究表
明晋姜鼎和戎生钟当为同期铸造，时间为晋昭侯六年（前740）。

春秋之世有二曾，一在山东，一在湖北，其中湖北之曾国为姬
姓诸侯，如今该曾国之器在随州广泛发现。②在鄂侯驭方叛乱之后，
周师灭其国，于是在其故地分封同姓的曾国，就是要控制铜的交通
畅通。《诗经·泮水》："既克淮夷，来献其琛，元龟、象齿，大赂
南金。"这里的南金就是指南方出的铜。除了俘金还有献金，在春
秋时期著名的屦敖簋，反映了北方戎人慑于华夏族群的威力，终于
献出百车金。我们知道，春秋初期在管仲的辅佐下，齐桓公救邢、
救卫、为邢人筑夷仪城以封之，并且为卫国维系马种。正是这样的
华夏同盟齐心协力使得戎人屈服而献金，该器的主人公是一个办外
交的使臣，代表联军收下了戎人的献礼。该器制作较为粗糙，并且
出现"而"这样的连词，证明时代为春秋之世。经过战争之后，戎
人献金与以齐国为首的联军，说明华夏族群团结起来之后，初步对
戎人取得胜利，并且获得战略性资源铜。

（二）玉石资源的争夺

玉石在先秦时期也被认为是重要的资源，由于色泽质地相对于

---

① 张昌平：《曾国青铜器研究》，文物出版社2009年版，第95—96页。
② 同上书，第38—60页。

其他石头的特殊性，也被赋予特殊的意义。玉器被作为神灵的食品，在上古时期，物皆有精是一种普遍的思想，在《左传·昭公七年》载子产说"其取精也多矣""用物精多则魂魄强，是以有精爽，至于神明"。古人认为所食之物的精是能为人所吸收的，因此有神灵食玉思想的产生。而君子佩玉"御不祥"，可以归于该范畴，人死亡之后，鬼神会伤害人体，一旦有玉的精气护身，鬼神就不会伤害人体，因此，人死之后，也会用珠玉陪葬驱散鬼神。所以珠玉裹身的习俗是人们坚信玉的神秘力量能给人战胜鬼魅邪恶的勇气。① 等到巫术在周代衰落后，礼乐文明逐渐取代巫术文化，其蕴含的审美功能得到明显提升。《诗经·竹竿》："巧笑之瑳，佩玉之傩"，傩的本义为"逐疫除不祥"，这是与巫术密切相关的。

《诗经》中包含着大量周人爱玉、佩玉、馈赠美玉的材料，这时人们对于玉石的审美情趣占据主导地位，贵族佩玉成为时尚。《诗经·终南》："君子至止，黻衣绣裳。佩玉将将，寿考不忘。"君子所佩之玉互相撞击，发出铿锵悦耳的声音，可以护佑人们长寿。《诗经·有女同车》："有女同行，颜如舜英，将翔将翔，佩玉将将。"这是形容女人佩玉之后的风貌，像木槿花一样鲜艳，佩玉之后仿佛要翩翩起舞了。玉石确实给周人的社会生活带来了无限情趣，但是就跟铜矿一样，中原缺少玉矿，这样才会有人们对美玉愿意用城池来交换，可谓价值连城。蔺相如完璧归赵的故事大家都比较熟悉，《左传》中有大量的玉璧馈赠、转让、争夺的故事，战国时期往往有用城池换取美玉的故事。这只能说明一个道理，就是中原玉矿奇缺，在稀缺的情况下，人们才会如此定价。另外，也说明了周人审美趋势，以及玉文化在社会生活中影响之深。

根据地质学的相关资料，我国玉矿主要分布在新疆南部昆仑山脉，海拔4000—5000米处。此外，辽宁岫岩、宽甸一带，还有俄罗斯贝加尔湖附近的萨彦岭也产玉，但质地和数量都不能与昆仑玉

---

① 臧振：《玉器与周人的社会生活》，载宋镇豪主编《西周文明论集》，朝华出版社2004年版。

相提并论。从地矿学的知识来讲，玉是特指"透闪石—阳起石之具
有交织纤维显微结构的变种"。如今的玉石鉴定，除了用光谱研究
其矿物成分之外，还需要用电子显微镜看其中是否含有纤维状结
构。有专家根据现代的玉石标准对古玉进行鉴定，500 件中 371 件
为真玉，120 件为假玉，9 件为半玉。① 根据鉴定，河姆渡第四期石
斧到马家浜文化穿孔斧再到崧泽文化器具，没有一件是用玉制作
的。在仰韶、大汶口早期与红山文化也没有真玉。到了新石器中晚
期后，中原文化出现了大范围的交流，才普遍出现了用玉制作的礼
器和装饰品，而中原建立了部落联盟之后，良渚人终止了玉石作
业，这说明玉石的交通道路被阻断了，也反映了当地没有玉矿的事
实。玉器在周人社会生活中占据着重要地位，中原统治者不遗余力
地搜求玉料，穆王西巡恐怕不是仅仅为了去会西王母，其真正的目
的便是去找寻蕴藏着价值连城美玉的昆仑山。所以穆王西巡的真伪
问题，需要重新审视，《穆天子传》的文本也需要另外对待，这是
西周以政治体为单位攫取玉资源的历史遗存，可惜由于其中掺入了
一些不可信的内容，引起学者诟病，其中事件最初的记忆应该是真
实的。有学者认为周穆王的西征是穆王实录性质的记载，是华夏族
群交往西部族群的历史见证，可备一说。②

　　资源的分配在一个社会中是按照层级进行的，上层社会可能占
有更多的资源，下层则占有较少，但是往往重要的资源在进行这种
垂直的分配之前，可能要进行族群之间的争夺，这是一个非常重要
的历史现象。在资源争夺的过程中，族群会更加凝聚，这是一个互
动的现象。不仅在古代社会，在现代社会生活中，也有一定的借鉴
意义。

二　春秋战国时期生存空间争夺

　　中华族群面临的地理与自然环境是我们进行历史研究时不可忽

---

① 闻广：《中国古玉地质考古学研究的新进展》，《故宫学术季刊》1993 年秋。
② 王天海：《周穆王凿空西域三千年祭》，《贵州大学学报》（社会科学版）2008
年第 4 期。

略的因素，中华大地是一个相对封闭的地理单元，四周在地理上有天然的屏障。由西向东有三个阶梯，分别为青藏高原，海拔4000米以上，为第一阶梯；其以北以东分别是蒙古高原、黄土高原、云贵高原即塔里木盆地、四川盆地等浩瀚高原与巨大盆地相间，平均海拔在2000—1000米以下，为第二阶梯；包括大兴安岭、中经太行山、南至巫山一线以东及云贵高原东缘以东地区，平均海拔低于500米，多为丘陵；东北平原、华北平原、江淮平原等大平原是第三阶梯中最低平的地带，尤其是滨海地带。西北高东南低的地势加之东亚的季风性气候使得降水也呈现自东南向西北过渡的特征。从生产作业的形态看，可以划分为南北三个发展带和东西两大部。秦岭—淮河以南是水田农耕农业；秦岭—淮河以北到长城以内为旱地农业发展带；长城以外是游牧狩猎发展带。在气候变迁的背景下，这个划分的界限会变动。从东西方向看来，以天水为中心，北至大兴安岭北端以西，南至云南腾冲，把中国划分为东西两大部，东南部湿润适合农耕，西北部干旱适合游牧和小块农业区。这里是面对亚洲大陆腹地的中介，是族群冲突的重要舞台。①

春秋时期是一个生存空间争夺的过程，由于气候的变化，这时华夏的政治联合体解体，不能组织有效地对异族的抵抗，所以异族纷纷内迁，来建立新的生存空间，于是就发生战争。有的学者针对气候变迁对于中国历史上战争关系进行梳理，认为中国属于典型的季风气候，会表现出温暖与湿润同期，寒冷与干旱同期，也就是水热同期，一旦气候变冷就意味着植被带向南移动和北方族群生存环境的恶化。这对于西北方向从事以游牧狩猎为主要生活方式的人们而言，是一个非常严重的问题，气候的急剧变化必然影响族群的生存，一个部族的移动会导致另一批部族移动，如同多米诺骨牌效应，产生巨大的动荡。

根据竺可桢先生的研究，发生在两周时期的低温情况是在公元前1000年，而中国历史上第一个寒冷期出现在公元前1000年到公

---

① 费孝通：《中华民族多元一体格局》，中央民族大学出版社1999年版，第227页。

元前 850 年，这就是西周冷期。周夷王时期，气候变冷，据《古本竹书纪年》记载，公元前 903 年和公元前 897 年汉水流域曾两次结冰，"孝王七年冬，大雨雹，牛马死，江、汉具冻"，还有"（夷王）七年冬，雨雹，大如砺"①。这说明这一时期天气寒冷，造成西北部族的南下，族群冲突开始紧张。有学者将这个时候发生的战争与气候进行对比研究，除了灭商的政治战争以外，其余都是为了和西北族群争夺生存空间而进行的。在厉王、宣王、幽王一百年左右的时间里，气候寒冷干燥，在激烈的族群冲突下，西周灭亡。②根据竺可桢先生的研究，西周的严寒延续了大概一个多世纪，到了春秋时期，气候又出现了转暖的迹象。根据《左传》记载，在冬季时，鲁国冰房得不到冰，这说明天气不是太冷。古人在冬天藏冰，到了夏天用于保鲜和制冷，尤其是夏季用来保存尸体，除了实用的功能之外，还有巫术的意义，就是在冬季藏冰有抑制阴气，辅助阳气，抑金扶木，迎接春天的到来。③ 正是因藏冰行为而记录下来了春秋的气候资料，《春秋》里记载在桓公十四年（前 698）、成公元年（前 590）和襄公二十八年（前 545），都没有冰，这说明温度高，天气比较暖和。④ 春秋时期的族群冲突恐怕不是直接来自于气候变迁的压力，而是西周灭亡导致的势力真空，西北大量族群内迁进入关中地区和中原地区。这可以看成是气候因素的后续效应，直接的原因则是来自政治因素。

大致说来，商周之际气候开始变冷，商代的气候比现在暖和，在公元前 1400—前 1100 年间商朝都城殷墟遗址中，考古学家发掘出一件青铜容器，里面盛满了已炭化的梅核。⑤ 自从盘庚迁殷，商

---

① 方诗铭、王修龄：《古本竹书纪年辑证》，上海古籍出版社 2005 年版，第 253—254 页。

② 王俊荆、叶玮、朱丽东、李凤全、田志美：《气候变迁与中国战争史之间的关系综述》，《浙江师范大学学报》（自然科学版）2008 年第 2 期。

③ 赵世超：《藏冰新解》，载南开大学历史系先秦史研究室编《纪念王玉哲先生八十寿辰纪念文集》，南开大学出版社 1994 年版。

④ 竺可桢：《中国近五千年气候变迁的初步研究》，《考古学报》1972 年第 1 期。

⑤ 佟屏亚：《梅史漫话》，《农业考古》1983 年第 2 期。

人定都于安阳，到商纣灭亡 270 余年，时间跨度为公元前 14—前 11 世纪，这一时期正好是中国全新世大暖期的终止前夕。安阳的甲骨为我们进行气候研究提供了思路，出土大量动物骨头中獐和竹鼠目前只分布在长江流域，大型动物中大象和犀牛也在中原出现。据陈梦家先生的统计，在猎获 100 头以上的动物中就有兕，兕即为犀牛。① 这说明当时在商都附近的田猎区和邻近地区经常有犀牛在活动。当时在中原地区有大量的大象，卜辞中也有猎象的记载，且数目庞大。在传世的青铜器上有大量象的图案，到了西周中期之后就逐渐被淘汰了。② 这些情况均说明当时气候是比较温暖的。西周时期温度降低，这些动物开始南迁。全新世大暖期的冬季温度较高，中国东部大部分地区平均升温 4—5 度，而冬季平均升温仅 1 度，从降水来看，全新世大暖期时亚洲广大范围内干旱、半干旱地带降水显著增加，大暖期时冬季的蒙古高压势力明显减弱，夏季风增强并且影响范围扩大。③ 上面已经说过，商末到西周是一个冷期，到了春秋时期则是一个温暖期，有学者通过物候学的比较研究，以洛阳作为观测点，利用《礼记·月令》篇中的物候现象证明黄河流域的温度比现在高。④ 在《诗经·陈风》："墓门有梅，有鸮萃止。"《诗经·曹风》："鸤鸠在桑，其子在梅。"这两国就在今山东西部和河南东部及安徽北部。再结合《诗经·秦风》中"终南何有？有条有梅"，我们可以得出当时梅树的北界到达山东菏泽一带，秦岭北麓也有梅树。商代气候温暖，降水充沛，西周经历一个寒冷期，春秋时期天气又转暖，这是基本的趋势。

关于战国时期气候变化情况，以往的研究认为，战国至西汉时

---

① 陈梦家：《殷墟卜辞综述》，科学出版社 1956 年版，第 556 页。
② 王宇信、杨宝成：《殷墟象坑和殷人服象的再探讨》，载胡厚宣等《甲骨探史录》，生活·读书·新知三联书店 1982 年版，第 467—489 页。
③ 沈才明、唐领余：《江苏北部全新世植被与气候》，载施雅风主编《中国全新世大暖期气候与环境》，海洋出版社 1992 年版，第 33—39 页。
④ 满志敏：《中国历史时期气候变化研究》，山东教育出版社 2009 年版，第 138—139 页。

期是温暖气候时期①，但是现代的资料表明战国末期至西汉末的这段时间里，黄河中下游气候比现在寒冷，也就是进入战国时期，气候有变冷的趋势。重要证据是黄河中下游的冬小麦收获期比春秋时期推迟，根据《管子·轻重乙》："令使九月种麦，日至日获，则时雨未下，而利农事矣。"《管子·轻重己》："以春日至始，数九十二日，谓之夏至，而麦熟，天子祀于大宗。"② 这说明当时小麦的收获日在夏至。《淮南子·天文训》："阴生于午，故五月为小邪，荞麦亭历枯，冬生草木必死。"③ "午"是北斗所指的方位，斗柄指向午，则时间必为夏至。这些资料证明战国之西汉初期我国黄河中下游的小麦收获期在夏至左右，就是公历 6 月 22 日前后，对应的夏历就是五月。据《左传》记载，隐公三年（前720）四月，郑国"取温之麦"；哀公十七年（前478）六月，楚国"取陈麦"④。《礼记·月令》："孟夏之月，……靡草死，麦秋至。"⑤ 孟夏即为四月。根据学者们研究的成果，《礼记》反映的是公元前 600 年左右的天文现象。这可以认定黄河中下游地区在春秋时期的小麦成熟期是夏历四月，在战国到西汉初期则是夏历五月，因此，根据这一点可以证明战国时期温度较春秋时期大幅下降，才导致了小麦收获期的延迟。

　　综上所述，在距今 3000 年到 2000 年之间，温度呈现出两低一高的态势，西周和战国时期都出现较低温度，其中战国时期却要比西周时期高些，而春秋时期则是较高温度的一个阶段。关于这一历史时期气温和降水，黄春长吸收了竺可桢关于温度的资料，同时参考了王邨的资料，得出了比较全面精确的结论。⑥

---

　　① 这主要指竺可桢在《考古学报》1972 年第 1 期上发表的《中国近五千来气候变迁的初步研究》。

　　② 黎翔凤：《管子校注》，中华书局 2004 年标点本，第 1533 页。

　　③ 何宁：《淮南子集释》，中华书局 1998 年标点本，第 218 页。

　　④ 据杨宽先生的研究，《左传》是采各诸侯国史料编纂而成，楚国当用周历，由于岁首不同，六月即夏历四月。

　　⑤ （清）孙希旦：《礼记集解》，中华书局 1989 年标点本，第 455 页。

　　⑥ 黄春长：《环境变迁》，科学出版社 1998 年版，第 147 页。

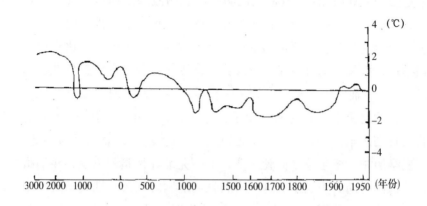

图6 近四千年中国温度变化曲线①

从图6可以看出，公元前1000年左右，出现了极端低温和干旱，这可能导致了族群的迅速迁徙。极端的气候使草原牧区受到巨大影响，草原部族会南下寻找生存空间，必然加剧不同族群间的冲突。在历史上，周王朝不断与西北地区族群进行的斗争就是这一背景的产物。在第二章中我们已经叙述了周王朝与西北族群的斗争，现在换个视角就会发现，极端寒冷的气候是这种冲突内在的动力。从图6可以看出，在距今3500年左右，北方地区整体向冷干方向发展，内蒙古鄂尔多斯地区的生态环境逐渐向草原环境发展，朱开沟文化经历了由农业向半农半牧发展，其中一支族群南下到达今天晋陕北岸的黄河两岸，形成商代后期的李家崖文化。② 有学者研究认为，从公元前1500年开始，由于气候的干冷化，以朱开沟文化为代表的古文化人群开始南迁。③ 夏代晚期，因为气候的干冷化使得太行山的生存环境相对恶化，给商人带来了生存压力，迫使商人南迁。④ 从另外一个角度理解的话，就是位于晋西南和豫西北的夏

① 黄春长：《环境变迁》，科学出版社1998年版，第147页。
② 田广金：《论内蒙古中南部史前考古》，《考古学报》1997年第2期。
③ 韩茂莉：《中国北方农牧交错带的形成与气候变迁》，《考古》2005年第10期。
④ 张渭莲：《气候变迁与商人南下》，《中原文物》2006年第1期。

农业衰落，支撑社会发展的经济基础发生了严重的问题，终于发生了夏商之间的政权更迭。在距今 3500 年气温急剧下降的阶段造成在公元前 1000 年前后的寒冷期。这个基本上可以称为一个"V"形反转，特征是气温急速下降和快速上升，但寒冷期延续的时间并不太长，西周正处于这一段落。商代后期天气的变化，使得周人逐步南下。古公亶父为了应对环境恶化，向南迁徙，到达岐地。① 我们更倾向于认为周人迁徙是一个分阶段的过程，总体趋势由北而南，最终到达岐山地区。在这一阶段的后期，也就是西周中后期，气候的干冷使得我国北方、西北方向的族群向东南移动，猃狁、犬戎纷纷侵入中原，"侵镐及方，至于泾阳"，对西周造成极大威胁。蒙文通指出，西周末年华夏迁徙之原因"殆源于旱灾，实以气候之突变"②。王钟翰认为，突变性的气候变化是造成北方和西北游牧民族内迁的客观原因。③ 同时，西周当时并非密集的人口分布、据点之间有许多空地，客观上也成为造成这种结论的条件。

"天道多在西北"是中国古代人们认知世界一个独特的视角，其核心的历史记忆是来自于西北地区往往会成为重大历史事件的发生地，在古人的观念中有将其神话的趋势。实际上，因为西北面对着广袤的欧亚大陆腹地，一旦气候变化，来自该地区族群冲击力会传导而来，深刻地影响中国历史的走向。《左传·襄公二十八年》载："天道多在西北，南师不利，必无功。"最初的解释是西北方的部族往往战胜东南方的，仿佛是神在帮助。后来一些学者将其与西北的山岳崇拜联系在一起，主要依据《山海经》的资料，在解说该问题上可以作为一个视角，但是问题的核心是人，并非完全是山川地势在起作用。我们认为最初的历史记忆可能影响和强化了西北的山岳崇拜，在阴阳五行学说中，西北就被列为最重要的位置。在八卦序列中为乾卦之所在，象征着天。司马迁在《史记·封禅书》

---

① 王晖、黄春长：《商末黄河中游气候环境的变化与社会变迁》，《史学月刊》2002 年第 1 期。

② 蒙文通：《蒙文通文集》（第二卷），巴蜀书社 1993 年版，第 49 页。

③ 王钟翰：《中国民族史》，武汉大学出版社 2011 年版，第 142 页。

中讲"雍州积高，神明之陕，故立畤郊上帝，诸神祠皆聚云"，表明西北地区的历史渊源和积淀已经成为足以影响历史的传统。

本书主要涉及两周时期气候变迁对族群关系的影响，在这之后的中国历史时期，这一因素依然深刻地影响着中国历史。气候寒冷的时候，北方游牧族群就会南下，加剧族群和文化冲突。西汉一朝，气候逐渐回暖，出现了中国历史上"文景之治"的盛世。但是从东汉后期开始到了又一个寒冷期，时间较长，直到公元500年左右才恢复到西汉的水平。这时期的中国北方是五胡乱华，北方分裂了三百多年，一直到隋朝统一。隋唐时期正是一个相对的暖期，造就了中国古代的隋唐盛世。唐代后期，气候又开始变冷，到了宋朝时期出现极低温度，宋朝面临诸多少数民族政权的压力，最后亡于元。之后气候一直在低温区运行，直到1900年前后才恢复到唐代后期的水平，就中国历史而言，在唐宋时期发生转折的原因恐怕至今还没有人进行过全面梳理。蒙元入主中原，建立统一的政权，对于历史传统的隔断影响是深远的，"崖山之后再无中国"的说法在一定意义上就是对这一事件的概括。在气候上恰恰就是长期的低温，只是在明代后期有短暂的上升，然后迅速下降，这一节点就是清军入关的时间。在这一变化过程中，始终伴随着农业文明与游牧文明的冲突，自宋代之后，游牧文化占了上风，影响也逐渐增大。气候变迁包含着族群冲突的秘密，也包含着解读中国历史文化的密码。

三 气候环境对游牧族群形成的作用

（一）气候变迁对于专业游牧化的影响

战国时期相对于春秋时期而言是一个相对寒冷的时期，这一时期的寒冷程度较西周那一次冰期则相对温暖，气温的下降和上升可以概括为一个"U"形反转。气温的下降和上升均经历了一个相对较长的过程，从时间上来看，从春秋后期一直延续到西汉，我们关注的是战国一阶段。关于专业游牧族群是如何形成的，在学术界看来有许多争论，但是大家都承认气候的干冷化是一个非常重要的影响因素。由于气候变化确实起了重大的作用，有些学者特别强调气候的因素在专业化游牧的作用，忽视了族群迁徙和文化的影响，将人群视为几乎不变的因素，只承认气候的变迁导致马术和畜牧技术的进步，从而形成专业的游牧经济，将专业化游牧的时间定在公元前 8 世纪。以朱开沟—鄂尔多斯地区作为主要的研究对象，指出在整个欧亚草原畜牧文化形成的同步性。[①] 这是不符合历史事实的，毕竟族群的迁徙和中原地区的族群融合背景被忽视了，也没有重视人的因素。

在欧亚大陆游牧经济形成的过程中，不同学者对其中的内在机制的解释是有差异的。专业化游牧的出现在中国历史上是一件大事情，为了准确地把握这一历史进程，我们有必要按地区分开来论述。我们可以分为三个地区，即东北地区、蒙古地区和西北地区，因为这三个地区在自然地理和气候条件上有所差异，必然导致兴起方式和影响因素的差异。

东北地区的游牧类型可以被称为满洲森林草原型，因为这一地区靠近大海，由于中国大陆季风性气候的影响，降水相对比较丰沛。这一地区大致的地理范围包括北起西辽河北岸，南到燕山、京津、唐山一带，西起大兴安岭南麓，主要包括西辽河、大小凌河、燕山山地，东至大海。经过学者研究，在公元前 2100—前 1500 年左右，大小凌河流域夏家店下层文化与老哈河流域地区人群相同，基本上是混合经济生活，农业、畜牧业都是重要的经济手段。到了西周春秋时期，老哈河流域人群以农业为主的混合经济有衰退的趋势，夏家店上层文化与下层文化出现区别，在上层文化中农业变得较为粗放，松土工具消失，显示在农业上支出的人力减少，人们的移动性开始增强，畜产与随身装饰品较多。总体而言，在新石器时代晚期到商初，老哈河与大小凌河流域的人群，基本上是以农业与畜牧狩猎为主要生产方式，以定居生活为主。在老哈河和大小凌河

---

① 韩茂莉：《论中国北方畜牧业产生与环境互动关系》，《地理研究》2003 年第 1 期。

之间，考古学上人类活动类有减少的迹象一直延续到西周中期，随后出现夏家店上层文化的居民。这时人们对动物性资源的依赖提高了，畜产中的草食性动物越来越重要，房屋结构与居住面也较下层时期简陋，墓葬中武器与护具开始出现，这些都显示出畜养草食动物与定居、农业的矛盾。夏家店上层与下层文化的缺环，或者说这一地区商到西周前期的考古缺环，一些学者已经做了解释，认为正是公元前 1000 年左右的低温期，使得农业发达的居民逐步南迁，接踵而至的是农业发展水平较低的北方居民，并且这一趋势时缓时急地保持了两千多年。① 这种研究结论是粗疏的，王明珂认为气候变迁导致环境的干冷化，资源争夺就更加激烈，毕竟社会的总体产出下降了，人类活动逐步减少，防御性聚落出现是为了保护共同资源。在他的另一篇论文中，对于同一时期的鄂尔多斯地区的分析也显示了相同的性质，即资源竞争和防御性建筑的出现。② 鄂尔多斯地区在公元前 2000 年之后人类活动减少，朱开沟也在公元前 1500 年左右被人类停止使用。在西部的河湟地区，没有明显的人类活动中断的迹象，但是在公元前 1700 年左右，以农业、畜牧业为主的齐家文化被缺乏居住遗存的辛店、卡约文化生态取代。在辽西这一地区，以农业为主的夏家店下层文化对于干冷化环境变迁的抵抗力比较强，原因之一在于该地区的降水相对较多，使得环境承载的产能不至于过分减少，但是到了商末周初极端寒冷气候到来的时候，也出现了生态崩溃的迹象。这样一来，游牧族群就会去争夺南方比较良好的农牧之地。另一方面，游牧族群则是对已有环境资源的进一步调整利用。

在老哈河流域，西周春秋时期，当地的农业衰退，不适于长期定居，人们投入更多的人力到畜牧和掠夺上，夏家店上层文化还有一些农作物，如粟、稷，而牛与羊成为生计中最为重要的动物。我

---

① 刘观民：《西拉木伦河流域不同系统的考古学文化分布区域的变迁》，载苏秉琦主编《考古学文化论集》（一），文物出版社 1987 年版，第 56 页。

② 王明珂：《鄂尔多斯及其邻近地区专业化游牧业的起源》，《"中央研究院"历史语言研究所集刊》1994 年第 65 本。

们不能简单认为农业水平的降低就是北方族群南下的结果，更应当估计到人类对自然的适应能力。[①] 春秋时期，华夏族群的认同意识显著增强，对于夷狄就会采取吞并或者驱逐的策略，当北方族群的压力形成一种整体性力量的时候，就会建筑长城来保护南方资源和发展成果。春秋时期，山戎伐燕国，而战国时期燕将秦开大败胡人，取得胜利。在游牧化的过程中，驯马技术有着十分重要的作用，这和"武装化"与"迁移"联系在一起，这些只有完全驯化了马之后才能做到。

　　总体看来，公元前1000年左右气候的干冷化，是促进辽西社会转型的重要因素。资源的日趋减少，使得这一地区逐渐开始武装化的趋势，而迁徙性和依赖食草动物作为主要食物来源也同时出现。从西周到春秋战国时期，周人在这一地区的影响力使得两种文化相互激荡，南方族群华夏意识的强化，也成为促使专业化游牧逐渐形成的重要因素，不过这一地区并未出现统一强大的权力中心，而是分散为不同的游牧部落，各自为战。在另外一些学者的研究中，还特别强调了专业游牧化出现的经济和政治因素，指出流动性是北方族群对抗南方权的有效策略和政治抵抗手段。这种说法具有一定的合理性。[②] 历史事件有相当的复杂性，而一个历史进程的出现往往是多种因素的合力。

　　中部草原是以鄂尔多斯及其邻近地区为典型，而这一地区是典型草原游牧的研究样本，专业化游牧方式在此地区具有典型意义。因为该区域的专业化游牧方式，我们有必要对这一术语做些阐释。专业化游牧经济指的是一种非常依赖动物的生产方式，并且以移动来追寻水草资源的生活方式。新石器时代晚期鄂尔多斯及其邻近地区的人类是生活在农业与畜牧狩猎兼营的混合经济中，到了商周时期，这些地区的人类活动有明显的衰退，到了战国时期，鄂尔多斯

---

　　① 王明珂：《辽西地区专化游牧业的起源》，《"中央研究院"历史语言研究所集刊》1996年第67本。

　　② ［以色列］吉迪：《公元前1000年以来中国东北地区牧业生活方式的兴起》，张玲、余静译，滕铭予校，《边疆考古研究》2005年第3辑。

及其邻近地区人类已经过着游牧生活。从全球气象的整体来看，公元前2000年到公元前1000年是一个逐步干旱的时期，在公元前1000年前后，这一带的森林草原逐渐消失，干旱和半干旱的气候开始形成。众多证据表明，朱开沟和阿拉善遗存均显示在混合农业遗址放弃前，曾经有农业衰退和畜牧业增长，以及人群间冲突扩张的现象。在混合经济中，当一方衰落时，人们对另一方的依赖就会加剧，农业与畜牧经济就是这样一个此消彼长的过程。这种变化对于南方的影响不是很大，但是在农业发展的边缘区域，影响则是十分显著的。400毫米等降水量线一般是农牧业的分界线，在这一时期，这一条分界线一定是向南移动了。专业游牧化与气候干冷化在世界其他地方也有同样的例子，气象因素被用来解释西奈半岛Negev地区古人群由狩猎采集转变为游牧的原因之一。[1]

在分析专业游牧化时，马、牛、羊的驯养情况非常重要。鄂尔多斯及其邻近地区在新石器晚期就发展出了混合经济，进而奠定了游牧化的基础。早期的遗址多有猪、牛、羊、狗的遗骨，到了西周至春秋时期的夏家店上层文化时，从夏家店、宁城南山根、赤峰蜘蛛山、敖汉旗周家地的动物遗存和出土器物的动物形象来看，除了猪、狗、牛、羊外，重要的是出现了驯养的马。[2]根据学者的研究，夏家店下层文化的年代为公元前2100年至前1500年[3]，上层文化的年代为公元前1000年到前300年，前面为夏代，后面相当于西周，而商代时期是一个缺环。在公元前2000年之后，鄂尔多斯及其邻近地区的混合经济聚落逐渐衰退，在公元前1400年前后，在陕北、晋西北等地仍然是以农牧为主的混合经济，通过车马器的考古发现可以判断，李家崖文化中已经有了驯化的马，但是由于其遗址中仍有猪遗骨的存在，该地区未产生专业游牧化。关于驯化马的

---

① Rosen. A. Steven, "Notes on the Origins of Pastoral Nomadism: A Case Study from the Negev and Sinai", *Current Anthropology*, 29, 1988.

② 崔璇：《内蒙古先秦时期畜牧遗存述论》，《内蒙古社会科学》1988年第1期。

③ 李伯谦：《论夏家店下层文化》，载北京大学考古系编《纪念北京大学考古专业三十周年论文集》，文物出版社1990年版，第165页。

起源问题，学界已经进行了诸多研究，驯化马至少在公元前4000—前3500年就已经出现在南俄草原，在中国比较可靠的考古学证据所显示的年代在公元前1300年前后，时间上支持从西北方传入的观点。殷墟已经发现马具和马车，目前在长城以北的中国北方地区的最早马具约出现于西周晚期，最早阶段的马具能够发现来自北方的因素，到了春秋时期，中国长城以北的北方地区马具仍然接近西伯利亚马具的风格。[①] 就目前的资料来看，已知最早的游牧人群是公元前1000年在东欧及中亚的一些部落，在公元前8世纪入侵南俄草原的斯基泰人以游牧而著称，在新疆阿尔泰地区公元前6世纪已经出现了从事游牧经济的人群。根据地理因素和青铜器纹饰，我们可以推测在公元前6世纪鄂尔多斯及其邻近地区专业化的产生。

以上关于鄂尔多斯及其邻近地区游牧化的问题，我们主要谈及气候变迁的因素、家畜的驯养、外来文化的传入等。气候的干冷化是最基本因素。家畜的驯养是该地区不适合农业之后，加之资源竞争激烈，人们对自然的一种合理反应。外来文化的传入会加速这一进程，技术可向外学习，使得游牧化的进程加速了。在这些因素的共同作用下，该地区的专业化游牧出现在春秋晚期到战国初期，这时在商周青铜器分布的长城地带发生了一系列的社会、政治和族群的变迁。

草原的游牧方式不是一种自给自足的经济方式。在西亚专业游牧化的研究中，学者都会强调，以都市化的手工业、专业化的手工业等因素作为背景，这才能使一部分人从事游牧。[②] 中国北方专业游牧化的形成与北方地区混合经济的人群存在密切相关，到了战国末期，鄂尔多斯之南、长城以北的混合族群逐渐消失，在长城外的楼烦、林胡等部落就从华夏的北部掳掠所需财物。后来这些族群被新兴的军事政治集团匈奴所吞并，战国时期各国所筑的长城在秦代

---

① 翟德芳:《北方地区出土之马衔与马镳略论》,《内蒙古文物考古》1984年第3期。

② Ronsen A. Steven, "Notes on the Origins of Pastoral Nomadism: A Case Study from the Negev and Sinai", *Current Anthropogy*, 29, 1988.

被连在一起并且加强，使得农牧的交流无法产生，导致了匈奴对中国的机动性劫掠。北方的统一在某种意义上是为了生存的需要，也是南方华夏统一的外部因素之一。

除了上面我们讨论的内容之外，还有一种游牧社会就是河湟的羌人部落。羌这个字由羊与人组成，早在商代，西方族群便被称为羌人，在甲骨卜辞当中记载着其大量被用作祭祀的牺牲品，地位是十分低下的。在商人的观念中应该是"养羊很多的异族"。汉代许慎《说文解字》中释羌为"西方牧羊人也"，这个接近商人的概念。在公元前 2000 年到前 1000 年前后一段时期，西北地区开始了向以畜牧业为基础的游牧生活的转变，虽然还保持着混合经济形式，但是畜牧业已经占据重要地位，并最后朝着向全面畜牧生活演变。甘肃、青海一带的卡约、寺洼、辛店和陕甘地区的刘家文化，学术界基本认为这就是羌族文化。在新石器时期这里曾有发达的农业，其与中原地区文明因素的诞生是同步的。① 遗址面积达到 110 万平方米的大地湾文化是黄河上游早期文化的代表，为研究这一地区农业发展提供了珍贵的资料。在该遗址灰坑中找到了人工种植的已经炭化了的黍和油菜籽，说明当时的农业生产是比较发达的。到了齐家文化后期，甘青地区的经济状况发生了巨大变化，畜牧经济开始占据主导地位，农业生产仅限于河流谷地一带，农业生产体系实际上解体了。这时植被也从森林过渡到草原，陪葬中羊骨逐渐代替了猪骨。在公元前 2000 年到公元前 1000 年全球气候的干冷化时期，原始农业受到打击，资源分配不均也开始出现，一些下层民众开始利用高地草原资源进行放牧来摆脱政权的约束，并迁徙到较高区域而依靠马、牛、羊生活，所以在这一地区没有形成统一的政权。

约在公元前 1700 年到公元前 600 年，辛店文化与卡约文化取代了齐家文化，在卡约文化晚期，河湟地区的人们几乎完全脱离了农业生产。辛店文化分布在今甘肃西部和青海东部，甘肃永靖张家

---

① 王晖：《古史传说时代新探》，科学出版社 2009 年版，第 44 页。

嘴与姬家川辛店文化遗址出土的动物遗骨有牛、羊、马、猪、狗、鹿，数量最多的为羊，其次为猪。[①] 与齐家文化当地的居民相比，辛店文化时期人们养更多的动物，虽然猪还在饲养，但是羊已经开始取代猪，成为最重要的驯养家畜。辛店文化中房屋基址明显减少，制作的陶器也较齐家文化的陶器明显小了很多。依据考古资料来看，齐家文化时期萌芽于青海河湟地区养羊重于养猪的风气，在辛店文化时期不断向东方扩散。对于混合经济而言，畜养牲畜与农业之间有着难以避免的矛盾，在资源紧缺的情况下，人类往往在选择时会放弃农业。从卡约文化遗存来看，当时人们基本上已经过上游牧生活，在马家窑、半山、马厂中齐家文化常见的房屋、居址几乎完全消失。在唯一的卡约文化居住地上，房子没有墙基和屋顶的痕迹，其中两个房子的遗迹，只有些柱洞和石头垒成的灶，另外两个房子只有比较硬的居住面。在屋内外发现大量动物骨骸，同时有大量烧过的羊粪。背风向阳的山谷，加之大量燃烧的羊粪，可以证明这里是一个游牧族群的遗址。[②] 在马家窑到辛店文化中常使用的农具如长方形石刀、锛、铲等在卡约文化中全部消失，其所制作的陶器，比辛店文化更小，且数量也变少了。[③] 在墓葬中主要是一些随身饰品，这种小型随身物品作为一种财富的象征，能够配合经常移动的生活形态。卡约文化中猪骨完全消失，代之为羊骨头。在卡约文化的墓葬中有斩杀的马，体现了其驯马的特点。卡约文化的人们常处于河边的高地，可以利用高地的环境资源。这也是马家窑文化到齐家文化的人们所做不到的。

在遍布全球的游牧地区，都是农业资源不足的结果，同时水分和温度欠缺，以及不定期的干旱和突来的风雪都会严重影响定居农

---

① 中国社会科学院考古研究所甘肃工作队：《甘肃永靖张家嘴与姬家川遗址的发掘》，《考古学报》1980 年第 2 期。

② 高东陆、许淑珍：《青海湟源莫布拉卡约文化遗址发掘简报》，《考古》1990 年第 11 期。

③ 王明珂：《游牧者的抉择——面对汉帝国的北方游牧部族》，广西师范大学出版社 2008 年版，第 94—96 页。

业。因此农业就成为生活在农牧边缘地带人群的一种自然属性。游牧是人类社会发展一个重要进步，在过去的研究中，许多学者认为人类文明的演进经历了渔猎、畜牧、农耕三个阶段，将畜牧理解为比农业低一个层次的生产方式，在我们对比中国北部的实际情况和考古资料来看，主要的畜牧地是从农业或者农牧混合的生产方式转为专业化游牧，这其中因素固然很多，最主要的还是气候的干冷化导致的资源竞争的结果。

河湟地区的社会组织呈现出分裂与平等的特征，为了适合水草资源贫乏且不稳定的环境，游牧社会有较强的移动性且社会结构是一个聚散有弹性的分裂型结构。①根据汉代文献记载，一个家庭组成一个牧团，许多牧团组成一个次部落，许多次部落组成一个部落。不同层级的羌人领袖权威都有限，每个牧团都可以自由决定加入或者退出一个部落，缺少制约机制。《后汉书·西羌传》载："不立君臣，无相长一，强则分种为酋豪，弱则为人附落。更相抄暴，以力为雄。"②关于陕甘青地区衰变为半农半牧的原因，王晖已经作了精辟的论述，主要是距今 4000 年左右气候干冷化导致的结果，原始农业衰落和畜牧经济重要性的上升，使齐家文化与辛店文化、寺洼文化出现了文化断层现象。③北方草原文化带形成的过程与中原文化有相互影响和互动，草原文化在早期主要是对东部冀北地区和西北地区的影响，中期是北方各地区之间相互影响，到了晚期又强化了对北方文化带的影响。外来影响主要体现在新疆地区和东北地区的联系上，这两个地区承担了来自更加遥远的欧亚、中亚草原文化和蒙古、外贝加尔地区文化影响的桥梁作用。④ 对中国北方游牧地带的研究是以气候作为基本的逻辑起点，但是在其形成过程中则

---

① 王明珂：《华夏边缘——历史记忆与族群认同》，台湾允辰文化实业股份有限公司 1997 年版，第 114—115 页。

② 《后汉书》，中华书局 1965 年标点本，第 2869 页。

③ 王晖：《古史传说时代新探》，科学出版社 2009 年版，第 45 页。

④ 杨建华：《春秋战国时期中国北方文化带的形成》，文物出版社 2004 年版，第 165 页。

有诸多因素，包括地形的差异、资源的争夺、外来文化与中原文化的互动，我们必须认识这一切变动背后的气候因素。

（二）族群冲突视角下的农牧分界问题

在华夏族群北部的青铜器文化确实值得我们研究。李家崖文化的军事化就是相当明显的，这些军事化的人就是"战士"，对南方从事农业生产的人群造成重大威胁。在燕山至长城一带，这些族群与商周政治集团发生了尖锐的冲突。春秋战国之时，华夏意识逐渐成熟和加强，具体的反映便是诸夏的驱逐戎狄和长城的建立。这个可以视为资源竞争造成的社会、经济变迁以及产生华夏族群边界形成的原因。在近年的研究中，学者发现一个族群并非全是以语言、体质和文化来定义的，也不一定全是以生物性的特征来区分，主观认同也会起很大的作用。族群的形成，必须要考虑到主观因素的对于人群范畴的区分。商周时期族群的边界还不十分明显，在北方长城地带的青铜器中，仍然或多或少地带有商器或商与北方相混之器。[①] 在商周的文化中也经常发现具有北方特征的器物，包括武王克商之后使用的"轻吕"，也就是"径路刀"，就是北方青铜器文化中与宗教习俗有关的器物。周人族源中有一定"戎狄"特性，前面我们已经论述过这一问题。周人大致是从北方逐步向南迁的，但是周人的族群意识中定居和从事农业作为自我意识的特征，用这个作为与"非农业"和"经常迁徙"人群的边界。在西周春秋时期，中国历史上的夷狄并非专业化的游牧族群，只是他们的混合经济中畜牧业比南部发达些而已。其实这是一个游牧业逐渐形成的过程，取得资源的人群更需要定居和农业化来保护自己的资源，观念上逐渐把"农业"和"定居"概念化，表示与此相反的则为"非我族类"。

春秋至战国时期，北方族群与南方华夏族群的资源竞争更加激烈。华夏族群的人口增加，对于土地的需求也在增加，华夏族群的

---

① 林沄：《商文化青铜器与北方青铜器关系之再研究》，载苏秉琦主编《考古学文化论集》（一），文物出版社 1987 年版，第 129—155 页。

意识加强，其与夷狄的边界也在加强，在政治上就会反映为北方的齐、燕、秦、晋（或者赵、魏）吞并或者驱逐夷狄，驱逐使其远离华夏，并且建立实质性的边界。中间性质的人群逐渐减少，政治的力量加强了游牧化的进程，建立了以长城为边界的分界线。前面已经论述，据晋陕一带的赤狄、白狄族群，南下之后为晋所灭，融入华夏族群。进入战国之后，赵武灵王将势力扩张至榆中一带，就是陕西北部及鄂尔多斯东北准格尔旗一带。公元前297年，又攻击代国，逐楼烦王于西河。同样的，秦惠文王曾攻下义渠25城，秦昭襄王灭义渠，开陇西、北地、上郡诸郡。从这一意义上讲，长城不是防御的手段，而是胜利之后保护成果的利器，也是华夏族群在战国时期扩张的见证。严格来讲，长城应该是比当时地理上的农牧分界线更靠北一些。[①] 秦昭襄王所筑的长城沿神木、榆林、横山、靖边、固原一线，将所谓的混合经济族群纳入长城之内，长城外的族群大都被投入到了专业游牧业中。长城的出现与长城外的专业游牧化是互为因果的，当北方区域被华夏占领时，他们可能向内地迁移，后来被同化吸收，另外一部分则会开始劫掠的生活，在此过程只好以动物产品为生，长期化之后就会成为游牧族群。所以有学者指出春秋战国时期华夏文化对蛮族的入侵，并非游牧部族的南下[②]，到了后期北方草原政权出现，情况就大不一样了。长城的建立可以说是南方华夏在资源扩张和为保护资源可能付出的代价。一旦长城建立，在北方即使零星的农业聚落也难以自存，就会融入北方掠夺族群之中。南北的对立开始明显和尖锐了，这种农业与畜牧业的对立影响中国历史较长时间段，在不同的时间里呈现不同的情形。这是中国历史上的大课题，其起源恐怕要从春秋战国时期北方的专业化游牧算起。

　　农业文明与游牧文明要在亚洲大陆东部的冲突是全面的，从经

---

　　① ［美］狄宇宙：《古代中国与其强邻——东亚历史上游牧力量的兴起》，贺严、高书文译，中国社会科学出版社2010年版，第168页。

　　② ［美］拉铁摩尔：《中国的亚洲内陆边疆》，唐晓峰译，凤凰出版传媒集团2010年版。

济形态的差异到价值方式冲突，衍变为中国历史华夷冲突的重大问题。在较长的历史时期内，我们始终是以农业族群的视角来看待和分析二者的关系，会陷入以自我为中心的旋涡之中。在新的历史时期，我们恐怕更应该尊重事实，认真梳理和评估两种文明各自的价值优势，得出较为公允的结论。

第二节　两周华夷之辨的两个维度

两周时期的华夷差别主要体现在两个方面，一是社会发展程度的先进与落后；二是社会发展形态的多元。这两个方面在古人的思辨中是交织在一起的，我们为了分清这种情形，要分开进行论述。

一　两周时期华夷族群的文明差异

文明差异就是西方学者所讲的社会垂直型差异，也就是春秋时期所谓华夏国家与周边国家社会发展有多大差别的问题。在传统的史学研究中，容易在评价的时候不断提高华夏族群的地位而贬低周边族群的地位。这是古人的一种认知方式，但是现代一部分学者在研究中也不断强化这样的观点。童书业就认为诸夏和蛮、夷、戎、狄的区别在于文化，蛮夷戎狄是落后的部族，受到诸夏的鄙视，但是同时又指出，这并不是血缘的界限，而是通过文化的方式来进行区分的。[①] 这个观点代表传统史学研究一个基本趋势，没有摆脱古人的史学传统，也没有深刻的自我反思。如果我们对这个问题的思考进一步深化，就会发现春秋时期出现的蛮夷戎狄观念有着深刻的社会背景，并非都包含着落后的意思。华夷对抗更多的是我群之外人的意义，文化落后和地位低于诸夏是次要的意义，《公羊传》中阐发的专门以礼仪文化来区分的观点需要进一步分析，其中包含着对礼仪文化作为判断标准的固守。近年来的考古学资料为我们进行文明对比提供了可能性，我们对此问题仍然按照从北方到南方的顺

---

① 童书业：《春秋左传研究》，中华书局 2006 年版，第 228 页。

序来进行分析。

我们通过对北方地区的考古文化进行分析可以探讨北方地区族群发展程度，从而进行文明发展程度的对比。我们选取三个点作为研究和分析的对象，北方的生态系统由于距离海洋远近和地形地貌的不同，形成三种不同的类型，可以分为西部、中部和东部区域进行研究，从而形成整体的结论。西部区域选择宁夏地区的杨朗文化作为西部内陆干旱区的代表。

宁夏杨朗文化早期以狼窝子坑墓为代表，在此墓地出土有銎啄戈，这是一种在商周时期流行于北方草原的兵器，春秋后期流行的鹤嘴斧就是这种兵器的延伸。该墓还有杨朗文化铜柄剑。这两种出土物共存，年代可以追溯到春秋早中期。倪丁村出土的环首短剑、管銎斧、镜、带扣、人面鞋底形当卢、马蹬形衔，这些都是早期青铜器的样式，年代可追溯到春秋中期。总体上看，杨朗文化早期的年代在春秋早中期①。杨朗文化中期以于家庄和马庄墓地早期为代表，出土的短剑、刀、带扣、鸟形牌饰等，还有中原铜戈，判断其年代应为春秋晚期和战国早期。青铜器主要有短剑，其可分为两种，即环首短剑和"触角式"短剑，这种类型在桃红巴拉文化、毛庆沟文化均有分布。另外，矛的数量较多，还有管銎戈、管銎斧和鹤嘴斧。除了兵器之外，最多的就是车马器，其中以马衔、镳、当卢、车辖饰、杆头饰、铃最具代表性。车马器中还有北方草原广为流行的轴头、銮铃等，装饰品有种类繁多的带饰、带扣和管状饰。青铜器可以分为三种，兵器、车马器和装饰品，这充分证明了游牧文化的特点。马在游牧社会生活中居于主导地位，由于经常需要迁徙，装饰品都是比较精致细小的。但是青铜器技术在总体上是非常精湛的，足以代表那个时代的特征。在杨朗文化中期以后，铁器逐渐增多，到了晚期墓葬中铁器已经渗透到社会生活诸多领域。铜柄铁剑是这一时期北方草原文化地带的显著特点之一，可以清楚地知道这些铜柄铁剑是在当地铸造的。俄国学者认为铜柄铁剑的源头在

① 乌恩岳斯图：《北方草原考古学文化研究》，文物出版社2007年版，第361页。

欧亚大陆的西部草原地带。

杨朗文化的遗存是戎人的遗存。罗丰认为庆阳地区属于义渠，固原地区为乌氏之戎。[①]《史记·匈奴列传》载："秦穆公得由余，西戎八国服于秦，故自陇以西有绵诸、绲戎、翟、䝠之戎，岐、梁山、泾、漆之北有义渠、大荔、乌氏、朐衍之戎。而晋北有林胡、楼烦之戎，燕北有东胡、山戎。各分散居溪谷，自有君长，往往而聚者百有余戎，然莫能相一。"[②] 杨朗文化属于戎人应该没有问题。该戎人为哪一支系，顾颉刚认为义渠国在今天的庆阳地区，大荔、乌氏在甘肃平凉一带。[③] 罗丰赞同顾颉刚这一说法，认为义渠戎人活动于甘肃庆阳一带，固原就是乌氏之戎的活动区域。义渠和乌氏这两支戎人是相邻而居的，《尚书·禹贡》："织皮、昆仑、渠搜、西支、西戎即叙。"在很早的时代西支义渠就和中原族群有往来，在春秋时期主要是和秦国有关系，秦穆公霸西戎，西戎八国都归属了秦国，《后汉书》中说："是时义渠、大荔最强，筑城数十，皆自称王。"春秋末年，随着该部族向中原靠近，逐步与中原的生产方式接近，筑城而居，开始以农业生产为主的生活，并且建立了国家，自立为王。战国之后，内迁诸戎大都并入秦国，这时候义渠仍然存在，并未被兼并，长期与秦国抗衡。《后汉书·西羌传》："至周贞王八年，秦厉公灭大荔，取其地，赵亦灭代戎，即北戎也。韩、魏复稍并伊洛、阴戎，其遗脱者皆逃走，西越汧陇，自是中国无戎寇，唯余义渠种焉。"[④] 到了战国时期，出现中间地带逐步缩减的趋势，北方族群被迫进行选择，要么融入南方的华夏文明，要么进入北方的游牧族群。大量戎人融入华夏族群，成为华夏族群的一部分，也有部分北遁。北方草原正处于大动荡时期，匈奴的崛起，打破了各族群相对稳定的格局，在中原争夺中失败的一部分义渠部族开始加入到匈奴部落联盟之中，成为南匈奴的一部分。匈奴

---

① 罗丰：《固原青铜文化初论》，《考古》1990 年第 8 期。

② 《史记》，中华书局 1959 年标点本，第 2883 页。

③ 顾颉刚：《史林杂识初编》，中华书局 1963 年版，第 59 页。

④ 《后汉书》，中华书局 1962 年标点本，第 2874 页。

部族之所以会分裂为南北两个部分，就是因为其联盟的内部复杂构成造成的。① 准确地说，杨朗文化的一部分族群加入到匈奴联盟之中，可能为该族群的上流社会的一部分，一部分族群则为秦国和赵国所吞并，融入华夏族群，成为战国时期华夏的一部分。双方在文明程度的差异方面上没有明显的区别，可能面临着一个青铜技术确实差别不大，但是文明形态有相异的地方。

在古代文献中，多次提到义渠之戎的强大，早在《古本竹书纪年》中就有："昔者义渠氏有两子，异母皆重，君疾，大臣分党而争，义渠以亡。"② 在战国时期，秦国长期与义渠进行战争，秦惠文王"取其二十五城"，秦昭王灭义渠，于是秦有"陇西、北地、上郡"③，可见其实力之大。秦国和义渠进行了长期战争，从秦厉公七年到秦昭王三十五年，双方互有胜负，在秦惠文王之前，义渠占上风，之后，秦占上风，最后义渠君惑于秦宣太后的柔情，被诱杀于甘泉宫，义渠群龙无首，最终亡国。到了战国之时，双方在文明上的差异微乎其微，才会有因为情感亡国的典型事例，也为激烈的族群冲突加上一些情感的色彩。

以上是春秋之际北方西部的文化概况，在中部是以桃红巴拉文化为代表的。桃红巴拉文化是以今鄂尔多斯杭锦旗桃红巴拉墓地的发掘而得名。这是对处于内蒙古西部这一地带的概括，与东部的毛庆沟文化有明显的不同。④ 对于这一文化的分期目前仍有分歧，田广金主张应定为春秋晚期至战国晚期，杨建华认为上限为春秋早中期，下限则跨入秦的范围，日本学者秋山进午则认为桃红巴拉墓地的年代为战国早期。以上分歧的原因较多，主要是所依据的理论不同。关于个别墓葬的划分问题，西园墓葬均系土洞墓⑤，与桃红

---

① 乌恩：《论匈奴考古研究中的几个问题》，《考古学报》1990 年第 4 期。
② 方诗铭、王修龄：《古本竹书纪年辑证》，上海古籍出版社 2005 年版，第 56 页。
③ 乌恩岳斯图：《北方草原考古学文化研究》，文物出版社 2007 年版，第 327 页。
④ 杨建华：《试论东周时期北方地带的内蒙古地区》，《内蒙古文物考古》2001 年第 1 期。
⑤ 内蒙古自治区文物考古研究所、包头市文物管理处：《包头西园春秋墓地》，《内蒙古文物考古》1991 年第 1 期。

巴拉文化及其他墓葬有实质性的区别，并且属于个别现象，因此不应当将这一墓葬划入桃红巴拉文化的范围。根据现有的资料分析，桃红巴拉文化的上限在春秋中期，下限到战国晚期。

该类型文化经过科学发掘的只有桃红巴拉和公苏壕两处墓地，青铜器主要可以分为三种类型，即兵器和工具，车马器，装饰品。第一种类型中兵器可以分为三种形式，一种为典型的"触角式"剑，剑首作两鸟头相对状。另一种为变形的"触角式"剑，剑首做"一"字形，两端铸成鸟头状，柄中间有凹槽，两侧各做出一排凸棱，以利把握。还有一种双环短首剑，柄首做双环形，形状仿佛卷首成环的兽角。柄首下装饰三角纹和圆点纹，形似兽面。剑身中脊起棱。刀的形制基本相同，有环首或者在柄端有穿孔。锥（针）管分为两类，一类为长方形，另一类为圆形。第一类较多，表面都装饰有复杂的图案，包括锯齿纹、半圆纹、目纹、半月纹、方格纹、折线纹、S纹等，还有鹤嘴斧，一端呈扁刃，一端呈鹤头状，中间有椭圆形銎。另外，该文化的斧、凿、锥都是北方草原地带常见的器类。第二种类型就是车马器，主要有马面饰、车辕饰和杠头饰。第三种类型就是装饰品，有带饰、带扣、管状饰和圆雕动物形象。除了这些铜质装饰物之外，在桃红巴拉墓葬还发现了种类繁多的金银器装饰物，主要品种有金冠饰、金银带饰、金银饰片、金银项圈、金耳环和耳坠，在阿鲁柴登墓葬出土的圆雕羊形、刺猬形、虎头形金饰件、包金玛瑙，其技艺之娴熟，工艺之精湛、制作之精巧，令人叹为观止。这充分展现了当时居民的文明发展成就，不仅仅在技术上相当成熟，而且人们的审美也达到了相当的高度。人们对于生活的体验进入相当细腻和丰富的阶段，这都是文明高度发达的标志。在装饰艺术方面，鄂尔多斯青铜器是以丰富多彩的动物纹饰著称于世，这些纹饰都是早期人们在欧亚草原长期饲养的动物，某些飞禽走兽都是生活在北方草原和山地的人们经常看到的野生或者家养的动物，也就是早期游牧族群赖以生存的重要生活来源。正是因为朝夕相处，人对动物形象非常熟悉，才能够倾注深厚的感情进行艺术创作，提炼升华为各种各样的艺术形象。纹饰主要可以分为四类：猛兽攻击食草动物纹、动物相斗纹、伫立或俯卧状动物纹、虚幻动物纹。第一类纹饰是早期游牧人的艺术中最具代表意义的题材之一，是对草原上生存法则的生动再现，图案有老虎撕咬野牛、虎食狼、虎食兔、虎食羊等图案，还有王冠上的雄鹰造型，则是草原族群对于强者的崇拜和对于鹰作为神灵观念的响应。第二类动物相斗纹饰主要是对虎的表现，有虎和野猪的争斗、两个老虎互相撕咬，可以看出北方草原的人们对于老虎的崇拜。第三类伫立或俯卧状动物纹主要可以分为浮雕、透雕和圆雕动物形象。第四类虚幻动物纹饰，主要用来表达北方居民的想象，可能与某种信仰密切相关。

有的学者将桃红巴拉文化定义为匈奴文化，并根据《史记》的相关描述，进一步将其定义为早期匈奴文化。① 先秦文献中有关匈奴的记载，《战国策·燕策三》："太傅（鞠）武谏曰：'愿太子急遣樊将军入匈奴以灭口。请许约三晋，南连齐楚，被讲与单于，然后乃可图也。'"② 这一段话时间为公元前 228 年，当时面临秦国的威胁，燕国要采取的战略选择，对于周围的政治力量要合理利用。《史记·匈奴列传》有两段材料，一条是"晋北有林胡、楼烦之戎，燕北有东胡、山戎"，另一条是"赵武灵王变俗胡服，习骑射，北破林胡、楼烦"③。这些记载表明，公元前 7 世纪，林胡、楼烦就活动在中国北方地区，战国时期成为赵国的北方邻居，赵武灵王胡服骑射就是从林胡、楼烦那里学习骑射技术，进行军事形式的改革。到了冒顿单于时期，匈奴开始大规模扩张，吞并其他族群，"西击月氏，南并楼烦、白羊河南王"，楼烦从此并入匈奴联盟。匈奴的族群构成是比较复杂的，其主体族群是从蒙古高原南下的族群，包括蒙古东部和俄罗斯外贝加尔地区，也就是石板墓文化的前身。因此，匈奴的主体是古西伯利亚类型，而且还混有欧罗巴人种

---

① 田广金：《桃红巴拉墓群》，载田广金、郭素新编著《鄂尔多斯式青铜器》，文物出版社 1986 年版，第 219 页。

② 《战国策》，上海古籍出版社 1998 年标点本，第 1787 页。

③ 《史记》，中华书局 1959 年标点本，第 2885 页。

的血统，属于北亚类型。① 这些证据表明，桃红巴拉文化是林胡的遗存，这支族群后来融入了匈奴联盟。在春秋战国时期，由于多种复杂因素的作用，中国北方族群处在不断分化组合的过程之中，由于气候、政治、经济和文化的多重作用，使得部分族群融入华夏农耕文明，部分族群进入北方游牧文明。桃红巴拉文化就是典型的融入后者的事例。

桃红巴拉文化是典型的游牧经济，目前还没有发现任何与农耕有关的文化遗存，在动物遗骨中没有猪骨头，只有食草性动物马、牛、羊的骨头。该文化的制陶业很落后，陶器很少，烧制粗糙，这些特点都是军事草原游牧文化的特征。在这一文化中，青铜器之精美给人留下了深刻的印象，装饰艺术也有非常高的成就有铁制武器，主要是铁剑和短剑，表明技术是先进的，早于中原文化的。其社会组织是建立在典型的游牧经济基础中之上。桃红巴拉地处中国北方草原的腹地，形成了典型的游牧经济，可以说桃红巴拉文化游牧经济的样本，在分析游牧业的形成方面具有意义重大。

毛庆沟文化是以内蒙古自治区乌兰察布盟凉城县毛庆沟墓地的发掘而得名，位于凉城县西南、田家镇东北 5000 米的蛮汉山南麓，其年代为春秋中期到战国晚期。前面比较详细地介绍了桃红巴拉文化，关于毛庆沟文化主要指出其中与其他文化不同的部分。在青铜器上毛庆沟文化与桃红巴拉文化基本相似，毛庆沟文化中铁器贯穿始终，从早期到晚期出现逐渐增加的趋势。早期主要用在兵器上，诸如铁剑和铁刀，到了晚期就渗透到社会生活各个领域，如鹤嘴斧、虎纹牌饰和双鸟纹带饰。在毛庆沟文化、桃红巴拉文化和杨朗文化之中，铁器的出现是东部早于西部地区。在毛庆沟文化中，居民过着半定居的生活，主要从事畜牧业，族属为楼胡族群。人类体质学的研究证明，该遗存的头骨和体质人类学特征，与北亚和极地类型差别明显，和贝加尔湖地区的匈奴族和青海大通匈奴墓头骨某

---

① 潘其风、韩康信：《内蒙古桃红巴拉古墓和青海大通匈奴墓人骨的研究》，《考古》1984 年第 4 期。

些特征也有明显差异。① 朱泓认为，其居民体质特征可以分为两种，一种是饮牛沟的头骨与毛庆沟比较相似，体质特征含有北亚和东亚两种类型的因素，以东亚类型为主，另一种属于东亚类型。② 这表明学者的研究还有一定分歧，但是其属于东亚类型上应该有共识。无论如何，其高度发达的青铜器和铁器都足以说明其技术水平高超，其艺术审美高度发达。兵器和马具的发达，也证明了其游牧文化的技术含量。

夏家店上层文化是以内蒙古自治区赤峰市的夏家店遗址发掘而得名。夏家店处在中国北方草原地区的东部地区，可以作为北方草原文化东部的代表之一。夏家店上层文化总体来说应该是西周早期到春秋中期，可以分为三个时期，第一期为龙头山遗址早期遗存为代表，年代相当于西周早中期。第二期以南山根 M101、小黑石沟为代表，属于这一时期的还有夏家店、南山根、蜘蛛山等，年代相当于西周中期到春秋早期。第三期以敖汉旗周家墓地、大哈巴齐拉墓地为代表，年代相当于春秋中期。这三期当中以第二期最为发达，在其繁荣期正值政治、经济和文化中心从西拉木伦河流域向南部老哈河流域移动，出现了剧烈的社会分化，对研究欧亚大陆东部草原部落的早期游牧文化有着重要的价值和意义。夏家店上层文化主要遗存有墓葬，形制可以分为三种，石坑墓、土坑竖穴墓和石板墓。这些墓葬中随葬品大部分为青铜器，包括工具、车马器、武器等，种类比较多。其中青铜器数量相当丰富，不仅数量多，种类丰富，而且制作精良，工艺先进，达到了相当高的水平。与北方其他区域相比较，这里青铜制种类繁多，除了常见的兵器、车马器和装饰品之外，还多出土了工具和生活用具。这里居民生活形态多样化，除了畜牧经济之外，还有一定的农业生产，这可能与当地靠近欧亚大陆东部，有良好的降水条件密切相关。这里的青铜兵器主要是刀剑，在西周中期之后，夏家店上层文化逐渐进入繁盛期，早期

① 潘其风：《毛庆沟墓葬人骨的研究》，载田广金、郭素新编著《鄂尔多斯式青铜器》，文物出版社 1986 年版，第 316—341 页。

② 朱泓：《内蒙古凉城东周时期墓葬人骨研究》，《考古学集刊》1991 年第 7 集。

是銎柄剑，后来就出现了"T"形柄曲刃剑和匕首式剑。这在其他草原文化中是绝无仅有的，充分说明了早期草原文明铸铜技术的高度发达。①青铜器有剑鞘、铜盔和铜镞，铜盔的出土非常有限，国外学者的研究表明，这些铜盔应该是北方草原地带相互借鉴的结果，但是相互影响的先后顺序有待进一步研究。②在该文化中也有青铜刀，刀的种类相当复杂，有两类最具有代表性，第一类为齿柄刀，早期这种刀背和刃都微呈弧形，刀尖不明显，后期刀变成弧形背，刀尖锋利，有的还上翘。第二类为装饰各种动物纹样的青铜刀，动物纹样包括卷曲成环的猛兽、俯卧状兔、伫立状群马、牛头、两兽相向成环形等图案。这些动物纹样造型十分逼真，代表了该文化青铜刀的最高水平。除此之外，夏家店上层文化的青铜刀还有环首、玲首、平首、一字形首等不同形式。总体看来，夏家店上层文化的青铜刀虽然有自己的风格，但是除了齿柄刀之外，其他类型的青铜刀基本延续了商周以来在北方草原地区流行的青铜刀。其中的环首刀、铃首刀、兽首刀在商代就开始在北方地区流行，只是形制有所变化，通常刀背没有早期弧度那么明显，大多数背部没有凸棱，柄身之间没有凸齿。动物的装饰风格也有很大变化，早期兽首刀一般在刀的柄首装饰圆雕鹿、羊和牛头，未见柄部装饰浮雕动物纹样的现象。夏家店上层文化的青铜刀是在前期青铜刀的基础上发展起来的，同时融入自身的传统风格，形成了该文化特有的青铜刀形式。空首斧也是该文化出土最多的工具之一，这种斧的形制比较单一，按照刃形可以分为弧刃形和扇刃形两种③。前者斧身上宽下窄，呈梯形或长方形，銎口外周凸棱；后者的最大区别在于刃部弧曲，两端上翘呈扇形，在銎口外周凸棱下常装饰三角纹。

---

① 朱永刚：《试论我国北方地区銎柄式柱脊短剑》，《文物》1992年第12期。

② 关于铜盔的相互借鉴问题，主要看中亚地区和东亚地区谁的出现更早一些，俄国学者和中国学者有分歧，各自证明对方较晚一些，可能带有非学术的因素。

③ 齐晓光：《夏家店上层文化空首青铜斧及相关问题》，载内蒙古自治区文物考古研究所编《内蒙古文物考古文集》（第一集），中国大百科全书出版社1994年版，第317—326页。

　　该文化中青铜车马器包括衔、镳、轭、銮铃，另外还有蟠首、套管、摆形器、月牙儿铜饰件等。这些都说明夏家店上层文化的居民已经熟练掌握骑马术和驾驭畜力车的技能，在南山根 M101 出土的一件刻纹骨板，上面有马车的形象，两辆车的结构完全相同，均为单辕，双轮，长方形车厢，车厢后面有一突出的半圆形，驾双马。① 这些车与商周的车完全相同，但是与阿尔泰巴泽雷克 5 号古墓出土的车不同，因为阿尔泰文化出土的车经过复原后为四轮车，车厢上有伞盖，年代约相当于公元前 5—前 4 世纪。这两种车是不同的，后一种类似南北朝活动在北方草原的"高车"，而商周的车为两轮单辕车，有研究者已经指出商代的车是从北方传入的，可能是单辕车。如果说车是从两河流域经过欧亚草原传到黄河流域，还有许多研究工作要去做。该文化青铜器生活用具有罐、鼎、鬲、勺等，这些生活用具非常精致，其中大型的罐可能与定居农业密切相关。青铜生活用具呈现出夏家店上层文化的一些特点，特别是祖柄勺在大型贵族墓葬中都是成对发现。这种以男性生殖器作为勺柄的现象，反映出男性在当时社会上的绝对权威，以及人们对生殖、生命乃至祖先的崇拜，非常有特点，是研究信仰的重要材料。

　　青铜装饰品主要有牌饰、动物形饰、镜形饰、连珠形饰、双尾垂饰、环形饰、泡饰、铃形饰和杖首。该文化的装饰品形式多样，大部分是服饰或腰带上的装饰品，形象主要有动物纹样，包括浮雕、透雕和圆雕。其大部分塑造的是野兽形象，在题材中，以表现虎、豹、鹿、鸟、犬为主，而家畜题材以马、牛、羊、犬为主。夏家店上层文化的居民过着定居生活，从事一定的农业生产。在一系列遗址中还发现农业生产工具，如石铲、石锄和石刀，铜器中铜镬、铜镐等，遗址中有鸡、猪等动物的遗物，也证明了农业生产的一些特征。夏家店上层文化与下层文化之间没有继承关系，而是下层分属不同的文化。将上层文化定义为在春秋时威胁邢国、燕国、

---

　　① 乌恩：《论古代战车及其相关问题》，载内蒙古自治区文物考古研究所编《内蒙古文物考古文集》（第一辑），中国大百科全书出版社 1994 年版，第 327—335 页。

齐国的山戎,《左传·哀公十七年》卫庄公"登城以望见戎州"①,在《论语》中有"孔子过泰山侧,有妇哭于墓者而哀⋯⋯",在《新序·杂事》中指出了该妇人为山戎氏,"孔子北之山戎氏,有夫人哭与路,甚哀"。可以看出,春秋时期山戎在山东曹县、成武之北,以及泰安、济宁以西的广大地区。其中濮阳的戎州、曹县的戎城都是戎人的聚集区,在桓公六年,北戎伐齐;隐公九年,北戎侵郑。大体说来,戎人是经历了一个逐渐南下的历史,最终融入华夏族群。这里面有一个原因就是其所处之地在蒙古高原东部,降水比较充沛,农业比较发达。这使一个农业占据重要地位的族群,南下之后与华夏族群融合是有一定基础的。有的研究者指出,北方戎人的历史是由南向北迁徙,其实这只是其中的一种运动趋势,即远离华夏族群的趋势。

综上所述,我们对于春秋时期北方族群的文明情况进行了概括,主要围绕着青铜技术的成就、族群的生产方式、社会组织的复杂性和艺术审美发展的状况等方面来进行分析,其中涉及中国古典文献的族群对应问题。从青铜器发展历史来看,这恐怕并不存在北方比中原落后的问题。在青铜时代这是一个非常重要的标志,就是作为工具和武器的发展程度,是代表生产力水平的主要依据。在社会分层的研究方面,我们可以从贵族墓地到贫民墓地的差异中分析出来,当时贫富差异已经到了一个什么样的阶段,但是缺少详细的资料,我们还是不能准确把握,毕竟这些族群没有一个完整的历史叙述系统,不像华夏族群那样有完整的历史叙事。我们做这样的分析是完全按照现代人的分析方法进行的,但是古人,甚至于传统治史的学者们恐怕并不是这样对待华夷问题的,而是集中在以周代礼仪为核心的文化价值系统、以旱作农业为中心的居民生存方式系统、以华夏的国家组织形式和制度安排系统,以及中原地区所处位置的人群生活习惯作为标准来对周边族群进行判断。这些基本构成了春秋华夷关系的主要内容,也是

---

① 杨伯峻:《春秋左传注》,中华书局1981年标点本,第1710页。

从春秋以来判别华夷的主要依据。这一层次，我们将其概括为华夷之分在文化层次上的展现。

二 两周时期华夷族群的文化差异

（一）戎狄历史的族群记忆及其影响

在西周时期，虽然也有华夷的区别，但是这时的华夷之别主要是指作为一个政治整体的西周共同体面对不同的敌人，也就是以周王为中心的统治机器和姬姓诸侯在各地权力代理以及若干联盟的综合体，政治属性占据优势。在西周历史中，在和其他族群发生战争时往往会看到周王的军队与诸侯国的军队并肩作战，正是在这样的合作中大家逐渐强化了归属感，但是这个不能叫作族群意识，因为这个时候主要是作为一个政治任务去完成的。在西周统治 270 多年的时间里，西周国家在一种一元化的贵族文化引导下，逐渐给周人世界带来了文化和种族统一体的认识。经过西周统治，这些诸侯国的人们，不管以前属于夏商周或归属的其他族群，都开始逐渐彼此认同为一个文化共同体内的成员，就是以周代礼仪制度为核心的文化系统。周人世界当中通过血缘和文化认同形成紧密的整体，在西周灭亡之后才使得族群没有分裂，可以说礼仪制度是华夏族群凝聚的核心，也是日后以文化为纽带进行融合的使得雪球越滚越大的那个最初的凝结因子，最为核心的部分。到了春秋以后，面临异族的入侵，由于有了这种统一的族群意识，才能够唤起族群认同感。在春秋初期的情况下，在与异族入侵的对比中，这种认同感被强化，同时对于戎狄的价值判断也初步定型，就是后来见诸史书的"豺狼论"，无亲无义，血气不治，形同"豺狼"，这是认识的一个起点和价值取向。这个趋势是形成华夷之别的情感基础和认知基础，虽然在后来发生了一系列的变化，但是这种沉淀在族群内心深处的痛恨情绪是难以释怀的，对后来我们解释若干相关事件也是有价值的。在很多时候，人们过度论述春秋时期"礼坏乐崩"，这只是问题的一个方面，其实在作为周代礼仪制度的诸多规定都被严格地遵守着。在

《剑桥中国古代史》中可以看到罗泰对于春秋时期文化的总体概括，支持中国的传统史学过分夸大了西周时期中央王朝对于诸侯国的控制程度，同时在此基础则过分强调了西周灭亡之后的分裂局面。虽然在春秋时期有一些小规模的调整，但是即使是在战国如此剧烈的社会变革中，仍然有一些传统被广泛地保存下来。从在春秋时期的考古材料会看到这种走向的大趋势，这反映了周人在自己世界里对于自己文化身份更自觉的认同，这与早期儒家经典的记录基本一致。[1] 罗泰指出，文化的融合过程，即"同样化的过程"并未因为西周的灭亡而终结，而是采取文化自身的一些调整，就是各地区出现了一些具有地方特色的青铜器，但是作为周人礼仪的核心部分即用鼎制度被有效的继承，这种规定的组合在周人的世界被广泛采纳。这时已经没有周天子来维护这种制度，没有来自强权的驱动力，所以这个遵守只能是一个自发的过程，甚至在面对不同的礼俗文化价值系统时这种共享的文化价值被进一步强化而不是削弱，这样才能使得自己在面临异族群威胁时，才能加强联系，强化身份认同。虽然秦国是以屈肢葬和墓葬东西向为特征，但是在遵守用鼎制度方面确实也实行周人制度，楚国在器型上有自己的特色，但是数目一样坚持了周人限定的原则。[2] 罗泰认为，这种普遍接受用器限定制度的现象是"一个潜在的共同的政治宗教价值系统及贵族社会组织中的同一体"的反映。青铜器是贵族阶层的用品，从春秋中期开始，各地的非贵族文化显然也受到影响，并将鼎和壶这两种陶器类型也纳入随葬品内。这一个方面说明在随葬品中通过随葬陶器的"贵族化"来进行的"同样化"趋势是历来为西周贵族所独享的礼仪习俗逐渐变

---

① Michael Loewe and Edward L. Shanghnessy, *The Cambridge History of Ancient China: From Origins of Civilization to 221B. C.*, *The Waning of the Bronze*, New York: Cambridge University, 1999, p. 543.

② Michael Loewe and Edward L. Shaughnessy, *The Cambridge History of Ancient China: From Origins of Civilization to 221B. C.*, *The Waning of the Bronze*, New York: Cambridge University, 1999, pp. 471–525.

为大众化的标准，这个过程也是周代礼仪逐渐深入的一个过程，使得周人的礼仪文化深入社会的各个阶层，贵族价值逐渐向下层社会传播，是典型的垂直型传播和文化向下迁移，同时我们也要看到外部族群的内迁会促使华夏族群有意识地强化自己的身份，凸显自己华夏族群的属性。

西周亡于犬戎的历史在先秦史中是有着重大影响的事件，其中最为重要的一点就是对北方异族群在情感上的厌恶，在价值上的贬低，在形象上的妖魔化，可以概括为"豺狼说"。这个可以说是华夏对待异族的基本心态，而导致这种心态的直接事件就是西周亡于异族的历史现实。在《山海经》中对于异族居民怪异话的叙述，就是华夏族群对于异族想象的产物①，包含着认识上的自我中心主义，同时也是对异族妖魔化心理在形象上的展示。

（二）两周时期华夷在文化上的差异

关于华夷在文化上的差异，我们可以分成几个方面，有生活习俗的差别、生产方式的差异、社会组织制度的差别和文字与价值信仰系统的差别等几个方面，并围绕这几个方面展开论述。春秋时期华夏族群实际上面临着西北和东南的族群，为了叙述的方便，我们也是按照这样的先后顺序来进行。根据实际的需要，将会把重点放在西北族群的文化差异上。

1. 生活习俗的差异

（1）服饰方面的差异

华夏族群的生活习俗与其生活的黄河中下游的地理环境密切相关，并与旱作农业的需要紧密相连，其行为取向则是由祭祀文化传统发展过来的。从服饰上来说，在平民阶层制作的材质主是葛麻之类，贵族当然可以穿丝质的衣服。葛是豆科藤本植物，可以纺织加工成布，俗称"葛布"。《韩非子·外储说左下》载："冬羔裘，夏葛衣。"② 葛布有粗细之分，细的称为缔，粗的称为绤。细的葛布

---

① 陈连山：《〈山海经〉对异族的想象与自我认知》，《北京大学学报》（哲学社会科学版）2012 年第 1 期。

② （清）王先慎：《韩非子集解》，中华书局 1998 年标点本，第 305 页。

多为贵族所用，而粗的葛布一般为平民所用。西周的衣服，一般为上衣下裳，上衣右衽，衽就是衣襟，在《诗经·齐风》载："东方未明，颠倒衣裳。"① 因为天还没有亮，黑暗看不清，衣裙相互穿错。华夏族群是束发的，将头发盘起来，而春秋时期在山西、陕西北部、河北一带的戎狄是披发。《左传·僖公二十二年》载："辛有适伊川，见被发而祭与野者曰：'不及百年，此其戎乎！其礼先亡也。'"② 北方族群是披发，越人是断发文身，西南族群则是断发或者编发的。③ 这说明不同地方的习俗大不相同，但是在划分时明显有按地域划分的趋势。这是战国时期阴阳五行说形成以后，将五行、五方纳入一个系统的产物。

东夷族群有几种比较特殊的习俗，分别是口含石球或陶球的习俗、拔牙的习俗和头骨人工变形的习俗。这些习俗均出现在大汶口文化时期，与当时人们的信仰有关。这些习俗可能存在于早期上层社会，与巫术活动密切相关，后来逐渐发展到民间。④ 一些学者指出东夷族群并非断发文身的野蛮族群，古代典籍中的大部分都是指越人来说的⑤。

在西周春秋时期，贵族都穿宽大的衣服，走起路来必须缓慢而沉稳，这就是贵族仪态。周代贵族的服饰有一个重要功能就是区分等级差别，周天子和诸侯以华衮大裘博袍鲜冠为服，卿大夫则以高等裘皮为服，士阶层以下即平民一般是布衣、低等裘皮和短衣紧身绔为服。所以平民也被称为布衣之士，《韩诗外传》："桓公曰：'恶！是何言也！吾闻之，布衣之士不欲富贵，不轻身于万乘之君；万乘之君不好仁义，不轻身于布衣之士。纵夫子不欲富贵，可也，吾不好仁义，不可也。'"⑥ 周代礼仪也在服饰方面通

① （清）王先谦：《诗三家义集疏》，中华书局 1987 年标点本，第 382 页。

② 杨伯峻：《春秋左传注》，中华书局 1981 年标点本，第 393—394 页。

③ 王玉哲：《论先秦的"戎狄"及其与华夏的关系》，《南开大学学报》1955 年第1 期。

④ 张富祥：《东夷文化通考》，上海古籍出版社 2008 年版，第 182—186 页。

⑤ 李白凤：《东夷杂考》，河南大学出版社 2008 年版，第 96 页。

⑥ （汉）韩婴：《韩诗外传集释》，中华书局 1980 年标点本，第 202 页。

过纹饰的不同表示人的身份不同、等级不同。《礼记·玉藻》云："衣正色，裳间色，非列采不入公门。"孔颖达疏曰："正谓青、赤、黄、白、黑五方正色也；不正谓五方间色也，绿、红、碧、紫、骝黄是也。"[1] 列采是指有采色而不贰之正服。由此可见，周制以正色为尊贵，以间色为卑贱，并且十分看重衣之纯色。周人尚赤，其中大红色和朱红色被认为是尊贵的颜色。衣服的纹饰是上层贵族外在身份的主要标志，君王在祭祀等重大活动中所穿的衣裳，绣有12种纹样，被称为"十二章"，依次是日、月、星辰、山、龙、华虫、宗彝、藻、火、粉米、黼、黻。前六章绣于衣，后六章绣于裳。每一种纹饰都有象征意义，日、月、星辰谓之三星，取照临光明之意；山，取其人的仰望，象征稳重；龙，取其应变；华虫为一种雉鸟，取其文采；宗彝是一种祭祀的礼器，取其光明；粉米，取其滋养万民，象征有济世之德；黼，斧形，取其决断；黻，作两己相背形，取其明辨。以上为天子专用的纹饰，三公诸侯不能穿着。公侯跟随王进行祭祀，所用章纹会逐级递减，日、月、星辰三章为君王之服，称为"象服"，公的祭服，就要省去这三章。至于侯伯只能用华虫以下的五章；卿大夫只能用粉米以下三章。另外，就衣服质地而言，锦绣绫罗一类质地精细的丝织品被视为上服，一般民众是不能穿着这样质地的衣服。由此可见，周代的礼仪文化渗透到社会生活的诸多方面，在衣服装饰方面呈现出华夏特有的等级特征。这种华夏的礼仪文明经过漫长的历史时间逐步积累沉淀下来的，成为华夏文化的基本特色之一，与周边文化形成鲜明的对比。即"自君王以下，咸食畜肉，衣其皮革，被旃裘"[2]。本着就地取材的原则，北方游牧族群的衣着多以皮革为材质，在款式上则多为紧身轻便为特征，便于骑射，更像作战的军服，不像中原的宽衣博带，脱胎于礼仪祭祀的那种情形。所以到了战国时期才有赵武灵王对胡服效仿的改革，便于发

---

[1] （清）孙希旦：《礼记集解》，中华书局1989年标点本，第801—802页。
[2] 《史记》，中华书局1959年标点本，第2879页。

展骑兵和军事行动。

（2）饮食方面的差异

《礼记·王制》载："中国戎夷，五方之民，皆有性也，不可推移。东方曰夷，被发文身，有不火食者矣。南方曰蛮，雕题交趾，有不火食者矣。西方曰戎，被发衣皮，有不粒食者矣。北方曰狄，衣羽毛穴居，有不粒食者矣。中国、夷、蛮、戎、狄，皆有安居、和味、宜服、利用、备器，五方之民，言语不通，嗜欲不同。达其志，通其欲，东方曰寄，南方曰象，西方曰狄鞮，北方曰译。"① 这一段话形象地说明了五方之民的饮食差异，在中原族群看来，用火加热食品是中原的特色，而四方之民则各不相同。从远古时代人们就发明了火，将食物煮熟了之后才吃，"唯有火化，食草木之食、鸟兽之肉，饮其血，茹其毛"。这是上古时期人们的生活状态，《韩非子·五蠹》载："民食果蓏蚌蛤，腥臊恶臭而伤害腹胃，民多疾病。有圣人作，钻燧取火以化腥臊，而民说之，使王天下，号之曰燧人氏。"② 在火食之前人类确实经历了一个茹毛饮血的时代，之后发明熟食，无疑是一个巨大的进步，所以中原的火食在客观上是具有进步意义的。周人是典型的农业族群，在饮食上多是以植物性食物为主，对于植物习性的深刻把握和理解是周人生活的主要内容之一。华夏族群多以植物性食物进食，同时也有一定的肉食。与其他族群比较起来，周代的饮食文化除了解决基本的果腹的功能外，还承载着一定的价值和意义。周代的飨礼就是把饮食规程的礼仪化和程式化，并与其他礼仪结合起来共同构成具有一定意义的活动。周代的贵族普遍采用青铜器器皿作为食具，普通民众则大多数使用陶器，虽然材质相差比较大，但是器型则大同小异，可以分为炊煮器、盛食器和取食器三类，包括鼎、鬲、甗、盆、簋、敦、豆、爵、角、觚、尊、觥、觯、卣、彝、壶。周人继承了商人的酒文化，在周人的

① （清）孙希旦：《礼记集解》，中华书局 1989 年标点本，第 442 页。
② （清）王先慎：《韩非子集解》，中华书局 1998 年标点本，第 442 页。

文化当中有一定的地位。在开国之初，周人发布较为严格的禁酒令。贵族多食用肉食，酒与肉食是搭配在一起的。在春秋战国之际，贵族的食品已经非常讲究，在山东滕州春秋前期薛国墓葬的一个青铜铜簋里发现了类似水饺或者馄饨的食物。① 当时的饮食发展程度比较高，有丰富的种类。当时的人对饮食的卫生情况是十分重视的，这些原则有些是以礼仪的形式表现出来，我们把这一部分内容称作礼仪的理性部分，人类奔向理性与科学的道路是艰辛而曲折的，但是在所谓神秘和等级的系统中往往有理性的因素，这些因素我们在进行研究时应当格外重视。在一定程度上，这是华夏文化的先进性之所在，孔子曾说："食不厌精，脍不厌细。食饐而餲，鱼馁而肉败，不食。色恶，不食。臭恶，不食。失饪，不食。不时，不食。割不正，不食。不得其酱，不食。肉虽多，不使胜食气。唯酒无量，不及乱。沽酒市脯，不食。不撤姜食，不多食。"② 这一段话包含几层意思。其中不能因为饭食精美就吃的过多。所谓"馁""败"均指饮食经久而腐败，不食用这样的食物是完全正确，符合现代的卫生常识。"色恶""臭恶"指食物变色变臭，这种食物当然不可食用。周人一般在早、日中、夕三时进餐，不在这三个时间不食。吃饭的时候要合理搭配，不可贪多吃肉，也不可过量饮酒，以免酒后造成不好的事情。孔子主张这些饮食习俗，其中许多是合乎科学道理的。"食不语，寝不言"，今天看来也是有科学道理的，吃饭时讲话确实会发生一定危险，现实生活中不乏这样的例子。周人进食不用箸，是用手抓取，古人因此而制定一些规则。进食的时候，手要干净，已经用手取过的饭不要再放回共用的放饭食的器皿当中；已经用手取用的鱼肉等食物也不要再放回去；进食的时候也不要把肉骨头马上扔给狗。《礼记·曲礼》载："共食不饱，共饭不泽手。毋抟饭，毋放饭，毋流歠，毋咤食，毋啮骨，毋反鱼肉，毋

---

① 山东省济宁市文物管理局：《薛国故城勘察和墓葬发掘报告》，《考古学报》1991 年第 4 期。

② （宋）朱熹：《四书章句集注》，中华书局 1983 年标点本，第 119—120 页。

投与狗骨。毋固获，毋扬饭，饭黍毋以箸。毋嚃羹，毋絮羹，毋刺齿，毋歠醢。客絮羹，主人辞不能亨。客歠醢，主人辞以窭。濡肉齿决，乾肉不齿决。毋嘬炙。"[1] 这些饮食方式已经形成了华夏独有的饮食习俗，并与尊重长辈、谦逊等这些价值观在一起展示出来的。

2. 生产方式的差异

华夏族群的典型生产方式是旱作农业，这可以认为是周代农业文化不断扩张的结果，而春秋时期的戎狄族群也有农业，但是仍然有一定的畜牧业。旱作农业就是固定的周期性，以对土地、气温和降水的高度依赖为特征，居民则必须和土地紧密结合在一起，财富以土地为最高形式。在春秋时期，农业的发展程度较高。通过对山西侯马晋故城和河南新郑韩故城的青铜手工作坊中青铜农具的研究，均发现了生产青铜农具镢、铲、镰、锛等一类的陶范[2]。这说明青铜农具已经纳入了当时的生产范围。可以推测，春秋战国时期青铜器不再只作为礼器，而是制作为在农业中广泛使用的生产工具。在春秋时期人们已经将铁器用于农业生产中，大大地提高了农业生产率。在畜力方面主要是牛耕的使用，以牛拉犁耕地是春秋时期农业生产工具革命性的变革，极大地推动了农田的开垦，使得许多荒地都被开发，农业进入一个更高的阶段。由此可见，这时中原已经具备发达的农业。同时，春秋时期也有一定数量的采集经济，在《诗经》中有大量的篇幅描写当时人们采集的情况，《诗经·周南·关雎》："参差荇菜，左右采之。"《诗经·周南·卷耳》："采采卷耳。"《诗经·召南·采蘩》："于以采蘩。"《诗经·召南·芣苢》："采采芣苢。"《诗经·召南·采

---

① （清）孙希旦：《礼记集解》，中华书局1989年标点本，第57—58页。
② 侯马市考古发掘委员会：《侯马牛村左城南东周遗址发掘简报》，《考古》1963年第2期；河南省博物馆新郑工作站、新郑县文化馆：《河南新郑郑韩故城的钻探和试掘简报》，《文史资料丛刊》1980年第3期。

薇》："于以采苹，于以采藻。"① 这一组诗歌描述了周人采集经济
的情况，当时采集的植物种类很多，有的食用，有的药用。这里
的二南就是周公和召公统治的南方地区，主要指包括长江、汉水
和汝水流域的。这里采集经济发达的原因和南方地区的降水较多、
植物繁盛等因素密切相关。

春秋时期的畜牧业较商周之际更为发达，《诗经》中有许多描
写牲畜的场面。《诗经·周南·汉广》："翘翘错薪，言刈其蒌。之
子于归，言秣其驹。"这是一首割草喂马驹的诗歌。《诗经·召南
·驺虞》："彼茁者葭，壹发五豝，于嗟乎驺虞！"这是一首描写在
芦苇丛中放猪的诗歌，说明当时人们已经在有意识的饲养猪。我们
知道，猪是农业区的一个标志性的动物。因为它为杂食性，存在与
人类争夺食物的情况。也有一些诗歌表现了在广阔野外牧马的情
形，《诗经·鲁颂·駉》："駉駉牡马，在坰之野。薄言駉者，有骊
有皇。有骊有黄，以车彭彭。思无疆，思马斯臧！"②

关于商周时期的鬼方已经有许多学者做过研究，除了受商周文
化影响之外，其自身的特点也占有主导地位，其陶器、生产工具风
格不同于西北其他地区，其社会经济以农业为主，而畜牧和狩猎也
占有一定的比例。在考古发掘中出土了马、牛、羊、猪、狗、鹿等
动物骨骼。③ 戎族是活跃在我国西北地区的古老族群。《尚书·禹
贡》有"织皮、昆仑、析支、渠搜、西戎即叙"这样的话语，可
以解读为当时西戎小国已经归顺的证据。戎族早在先周时期就与周
人发生过冲突。《后汉书·西羌传》载："及子季历，遂伐西落鬼
戎。太丁之时，季历复伐燕京之戎，戎人大败周师。后二年，周人
克余无之戎，于是太丁命季历为牧师。自是之后，更伐始呼、翳徒
之戎，皆克之。乃文王为西伯，西有昆夷之患，北有猃狁之难，遂

---

① 这一组来自《诗经》的诗歌主要表现的是周代南部山区的生活，与当地的地理
环境关系密切。

② （清）王先谦：《诗三家义集疏》，中华书局1987年标点本，第1065—1066页。

③ 李吉和：《中国西北少数民族通史》（先秦卷），民族出版社2009年版，第211
页。

攘戎狄而戌之，莫不宾服。"① 西周时期戎人与周人发生多次冲突，关于这些戎人的地望，各家研究结论不一，杨建新认为在陇山、泾水、北洛水上游一带。我们分析的金文也支持这一观点，其地望在陇山固原一带②。也有学者认为是在汾水之南的晋南一带，主要以钱穆、陈梦家、邹衡为代表③，顾颉刚走得更远，指出"均在陕西境内"④。戎族的社会经济呈现出二元特点，既有畜牧业的因素，也有定居农业的因素，只不过在不同的部族间呈现出的比重有所不同。

在春秋中期偏早阶段，在公元前 7 世纪前后，诸多因素的出现导致这种二元化生产方式的逐渐减少，要么从事农业生产，要么开始专业化的游牧经济。在中国北方地区出现了专业化的游牧经济方式，其与农业生产方式大相径庭。对于农业族群而言，土地是最为重要的生产资料，因为农业生产必须固定在土地上才能进行，对于游牧族群而言，拥有土地并非十分重要，但是能够适时地使用土地则是至关重要的。从族群关系来讲，匈奴是一个混合体，包括核心族群和非核心族群，从西戎、戎狄、戎夷、犬戎、山戎、猃狁等名称上来看，大都带有戎字，可以理解为是一个泛匈奴民族群体。游牧经济的核心特点表现为迁徙性与流动性，财富不易集中，产品主要是从畜产品上获得，这和农业生产有巨大的区别。在一定意义上，游牧经济有一定的脆弱性，属于依附性经济方式，必须和农业经济进行必要的交换，才能长期存在。中国北方的游牧经济就是依托南方农耕经济的附属体。

游牧经济的第一个特征是流动性。对比经济方式，农业族群是定居的，游牧族群是流动的，这就是古书上所说的"逐水草而居"

---

① 《后汉书》，中华书局 1965 年标点本，第 2870—2871 页。

② 杨建新：《论戎族》，《西北史地》1984 年第 1 期。

③ 钱穆：《周初地理考》，《燕京学报》1931 年第 10 期；陈梦家：《殷墟卜辞综述》，科学出版社 1956 年版；邹衡：《夏商周考古学论文集》，文物出版社 1980 年版。

④ 顾颉刚：《从古籍中探索我国的西部民族——羌族》，《社会科学战线》1980 年第 1 期。

和"居无定所"。畜群需要青草才能生存，牧民们的生产活动实际
上是对自然利用的过程，不是一个改造控制的过程。农业生产的过
程是一个干预、控制、利用的过程，即对农作物水、肥、害虫等进
行控制。诸夏主要靠农业，所以对土地看的相当重。《国语·晋语
七》载："且夫戎狄荐处，贵物而易土。与之货，其利一也。边鄙
耕农不做，其利二也。"一般来说，当一个草场的青草被吃完之后，
为了保护草根，就必须转场，根据季节的差异和南北气候的区别，
有"冬营地"和"夏营地"，古书称之为"行国"。这种迁徙并非
漫无目的的流浪，而是遵循着一定的规律和线路进行的，大体上对
牧区有所划分，并按照一定规律周期性的迁徙。游牧经济的第二个
特点是分散性。首先根据牲畜的种类和食性进行分群放牧，马、
牛、羊所吃的草各异，各自的放牧方法也不尽相同，这就决定了放
牧不能过分集中。因为草原的承载量是有限的，所以才会出现相当
的分散性。这与农业的比邻而居、人口相对集中等特点形成反差。
第三个特点就是生产的不稳定性。游牧经济是一种相当脆弱的经济
形式，旱、风、雨、雪的灾害往往会严重威胁着部族的生存安全。
一旦大雪导致牲畜冻馁，死亡很多，经济基础一下就会遭到破坏。
游牧经济的第四个特点就是文化发展较缓慢，缺少积累效应，程度
忽高忽低。由于经常迁徙流动，文化不易积累，生产技术不易总结
和传承，会出现在同一地区的游牧部族，后来者的发展水平反倒不
如前者的情况，鲜卑是在匈奴之后占领其故地，但是社会生产力十
分低下，畜牧业不发达，农业更差。①

通过上面的分析，我们已经清楚了游牧经济与农耕经济在生产
方式上巨大差别，因为经济基础是社会中最为基础的部分，这种差
异影响了两种社会的组织形式，进而对社会的价值系统也产生了巨
大影响。

3. 社会组织制度的区别

梁启超指出"群狄始以合为强，终以分而灭。僖文以前《经》

---

① 林幹：《中国古代北方民族通论》，内蒙古人民出版社 2007 年版，第 70—72 页。

皆通书狄，宣公以后乃有赤狄、白狄之名，是狄始合终分之明证"①。游牧经济的特点决定了只能结成松散而短暂的联合体，缺少稳固性，极其容易分裂，这也是其形不成合力而容易失败的重要原因。游牧组织和游牧经济是相互适应的，有着与农耕文明完全不同的方式，分裂和平等自主是其基本特征，可以概括为"分裂型社会结构"，层级当然也简单得多。

西周政府的结构是一个按照"二分制"原则建立起来的，中央王室的行政区与东方的地方方国相分割，实际上形成了由诸侯代理支配的行政区域。大量的册命铭文证实周王确实行使着权力，并且将整个西周国家都看成有其负责的区域。② 西周国家是一个分层结构，通过政治代理原则进行的宗族延伸，并由国家政治权力编制在一起的聚落网状组织。这是一张巨大的网络，可以将王权渗透到社会的每一个组织细胞。这主要是建立了比较复杂的官僚系统和政府组织，有一定官僚考核晋升体系，这种复杂的系统在古代社会是伟大的创举。春秋已降，虽然各诸侯逐渐摆脱了周王的束缚，但是文化上的认同感已经形成，不易更改，各诸侯都会模仿周王室的建制组织政府，构建严密的官僚管理体制。这一切的基础是定居的生活，相对固定的土地范围，为政权的复杂化提供了可能的基础。

上面已经讨论过北方游牧部族分散性的特点，这使得社会组织的建立出现了一定分裂的特征，对于社会中个体而言，则具备了一定的民主性因素，不像农业社会中个体的人处在一个等级的序列当中，完全是在社会网络中扮演自己的角色，缺少自主性和平等意识。游牧经济的特点使政权组织松散，忽强忽弱，兴衰时间都比较短暂。经济基础上的分散和不稳定，反映在上层建筑上就是政权组织松懈，机构相对简单。当畜牧业繁盛之时，生产力水平迅速提升，如果出现杰出的领袖，国力便会迅速强大，开疆

---

① 梁启超：《春秋蛮夷戎狄考》，载《梁启超全集》，北京出版社1999年版，第3430—3434页。

② ［美］李峰：《西周的政体——中国早期的官僚制度和国家》，吴敏娜等译，生活·读书·新知三联书店2010年版，第102—103页。

辟土，无往不胜，国土会达到千万里之遥。一旦发生天灾人祸，生产力萎缩，战争失败，短时间内会陷入分裂，甚至会瓦解。人口与牲畜是游牧社会最为主要的生产力，当因天灾而人口锐减时，部族就会陷入衰落，而在人口繁衍到一定程度的时候，自然就会兴旺。

社会组织简单，一般实行兵民一体的组织形式，即生产组织与军事组织相结合。根据学者的研究表明，两汉时匈奴中央化领导、治国的官僚集团和节序化的地方体系，形成了类似的"国家"形式。这些研究者实际上接受了《史记》《汉书》《后汉书》中的相关记载，指出国家的统治权掌握在单于手中，而左右有辅政地位的"贵姓"集团，他们只有辅政地位而没有部落，有学者认为这些贵族与单于家族构成民族学中的一族体之"半族"，相互通婚。① 这些人可以看成是职业型的参政力量。此外，有左右贤王等二十四个受封的首领，皆为单于近亲子弟，这些人统率不同的部落，其主要功能在于军事动员上，其下有千长、百长、什长。美国人类学家巴菲尔德认为从中央到地方的组织建构中，加盟或被征服的部落是在二十四长的统领下纳入国家体系中的，二十四长是单于在地方上的代表，加盟部族与匈奴国家的关系是这个链条最为薄弱的一环，因为地方领袖的权力在名义上是国家政权的一环，但是却受到基层民众的拥护。② 因为生产的分散性和移动性，使得来自上层束缚力不能起到实质性的作用，反倒是来自下层的利益博弈决定国家现实，这是有游牧生产特征所决定的。人类在面对这样特殊的自然环境时创建的这样一种政治体，一方面要配合游牧经济生产并且与牧民社会兼容，另一方面又要从外部获得资源已延续这个体系，两者常会

① 谢剑：《匈奴政治制度研究》，《"中央研究院"历史语言研究所集刊》1969 年第 41 本。

② Thomas J. Barfield, "The Hsiung-nu Imperial Confederacy: Organization and Foreign Policy", *The Journal of Asian Studies*, Vol. 41, No. 1, 1981.

发生内在矛盾冲突。① 因此，游牧社会是建立在分散和分支的基础上的，正如《史记·匈奴列传》描述："其见敌则逐利，如鸟之集；其困败，则瓦解云散矣。"② 这就反映了游牧社会可聚可散的社会特征。在匈奴社会中没有常设的层级性的管理体系和相关的政治权力，社会人群可以平等竞争，在日常活动中自行决定其行为。

游牧社会与农耕社会之间存在巨大的差异，例如，集中性与分散性的对立，定居性与移动性的对立，在政权整体构建上则出现了等级性和分散和分支的差异，进而形成集权与分权的区别。这一切都是我们采用现代视角所做的一种解析，实际上在中国传统的历史叙事结构中，游牧社会所代表的往往是愚昧落后和不同礼仪。华夏区域在两周时期礼仪文化的发达是不可否认的事实，游牧社会一直信仰原始宗教，祭祀文化并不发达，因而自然不会衍化为礼仪，而这种文化资源也是族群认同和国家构建的强大的精神纽带。礼仪文化价值系统是中国古代史学家判别华夷的标准，用夏礼者为夏，用夷礼者则为夷。

4. 文字与价值系统差别

（1）文字和语言的差异

中国历史的叙事系统都是按照华夏自身方式进行的，对于游牧社会的语言研究是有一定难度，春秋战国之际在中国北方活动的族群中牵涉四个语系。第一为中泰语系，这个语系是指产生于中国及印度支那的各种语言及方言。第二为藏缅语系，羌族属于这个语系，有学者认为周朝的语言也属于这个语系，商朝却属于中泰语系，不过这两个语系也是有一定关系的。第三为印欧语系，大月氏就属于这一语系。第四为乌拉尔阿尔泰语系，突厥、蒙古、通古斯语言及方言均属于这一系统，最早可能是一种森林地区的语言，后

---

① 王明珂：《游牧者的抉择——面对汉帝国的北亚游牧部族》，广西师范大学出版社 2008 年版，第 146 页。
② 《史记》，中华书局 1959 年标点本，第 2879 页。

来逐渐传播到草原、北部寒冷地带及绿洲地区。① 匈奴语言与华夏语言差别较大，在公元前 2 世纪形成。这样的观点林沄在研究中也阐述过，除了将春秋时期的戎狄与战国匈奴进行区分外，他也认为对北方草原文化形成的外来因素应当予以重视。同时，林沄也指出北方游牧草原地区文化一部分是在本地发生的，同时还受到遥远西方的影响。欧罗巴人种和文化对于两周社会是有影响的，西周召陈村的欧罗巴人蚌刻就是证据之一，北方系的管銎斧是西来的器物。②这一观点可以证明拉铁摩尔观点的合理性。对于欧罗巴人进入北方的路径，水涛认为进入中国北方的欧罗巴人可能来自新疆东部的欧罗巴族群，也有可能是来自北方戈壁或草原的游牧族群。水涛的观点是比较全面的。③ 总体看来，北方游牧社会的语言是属乌拉尔阿尔泰语系，与华夏不同。一些年轻研究者在匈奴文字方面力图有所突破，通过对阴山地区岩画中刻画符号的分析，进一步认为这是后来匈奴文字的雏形。④

《左传·襄公十四年》载："诸戎饮食衣服，不与华同，贽币不通，言语不达，何恶之能为？"⑤ 姜戎氏最初在山西中部，后来南迁至河南北部，与诸夏杂处，但保持着相对的独立性。东南吴、越两国的土著语言，与华夏语言的差异也是极大的。在《史记》提到吴越君主的名字，总是比较佶屈聱牙，特别拗口，这可能是音译的结果。比如"疆鸠夷""柯卢""禽处""颇高""余祭"等，这都是华夏词汇中少见的。词语本身是没有意义的，这应该是语音对译的结果，是两个不同的语言系统之间翻译的结果。

（2）尊老与贱老

在两周的传统社会中，由于老人在农业生产中的重要地位，

---

① ［美］拉铁摩尔：《中国的亚洲内陆边疆》，唐晓峰译，江苏人民出版社 2005 年版。

② 林沄：《中国北方长城游牧文化带的形成过程》，《燕京学报》2003 年第 14 期。

③ 水涛：《从周原出土蚌雕人头像看塞人东进问题》，载水涛《中国西北地区青铜时代考古论集》，科学出版社 2001 年版，第 62—67 页。

④ 马利清、宋远茹：《关于匈奴文字的新线索》，《考古与文物》2004 年第 2 期。

⑤ 杨伯峻：《春秋左传注》，中华书局 1981 年标点本，第 1007 页。

在社会中非常受到重视。由于老人掌握丰富的生产经验，代代相传，尊重老人是周代社会的基本价值之一。《礼记·乡饮酒义》："六十者坐，五十者立侍，以听政役，所以明尊长也。六十者三豆，七十者四豆，八十者五豆，九十者六豆，所以明养老也。"①通过礼仪等级序列的形式来表达对老人的尊重，充分肯定老人在社会生活中的重要性，完全是按照岁齿来规定尊崇之程度。这是农业社会中的一个显著特色。因为在定居社会中，技术和经验居于主导地位，而老人无疑是这些知识与经验的载体，就自然形成了尊老的价值取向。在《左传》中有许多老人作为智者的身份出现，也是作者将尊老的传统凝结于史学之中，并以此来表达华夏这一价值的合理性。周代礼仪从方方面面都照顾老年人，形成一套完整的制度来保护老人的地位，"周人贵亲而尚齿"与孝悌是结合为一个整体的，不但强调族内孝悌，也强调族外的尊老。所以，尊老是周代重要的价值观之一，也是礼仪文化系统不可或缺的一个组成部分。

与华夏社会相比，北方的游牧社会对待老人的态度则是完全相反。《史记·匈奴列传》："其畜之所多则马、牛、羊……逐水草迁徙，毋城郭常处耕田之业，壮者食肥美，老者食其余。贵壮健，贱老弱。"②游牧社会相对于农耕社会面临更加严酷的挑战，来自自然的和异族的压力使得社会价值做出的适应性选择，在战争状态下或者面临严酷的自然环境，老人都会成为社会的负担。③由于不断的迁徙，也使得老人的地位难以提高，毕竟在这样的过程中老人会行动不便，拖累整个族群的行动，这些因素都促使在游牧社会中形成了贵壮贱老的观念。在华夷对立的背景下，这一点往往受到华夏族群思想家的攻击，在宗法伦理的视角下，北方游牧族群的贱老行为被看作极大的不孝。这一点严重动摇了周代礼仪文化的核心，即男

① （清）孙希旦：《礼记集解》，中华书局 1989 年标点本，第 1428 页。
② 《史记》，中华书局 1959 年标点本，第 2879 页。
③ 王文光、沈芸：《〈史记·匈奴列传〉与匈奴社会》，《思想战线》2013 年第 1 期。

权社会的家长制度，也就是危及了周代的社会秩序的基础，所以必须严加批判。

（3）婚姻制度的问题

周代的婚姻制度与政治联系最为紧密的就是一夫一妻多妾制度，这种制度安排是周人为了确定继承人而进行一项重要制度变革。这样可以保证嫡长子继承制度得以顺利进行，从而避免在王朝继承权上发生动乱和冲突，进而影响政权的稳定性。这也是商周文化大变革的内容之一。① 在春秋时期，婚姻关系出现保守与开放并行的格局，一方面人们遵守礼制，严守贞操，另一方面却有着相当自由的空间。《诗经》中大量记载着婚姻自由、男女私奔等细节，说明在下层社会确实存在着一股清新自由之风，本质的区别在于，贵族的婚姻主要是社会政治关系的内容，婚姻就是政治，平民则是建立在男女相悦的情感基础之上，当然更加开放和自由，也更率真。东周时期还有"烝""报"婚的情况，所谓"烝"，就是嫡子与庶母或者庶子与嫡母之间的婚姻结合，就是父亲去世之后儿子娶除生母之外的父辈妻妾。"报"是指"淫亲属之妻"，就是贵族男女旁系亲属不同辈分的婚姻，可以是侄子辈与叔母和婶母，也可以是叔收继嫂子的行为。但是这种婚姻在东周的历史中并不具备普遍性，只是在礼坏乐崩的情况下贵族的个别行为，既没有合法性也是违背周人的礼仪传统，是贵族道德礼仪的退化，其流行地区主要在晋、卫、郑、齐、楚诸国，也就是深受蛮夷之风浸淫的地方。古人有郑卫之风淫的说法，晋人同戎狄社会联系亲密，楚人在南方长期不被认为是华夏族群。

游牧族群的婚姻制度主要是叫作族内转房婚，"父死，妻其后母。兄弟死，皆取其妻妻之"②。这个相当于华夏的"烝""报"婚，其实在北方游牧社会而言则是一种制度，即普遍遵守的准则。有学者解释这是为了约束寡母寡嫂，其后则是为了保持一家一户

---

① 王晖：《商周文化比较研究》，人民出版社2000年版。
② 吕亚虎：《东周时期"烝""报"婚现象考辨》，《人文杂志》2004年第6期。

的个体劳动能力，还有增强家庭劳动生产力的意义。① 这样的分析固然是一个良好的视角，对于文化意义和经济意义的把握也基本有效，但问题的核心并不在这里。这种婚姻制度可以使得妇女和小孩在一定血缘关系的人下获得保护，维持家族的利益，包括人丁和财产。这种婚姻制度是游牧族群面对残酷的自然挑战时的合理选择，在游牧社会中，妇女的生育能力就是社会中非常珍稀的资源，由于各种各样的原因，这里人们生育的成活率是比较低，如果让育龄妇女守寡，对于整个族群来说是巨大的浪费，人口的生产对于部族的兴衰意义重大。不管是娶其后母还是其寡嫂，都是在家族血缘的范围内最大限度地增加人口，维持家族的稳定，这是在特定的自然环境下社会价值道德的自然选择。

意大利社会学家和经济学家帕累托提出的理论可以给我们提供思路。帕累托提出的帕累托优化（Pareto Optimality），也称为帕累托效率、帕累托改善或帕累托改进，是建在帕累托最优（Pare – Toeffi Ciency）基础之上。它是博弈论中的重要概念，在经济学、工程学和社会科学中有着广泛的应用。帕累托最优是指资源分配的一种状态，在不使任何人境况变坏的情况下，而不可能再使某些人的处境变好。帕累托优化是指一种变化，即在没有使任何人境况变坏的前提下，使得至少一个人变得更好。一方面，帕累托最优是指没有进行帕累托优化的余地的状态。另一方面，帕累托优化是达到帕累托最优的路径和方法。帕累托最优是公平与效率的"理想王国"。在游牧族群中的贱老和族内转房婚就是把族群作为一个整体，在经过人们不断的调适之后确定下来。这种制度可以使族群福利最大化，同时没有损害其他的人的福利，也就是增加了族群的总福利，即达到了最优的状态，之后会演变成一种制度性安排，最后会升华为价值系统的东西。对待老人如果投入过大的资源，在资源短缺的草原经济系统中可能会成为威胁

---

① 王文光、沈芸：《〈史记·匈奴列传〉与匈奴社会》，《思想战线》2013 年第 1 期。

整个族群的安全，在需要取舍的时候，自然会放弃老人的福利从而使得整个族群福利最大化。在对待老人的问题上就是社会资源在社会中不同人群的分配方案，无疑在游牧社会中老人是最先被排除掉的，要不然可能会成为在食物有限的条件下危及其他更为重要的社会成员的利益。

第三节　两周华夷观的特征及其影响

一　两周华夷观的特征

（一）族群主义与文化主义并行

在两周之后的中国历史长河中，族群冲突呈现出缓和与紧张两种趋势，这种变化发展过程与华夏政权的力量强大与否有密切的关系。当中原王朝处于上升时期，力量强大，政权的政治经济实力迅猛发展，大一统的制约作用就会发生作用，于是更多地体现出华夷一体的特征，体现出更多的包容性。当中原王朝实力下降，抵抗力衰弱，统治机构效率低下时，中原王朝就会显得更加保守，族群冲突加剧，族群矛盾尖锐，就为华夷之辨提供了温床。

历史发展的不平衡性为华夷观提供了强化或淡化的土壤，这种因素的综合作用使得族群矛盾或是紧张或是缓和，当然分析的主体是以华夏族群为立足点的。大致而言，春秋后期至战国时期逐渐淡化，两汉到两宋之间又开始增强，元明清统一相对成熟，又逐渐趋于缓和，这是大的趋势。每一个朝代都有自己的特点，在一个时期中也有主流的思想与非主流的思想。就本质而言，华夷关系体现的是中国文化在传播过程中的主体性文化整合，并受到儒家德治主义文化的强烈影响。在汉代以后中国文化中儒家思想地位得到迅速提升，成为官学，逐渐成为中国统治阶级的主体思想。这种文化呈现出强烈的伦理主义主题和构型上的伦理型特色，在这种文化模式形成之后，会呈现出稳定性和持久力，并会用宽容和排斥这两种极端方式对待外来文化。中国国力强盛、文化繁荣的时候，就会出现雍容大度的气派，"两汉风度""盛唐之音"就是中国文化对异域文化的吸收和博采众长，华夏文化的心态自信开放，对待外来文化就会"王者无外"，中国伦理主义主题对异类文化的融摄是成功的，这个大趋势是用夏变夷，华夷之间的差异才不会严格。唐朝时期的"爱中华夷狄若一"就是这种族群思想的典型代表。

一旦进入乱世，朝廷内政混乱，边患频仍的年代，族群冲突加剧，宋元到明清之际北方族群大举进攻中原王朝，落后的"蛮夷"征服了先进的"华夏"，而往往这个时候，"严夷夏之防"的呼声就会出现。当外部族群冲突的压力增大时，中国文化有被"由夏变夷"的危险，这时士大夫就会保卫华夏，斥责夷狄之野蛮。在中国历史上，以华夏为核心的文化中心主义和包容异质文化的和平主义正是华夷之辨的两种属性，用夏变夷的思想原则深刻地影响了中国文化的走向和命运。美国学者杜赞奇认为，必须从"文化主义"和"民族主义"两种视角来看待中国的历史，"文化主义是一种明显不同于民族主义的意识形态。……文化主义指的是一种自然而然的对于文化自身优越感的信仰，而无须在文化之外寻求合法性或辩护词"。"士大夫阶层的文化、意识形态、身份认同主要是文化主义的形势，是对于一种普遍文明的道德目标和价值观念的认同。"这种文化主义（天下主义）是把"把文化—帝国独特的文化和儒家传统看作一种界定群体的标准。群体中的成员身份取决于是否接受象征着效忠于中国观念和价值的礼制"。于此同时，杜赞奇也指出，当中原文明衰落或者倾覆的关键时刻，夷狄就不是中原教化的对象，而是现实的敌人，此时中原族群就会放弃"天下帝国的发散型的观念，而代之以界限分明的汉族与国家的观念，夷狄在其中已无任何地位可言。"① 在不同的历史时期，文化主义和族群主义交替出现成为中国历史上华夷关系的特色，因此华夷之间的开放和封闭与政治力量的对比密切相关。盛世开放和衰世封闭，华夷之辨虽然以种族为表达形式，但是实际上是文化为体、政治为用。② 政治为

---

① ［美］杜赞奇：《从民族国家拯救历史——民族主义话语与中国现代史研究》，王宪明译，社会科学文献出版社 2001 年版，第 44—47 页。
② 罗志田：《夷夏之辨的开放与封闭》，《中国文化》1996 年第 2 期。

用就是在族群冲突严重时，正统论便会很有市场，其渊源就是《公羊传》的大一统思想。其封闭的极致，就是中国完全被异族征服，士大夫阶层只好隐而不仕。

从影响的结果来判断，华夷的思维模式实际上发挥了一定的积极意义。其一，"华夷"观念在一定层次上维护了华夏族群的内在精神气质。在历史上中原王朝不断地遭受到异族的入侵之际，往往会涌现出一批捍卫华夏利益的优秀之士，在华夷观念的感召下，高扬伦理主义的大旗，抵制武力入侵和文化压制，力争维持中华的道统，不断刺激强化华夏的族群精神，在血与火的洗礼中凝结了族群和文化的统一。其二，对于个人而言，华夷观念同中国人个体的影响力密切相关，对于华夏族群而言是结成一个命运共同体，中国人长期受此文化渲染，是与中国人长期对于族群的归依心里是分不开的。在内讲究家、家族乃至国家范围内的位置和义务，中国人在生活中恪守着自己的责任，在外则是华夷之分，成为个体必须严守的价值原则，这些英雄人物因为恪守华夷原则被人们深深的怀念。

历史上的华夷之辨也引起了许多消极的因素，在思维的视角上必然是华夏文化中心的模式，浓缩了以华夏文化为中心向周边异族呈辐射状文化同化和文化认同的历史过程，与历史的大汉族主义偏见密切相关。这种大汉族主义者在处理族群事务中所援引的理论之一，便是华夷思维方式给族群共同体给我们所带来的消极影响。在少数族群建立政权时，统治阶级就会从各个方面淡化华夷之辨，汉族人则要经过痛苦的选择，这时候，华夷之辨的观念会对社会产生消极的影响。[①] 华夷之辨最后阶段演变成了中西文化之争，到近代历史开启之时，天朝大国还梦想着用过去的华夷思维去解决问题，结果在坚船利炮面前被撕扯得粉碎。

（二）以文化来分辨华夷的开放性

经过夏商周三代的发展，中原地区的居民基本形成以礼仪制度

---

① 刘锋焘：《艰难的抉择与融合——浅论"华夷之辨"观念对中华民族史的负面影响》，《文史哲》2001 年第 1 期。

为中心的文明体系，与周边族群关系有对抗也有合作，儒家结合现实，对社会客观存在进行理性概括。东周王城附近也有伊洛之戎，僖公十一年夏，扬、拒、泉、伊洛之戎同伐京师；哀公十五年，卫侯站在卫国都城上可以看见戎州，说明当时已经杂居的历史事实。对于越来越统一的局面，在强调华夷之别的思想之外，逐渐产生了相互交流与和睦相处的思想，这就是公羊学派夷夏观的精华之所在。在孔子的思想里，就包含着融入异族的萌芽，针对华夷的问题实际上是非常理智的，根本不是狭隘的族群主义。《春秋》为孔子所删减，其中必然包含着其思想。楚国与吴国在春秋初年，都因为文化落后被称为蛮夷之国，到了鲁宣公十二年及鲁定公四年，《春秋》就开始称其为"楚子"和"吴子"，与诸夏处在相同的地位上。这些书写的方法就是用简略的文字来表达其深刻的政治思想。①

在公元前648年的邲之战，郑伯肉袒到楚国阵地谢罪，楚庄王下令退师，将军子重认为付出巨大牺牲却如此退师，恐怕会失去民心，楚庄王用礼与利的关系进行劝说。晋荀林父率师救郑，楚国在大败晋师的情况下，放走晋军，理由是百姓何罪之有。这里说明楚人在文明和道德上已经胜晋人一筹，《公羊传》中赞楚庄王有礼，晋爵为子，对于晋则加以贬责。血缘也好，地域也好，都是僵化的，只有文化是最为根本性的因素，也是最为开放的系统，只要有这样的机制和胸襟，就会使得族群更具有包容性。这里有着中华族群能够在历史的长河中生生不息，像滚雪球一样越来越大，其中文化的包容性起了重大的作用。前面我们讨论过，这个雪球的凝结因子就是周代礼乐文明。诸夏与蛮夷不是不可更改的，地域不是问题，血缘也不是问题，主要看是否遵守华夏礼仪。《公羊传·定公四年》载："冬，十有一月，庚午，蔡侯以吴子及楚人战于伯莒，楚师败绩。吴何以称子？夷狄也而忧中国。其忧中国奈何？""庚辰，吴入楚。吴何以不称子？反夷狄也。其反夷狄奈何？君舍于君

---

① 陈其泰：《儒家公羊派夷夏观及其影响》，《史学集刊》2008年第5期。

室，大夫舍于大夫室，盖妻楚王之母也。"① 前面一段吴国具有大局意识，所以可以称为子；在后半段，吴国打败楚国之后，其居人家室，妻人母女，所以就又被称为夷狄了。《公羊传·哀公十三年》载："公会晋侯及吴子于黄池。吴何以称子？吴主会也。吴主会则曷为先言晋侯？不与夷狄之主中国也。其言及吴子何？会两伯之辞也。不与夷狄之主中国，则曷为以会两伯之辞言之？重吴也。曷为重吴？吴在是则天下诸侯莫敢不至也。"② 吴国在会上主盟，实际上是在行华夏之礼，就又被称为吴子。

《公羊传》的贡献在华夷观上的核心就是不从种族、地域来划分华夷，完全按照文化的标准来进行，其意义是重大的，就仿佛树立了一个激励机制。诸夏如果认为优越而不思进取，可能恶化族群关系，甚至自己也会沦为夷狄，夷狄在心理上与诸夏平等，只要学习进步，就会变身华夏。这里面包含着合理的因素，汉代董仲舒继承这一思想，对于中国古代处理族群关系可谓贡献良多。冯友兰在评价武帝时司马相如通西南夷的具体措施给予高度评价，认为其对于"夷狄"与"中国"的区分，完全是文化上的，这正是《公羊传》讲的《春秋》之义。③ 东汉时期何休对这一思想的发挥到了更加完备的阶段，其所著《春秋公羊解诂》是比较完备的公羊学说义法的总结，并且加上历史进化论，这就是著名的春秋三世说。在《春秋公羊解诂》中，何休对族群关系用理论化的语言概括为"据乱世—升平世—太平世"三个阶段，在《公羊传》中春秋200多年的历史被分为"所见""所闻"和"所传闻"三个阶段，董仲舒将其发展为"公羊三世说"，对于春秋十二世的历史作了进一步的具体划分，"《春秋》分十二世以为三等，有见、有闻、有传闻。有见三世，有闻四世，有传闻五世。故哀、定、昭，君子之所见也。襄、成、文、宣，君子之所闻也。僖、闵、庄、桓、隐，君子之所

---

① 王维堤、唐书文：《春秋公羊传译注》，上海古籍出版社2004年标点本，第510—512页。

② 同上书，第560页。

③ 冯友兰：《中国哲学简史》，北京大学出版社1985年版，第21页。

传闻也。所见六十一年，所闻八十五年，所传闻九十六年。于所见微其辞，于所闻痛其祸，于传闻杀其恩，与情俱也。"① 这种划分是以孔子作为历史坐标，以其所经历的为所见，离他比较近的为所闻，更远的阶段为所传闻。所见世为尊者讳，微言大义，而所闻世，有所书，有所不书。蒋庆支持"三世说"与"夷夏关系"的演进变化是密切相关的，其中包含着何休的德治渐进与族群大同的思想，也就是对于未来社会天下一家、"夷夏一体"的美好向往。

文化的可塑性在公羊学说里发挥到了极致，彻底摆脱种族、血缘、地缘的束缚，用开放的心态面对不同族群的文化，成为不同文化相互融合不断向前发展，成为中国历史进步的显著特征。

二　两周华夷观念的影响

（一）华夷观念对史学编纂体系的影响

《尚书》将中国划分为"九州"和"五服"，在《左传》中虽然有华夏夷狄的区分，但是在纪年的体例上依旧是平等的，所谓"中国与外夷同年共世，莫不备载其事、形于目前"②。《国语》是分国纪事的国别体史书，在国别的安排上也将吴楚越等国与中原华夏的齐鲁晋一致。只是在《公羊传》中严防夷夏之别，用周礼和夷礼作为区分的基础，可以看成是史学思想的一个倾向。

有了秦汉大统一的背景，《史记》中的华夷观念相对比较淡薄，为四夷列传，在叙事结构上并不注重华夷之分，这种做法引起了后世强调华夷之别史学家的批评。班固在《汉书》中将四夷归为一类，且放在全书最后部分来表达对于少数族群的态度，班固说司马迁是非谬误，王若虚指出"凡诸夷狄，当以类相附，则《匈奴》亦岂在《李广》《卫青》之间乎？"③ 其语言中明显带有华夷差异的特点，认为不应该将《匈奴列传》放到《李广列传》和《卫青列

---

① 苏舆：《春秋繁露义证》，中华书局1992年版，第9—11页。
② （唐）刘知几：《史通通释》，上海古籍出版社2009年标点本，第25页。
③ （金）王若虚：《滹南遗老集》卷11《史记辨惑》，辽海出版社2009年标点本，第153页。

传》之间，因为这是华夷的大问题。刘知几指出："《史记》每论家国一政，则胡越相悬，……此其为体之失者也。"① 这是对《史记》当中胡越地位的质疑。赵翼讲："《史记》朝臣与外夷相次，已属不伦。"②在华夷问题上，班固的编纂思想体现了统治者的正统论，得到统一王朝的肯定，所以后世史学家在华夷问题上一般是抑马扬班，经过班固修订的纪传体断代史成为后代修订史书的样本，在唐代将其确定为正史，到了清乾隆朝确定了二十四史的地位。在《汉书》到《元史》之前的正史中，除了《陈书》和《北齐书》中无四夷传之外，其他各书均继承了《汉书》四夷传的传统，都继承了华夷之辨的观念。

中国的概念在元代实现了一些重大转折③，使得社会对于华夷的认识逐渐淡漠，华夷一体的思想逐渐增强了。由于中古时代的史学家都是为帝王服务的，往往视本族为正统，为征服其他族群提供理论支持。在中原王朝的强盛时期，可能更多强调华夷一体的思想，但是在族群关系紧张时期，华夷之辨的思想就会异常活跃。

总体来说，史学中华夷观念很好地反映了华夷观念的发展轨迹，西周到春秋华夷观念逐步强化，之后渐渐淡化，秦汉到两宋时期再次增强，元明清又逐步淡化，一直到西方列强的到来。

（二）东亚式秩序：对待周边族群的政策借鉴

东亚秩序的特点是以华夏为中心的圈层结构，就是以华夏的中原王朝为中心，形成一个多圈层的同心圆，其依据就是《周礼》中设计的五服制度。《周礼》是战国时期一些政治家设计出来的未来国家的治理结构，带有大量的假想和规划的成分，所以在设计上是那样的精确和整齐划一。关于族群治理方面，也同样是预设规划的想象，贯穿其中的就是从西周就开始形成的德行为化，在处理和周边族群关系时主张以德服人，修德以徕远人，都是非常具有中国特色的思想。中国礼文化中以德服天下思想具体形成并完善于战国时

---

① （唐）刘知几：《史通通释》，上海古籍出版社 2009 年标点本，第 18 页。

② （清）赵翼：《廿二史劄记》，凤凰出版社 2008 年标点本，第 6 页。

③ 何志虎：《中国观在元代的转化》，《内蒙古师范大学学报》2002 年第 5 期。

期，在对待周边族群时也坚持其可以教化的思想。用礼乐文明去教化四夷族群，靠文化去建立信任和认同。只有在族群矛盾尖锐，华夏文化受到重大威胁之时，才会暂时将教化搁置。以德服天下，才能使人心向往，在处理族群关系时力求用心与心之间的对话达到沟通的境界，仁义道德、温柔敦厚、疏通知远、恭俭庄敬这些华夏的美好品德，在处理族群关系时也都凸显出来，散发出熠熠的光辉。[①]但是我们同样要看到以道德为基础来处理族群关系的局限性，在不同的历史时期，表现不一样，当中原王朝强盛时，还可以维持道德说教的可能性，一旦族群冲突尖锐，这一套就会显得那样苍白无力。

　　古代中国的华夷体系是建立在中国人特有天下观的基础上，建立了一个有层次的结构，就是五服制度，构成一个同心圆的序列结构。王居其内，诸侯居其中，蛮夷居其外的结构，这里有疏密程度的不同，并不意味着各个层次之间的远近不一。虽然五服后又有六服、九服的不同，但是其同心圆式的结构实际上并无差别。华夷秩序是有序的制度，也是古人一种区域性的国际体系实践，具有普世的价值。[②] 中国古代的"天下观"与"华夷之辨"是结合在一起的，处理与周边族群、国家的主要形式，就是对于西周模式的发展，经过汉唐宋元到明清的成熟时期。这种文化是通过天子的德行和仁政来实现，配合的是朝贡制度和册封制度，国际关系的原则是"以小事大"和"怀柔远人"的有机结合。韩国学者 David Kang说："这种看似等级制的东亚国际体系实际上带有很大的平等性，中国作为地区内的主导国家没有必要去入侵周边国家，这比同一时期欧洲名义上的平等而实为等级的长期战争的威斯特伐利亚体系要稳定的多。"[③] 东亚式的华夷体系对于人类的贡献是值得认真对待的，这一体系并非建立在霸权的基础之上，而是充分体现文化的认

---

　　① 张自慧：《礼文化的价值与反思》，学林出版社 2008 年版，第 211 页。

　　② 赵汀阳：《天下体系》，江苏教育出版社 2005 年版，第 42—43 页。

　　③ Kang David, "Getting Asia Wrong: The Need for New Analytical Frameworks", *Quarterly Journal: International Security*, Vol. 27, No. 4., Spring 2003.

同感，利用道义的力量去维持。核心国家对周边国家并不进行经济上的剥削和压榨，而是在一种朝贡和册封关系下建立的。这与建立在霸权理论体系上的西方国际关系有很大的区别，在现代国际理论和实践上，中国式的智慧仍然可以借鉴。

（三）传统华夷观在近代的全面失衡

在近代社会的转型面前，传统社会中的华夷观念模式就会丧失原有的外来文化整合力。

第一，近代发生的是传统夷夏观念的新危机。历史的华夷冲突是农耕文明与游牧文明的冲突，或者是农耕文明的不同形态的冲突，近代工业革命所造就的欧洲资本主义是建立在大工业的基础之上的，因此就会发生伦理文化与欧洲资本主义文化的根本性对抗。这种对抗显然使中国不能将欧洲文化整合进入自己的伦理系统，华夷模式无法整合西方文化。

第二，在新的历史条件面前，华夷模式的失范就是华夏族群中心主义价值观的幻灭。华夷模式是族群中心主义和文化中心主义，东亚历史的核心就是中华族群，这种自内向外的圈层认知模式是华夏中心主义认知的基本视角。当世界秩序重新确立时，天朝大国的自我中心主义便与西方列强的先进武器发生了尖锐的对抗和惨痛的失败。华夷模式走到了尽头，作为地区大国和文化中心的地位受到了严峻的挑战，历史揭开了崭新的一页。当新的历史时期到来时，我们在面对地区冲突，依然必须面对传统文化留给我们的遗产，同时可能还会有包袱，我们必须有更加开阔的世界眼光和更加开放包容的心态，在多元共存的世界族群中寻找公认的价值和标尺，摆脱历史上天朝大国的情怀，以及非此即彼的二元思维模式。重塑华夏大国在历史上的影响力，我们任重道远。

第三，面对不同的文明和不同的族群特性是我们这个世界共同的主题，虽然文明多元论的概念是新的，但是其反映的历史事实是早已存在的。我们必须要具有开放和包容的心态去面对世界文化，摆脱族群中心主义的视角，在多元的价值冲突中寻找自身的价值。

第六章　结语

第一，两周华夷关系的发展是一个动态过程，经历了西周到春秋战国的过程，由政治联合体到族群联合体。华夏族群是地理意义上在中原发展壮大的，但是直到周人自西陲加入之后，才形成了文化自觉，这是历史演进过程的选择，西周的华夷之分没有文化的意味，只有政治上的从属与反对的意义，所以可以讲此时的夏概括为政治共同体，其核心是姬姜联盟。春秋的开端是以西周遭受西北族群攻击所引起的，这种痛苦的族群记忆是华夷之辨的历史背景。早期华夏族群自保性质的尊王攘夷逐步转化为华夷之辨的现实基础，以儒家为代表的思想家主张华夷之分，同时又包含着用夏变夷的思想。这是在春秋时期不同阶段的华夷力量对比的政治产物，当华夏族群力量较弱时可能更多的是对夷狄之族的仇视，当力量对比有所改变，华夏族群有更多自信的时候，用夏变夷就成为必然的选择。虽然在理论上设置了这样的原则，在实际的政治操作方面则显得灵活实用得多，秦晋和后来的赵国都是以实用主义原则处理华夷关系的，胡服骑射可以算作以夷变夏的典型事例。春秋后期到战国是一个剧烈变动的历史时期，文化上的突飞猛进导致了族群融合的趋势加剧，在认识上逐渐摆脱血缘地缘的限制，以文化作为判断华夷的标准，具有很大的包容性，实际上是将不同族群放到同样的标准上进行衡量。

第二，华夷关系的研究是一个古老的话题，西周之前的华夷关系只有族群冲突的内容，"中心"与"边缘"的意义并不明显。西周时期的华夷关系使王朝与周边的关系，"中心"与"边缘"的意义凸显出来。当时人们并未获得文化上的优越感，只是将戎狄视为"门口的敌人"。西周时期形成的五服制度为华夏族群与周边族群的关系奠定了一个基础，也成为处理对外关系的一个基本准则。

第三，春秋时期的华夷关系早期与"尊王攘夷"的策略联系在一起。这一策略既可以看成是一个称霸策略，也可以看成是族群团结的标志，两者是交织在一起的。礼乐文明的传统不断地扩展强化，使得周边族群有一种内附的趋势，秦、楚不断华夏化的进程就是在自觉的学习华夏礼乐文明。这一时期的思想家提出"夷夏互变"的思想，儒家是将德行伦理观念直接外化为一种处理对外关系的思想，带有理想主义的成分。

第四，我们对于游牧和农业两种生产方式的理解秉承了传统史学家的农业优于畜牧业的观点。这个问题必须具体来对待，就社会组织而言，华夏族群细密，游牧族群粗疏，生产的高下应该讲各有千秋，从技术来讲没有先进与落后的差别，在两周时期，包括青铜技术和铁器在北方草原的传播有密切关系。在春秋战国之际，北方草原文化带逐步形成，这里头有气候的因素，也有外来文化的影响，还有与华夏的互动，在南部逐渐统一的时候，北方也建立了统一的游牧政权。中间地带的人群逐渐减少了，日益分裂为两个独立的阵营，这种冲突与对立一直持续较长时间。传统史学研究认为春秋战国的大融合应该是指华夏区域的事情，包括南部的族群逐渐融入华夏，主要是生产方式的相似性。而北方事实上进行着两方面的运动，一部分融入华夏文化圈，就是我们过去讲的民族大融合，同时还有一部分实际上是融入了北方族群，也就是游离出了华夏族群，这种趋势我们也应该注意。

第五，华夷的关系有开放和封闭两种模式，族群主义和文化主义并行不悖，在不同的历史时期会有侧重。在不同的历史时期我们可以看到华夷关系呈现不同的特点，当华夷冲突尖锐时，华夷之辨的思想会被强调，用于团结华夏族群，凝结力量，保持族群的界限；当华夏族群力量占据优势时，或者在后世的王朝中在很大的版图上包括异族群时，在华夷问题上就会体现出更大的包容性。也就是春秋前期和战国时期的两种形式在历代王朝不断呈现，直到华夏族群彻底被异族统治，北方草原族群成为统治者。在历史上看来，华夏族群的压力多来自北方草原，在一定意义上来讲，这种农业文明与游牧文化的冲突是全方位的，从生产方式到价值系统都有差异，这成为中国历史的一个特色，也与华夏所称的欧亚大陆的特定位置密切关联，西北面对广袤的欧亚大陆腹地，就会受到其冲击。

第六，族群冲突的背后有着刚性的定律，即战略资源的争夺和气候变迁的影响。从华夏族群的视角来看，对于南部族群的战争很大程度上是在争夺战略资源，其中铜矿石最为重要。我们在看待华夷关系时这种内在的推动力就是资源的争夺，在西部则是对玉矿石的争夺。北方游牧族群也是在气候干冷化之后，资源逐渐衰竭，加大了对华夏族群生活区的攻击，抢夺生存资源。这些过程并非孤立的，而是联系在一起，北方游牧化当中的移动性特征就是对于游牧经济的适应，也是与华夏争夺资源的有效手段。气候变迁对于东亚地区的影响是巨大的，因为季风性气候会强化这样的变迁，北方文化带的形成是地理气候的累积效应，形成之后就以文化的形式与华夏族群对抗。

第七，族群冲突中形成的华夷观念有积极的部分也有消极的部分，对后世影响巨大。华夷观念在西周时期已经出现，是政治联合体的概念，到了春秋时期逐渐演变为一种思潮，这是对于现实政治的一种回应，其中儒家的思想成为主流是因为汉代儒学的官方化，其实各家均提出了自己的观点，有些就隐没在历史的长河中。华夷之分的积极作用就是历史危急关头，会成为仁人志士保卫国家社稷的精神支柱，对于维护国家领土完整和文化道统的延续功不可没。但是在异族统治时期也会造成巨大的社会浪费，以德怀远的思想发展到一定阶段成为华夏族群战斗力下降的原因，反倒成为社会进步的阻碍。

第八，和世界其他族群一样，华夏族群也存在着严重的族群中心主义倾向，多圈层治理结构是中国的特色，这在中国就是著名的

五服制度。五服制度既是对少数族群的治理方式，也是一种发展了
的社会理想，这些特点非常具有东亚特色，对新的历史时期处理国
际关系应该是有所借鉴的。但是以自我族群为中心的思维也具有相
当的局限性，天朝大国的政治体系在近代社会巨大的洪流和变革面
前，轰然倒塌，华夷关系进入了新篇章。

参考文献

古典文献

1. 陈奇猷校释：《吕氏春秋新校释》，上海古籍出版社 2002 年标点本。

2. （汉）刘向：《说苑校正》，向宗鲁校正，中华书局 2009 年标点本。

3. （汉）刘向：《新序校释》，石光瑛校释，中华书局 2001 年版。

4. 《战国策》，上海古籍出版社 1998 年标点本。

5. （汉）郑玄、孔颖达：《礼记正义》，上海古籍出版社 2008 年标点本。

6. （汉）董仲舒、苏舆：《春秋繁露义证》，中华书局 1992 年标点本。

7. （汉）许慎：《说文解字》，中华书局 1988 年标点本。

8. 《史记》，中华书局 1959 年标点本。

9. 《周礼注疏》，上海古籍出版社 2010 年标点本。

10. 《后汉书》，中华书局 1961 年标点本。

11. （唐）刘知几：《史通通释》，上海古籍出版社 2009 年标点本。

12. （宋）朱熹：《诗集传》，上海古籍出版社 1980 年标点本。

13. （宋）朱熹：《四书章句集注》，中华书局 1983 年标点本。

14. （宋）罗泌：《路史》，北京图书馆出版社 2003 年标点本。

15. （金）王若虚、胡传志、李定乾：《滹南遗老集》，辽海出版社 2006 年标点本。

16. （明）顾炎武：《日知录集释》，上海古籍出版社 2006 年标点本。

17.（明）顾祖禹：《读史方舆纪要》，中华书局 2005 年标点本。

18.（清）孙星衍：《尚书今古文注疏》，中华书局 1986 年标点本。

19.（清）胡承珙：《毛诗后笺》，黄山书社 1999 年标点本。

20.（清）阮元：《十三经注疏》，中华书局 1979 年标点本。

21.（清）孙诒让：《墨子间诂》，中华书局 2001 年标点本。

22.（清）朱右曾：《诗地理证》，阮元、皇清经解，清嘉庆十一年刊本。

23.（清）赵翼：《廿二史札记校证》，王树民校正，中华书局 1984 年标点本。

24. 王维堤、唐书文：《春秋公羊传译注》，上海古籍出版社 2004 年标点本。

25. 杨伯峻：《春秋左传注》，中华书局 1981 年标点本。

26. 范祥雍：《古本竹书纪年辑校订补》，上海古籍出版社 2011 年标点本。

27. 方诗铭、王修龄：《古本竹书纪年辑证》，上海古籍出版社 2005 年标点本。

28. 苏舆：《春秋繁露义证》，中华书局 1992 年标点本。

29. 徐元诰：《国语集解》，中华书局 2002 年标点本。

30. 程树德、程俊英、蒋见元：《论语集释》，中华书局 2013 年标点本。

31. 黄寿祺、张善文：《周易译注》，上海古籍出版社 1989 年标点本。

论著

1.〔英〕冯客：《近代中国之种族观念》，杨立华译，江苏人民出版社 1999 年版。

2.〔英〕邓肯·米切尔：《新社会学词典》，蔡振扬译，上海文艺出版社 1987 年版。

3.〔美〕狄宇宙：《古代中国与其强邻——东亚历史上游牧力量的

兴起》，贺严、高书文译，中国社会科学出版社 2010 年版。

4. ［美］克里夫特·格尔兹：《文化的解释》，韩莉译，译林出版社 2008 年版。

5. ［日］黄川田修：《从华夏系统国家群的诞生》，《三代考古》 2009 年第 3 辑。

6. 陈秉新、李立芳：《出土夷族史料辑考》，安徽大学出版社 2005 年版。

7. 陈梦家：《西周铜器断代》，中华书局 2004 年版。

8. 陈梦家：《殷墟卜辞综述》，科学出版社 1956 年版。

9. 陈槃：《春秋大事表列国爵姓及存灭表异》，上海古籍出版社 2009 年版。

10. 陈佩芬：《夏商周青铜器研究》，上海古籍出版社 2004 年版。

11. 陈伟：《楚"东国"地理研究》，武汉大学出版社 1992 年版。

12. 《辞海》，上海辞书出版社 2000 年版。

13. ［美］杜赞奇：《从民族国家拯救历史：民族主义话语与中国现代史研究》，王宪明等译，江苏人民出版社 2009 年版。

14. 费孝通：《中华民族多元一体格局》，中央民族大学出版社 1999 年版。

15. 傅斯年：《民族与古代中国史》，上海古籍出版社 2012 年版。

16. 高名士：《天下秩序与文化圈的探索——以东亚古代的政治与教育为中心》，上海古籍出版社 2008 年版。

17. 葛兆光：《"宅兹中国"——重建有关中国的历史叙述》，中华书局 2011 年版。

18. 谷衍奎：《汉字源流字典》，华夏出版社 2003 年版。

19. 顾栋高：《春秋大事表》，中华书局 1993 年版。

20. 顾颉刚：《古史辨》（第六册），上海古籍出版社 1981 年版。

21. 顾颉刚：《古史辨自序》，河北教育出版社 2003 年版。

22. 顾颉刚：《史林杂识初辨》，中华书局 1963 年版。

23. 郭沫若：《两周金文辞大系图录考释》，上海书店出版社 1999 年版。

24. 韩锦春、李毅夫：《汉文民族一词考源资料》，中国社会科学院民族研究所理论研究室 1985 年版。

25. 胡阿祥：《伟哉斯名——"中国"古今称谓研究》，湖北教育出版社 2000 年版。

26. 胡厚宣、胡振宇：《殷商史》，上海人民出版社 2003 年版。

27. 黄春长：《环境变迁》，科学出版社 1998 年版。

28. 黄淑娉、龚佩华：《文化人类学理论方法研究》，广东高等教育出版社 2004 年版。

29. 黄展岳：《古代人牲人殉通论》，文物出版社 2004 年版。

30. 蒋刚、杨建华：《公元前 2 千纪的晋陕高原与燕山南北》，科学出版社 2008 年版。

31. ［美］拉铁摩尔：《中国的亚洲内陆边疆》，唐晓峰译，凤凰出版传媒集团 2010 年版。

32. 李白凤：《东夷杂考》，河南大学出版社 2008 年版。

33. ［美］李峰：《西周的灭亡——中国早期国家的地理和政治危机》，徐峰译，上海古籍出版社 2007 年版。

34. ［美］李峰：《西周的政体——中国早期的官僚制度和国家》，吴敏娜等译，生活·读书·新知三联书店 2010 年版。

35. 李吉和：《中国西北少数民族通史》（先秦卷），民族出版社 2009 年版。

36. 林幹：《中国古代北方民族通论》，内蒙古人民出版社 2007 年版。

37. 林惠祥：《中国民族史》，中华书局 1998 年版。

38. 林耀华：《民族学通论》（修订本），中央民族大学出版社 1997 年版。

39. 林沄：《考古学文化论集》（一），文物出版社 1987 年版。

40. 林沄：《林沄学术文集》（二），科学出版社 2009 年版。

41. 刘起釪：《古史续辨》，中国社会科学出版社 1991 年版。

42. 刘诗中：《中国青铜时代采冶铸工艺》，江西科学技术出版社 1997 年版。

43. 吕思勉：《中国民族史》，东方出版社 1996 年版。

44. 吕振羽：《中国民族史》，生活·读书·新知三联书店 1950 年版。

45. 马承源：《商周青铜器铭文选》，文物出版社 2005 年版。

46. 马寅：《马寅民族工作文集》，民族出版社 1995 年版。

47. 满志敏：《中国历史时期气候变化研究》，山东教育出版社 2009 年版。

48. 蒙文通：《经学抉原》，上海人民出版社 2006 年版。

49. 蒙文通：《蒙文通文集》（第二卷），巴蜀书社 1993 年版。

50. 蒙文通：《先秦诸子与礼学》，广西师范大学出版社 2006 年版。

51. 宁骚：《国家与民族》，北京大学出版社 1995 年版。

52. 钱穆：《古史地理论丛》，生活·读书·新知三联书店 2004 年版。

53. 裘锡圭：《文字学概要》，中华书局 1988 年版。

54. 任继愈：《中国哲学发展简史》（先秦），人民出版社 1983 年版。

55. 施雅风：《中国全新世大暖期气候与环境》，海洋出版社 1992 年版。

56. 史念海：《河山集》（四集），陕西师范大学出版社 1991 年版。

57. 史宗：《二十世纪西方宗教人类学文选》，上海三联书店 1995 年版。

58. 舒大刚：《春秋少数民族分布研究》，台北文津出版社 1994 年版。

59. 宋文炳：《中国民族史》，中华书局 1935 年版。

60. 苏秉琦：《中国文明起源新探》，辽宁人民出版社 2009 年版。

61. 孙亚冰、林欢：《商代地理与方国》，中国社会科学出版社 2010 年版。

62. 唐兰：《唐兰先生金文论集》，紫禁城出版社 1995 年版。

63. 田广金、郭素新：《北方文化与匈奴文明》，江苏教育出版社 2005 年版。

64. 田继周：《先秦民族史》，四川民族出版社 1998 年版。

65. 童书业：《春秋左传研究》，中华书局 2006 年版。

66. 王国维：《观堂集林》，中华书局 2004 年版。

67. 王晖：《古史传说时代新探》，科学出版社 2009 年版。

68. 王晖：《商周文化比较研究》，人民出版社 2000 年版。

69. 王晖：《古文字与商周史新证》，中华书局 2003 年版。

70. 王辉：《商周金文》，文物出版社 2006 年版。

71. 王明珂：《华夏边缘——历史记忆与族群认同》，台湾允辰文化实业股份有限公司 1997 年版。

72. 王明珂：《游牧者的抉择——面对汉帝国的北方游牧部族》，广西师范大学出版社 2008 年版。

73. 王铭铭：《西学"中国化"的历史困境》，广西师范大学出版社 2005 年版。

74. 王桐龄：《中国民族史》，北平文化学社 1934 年版。

75. 王献唐：《山东古国考》，齐鲁书社 1983 年版。

76. 王迅：《东夷文化与淮夷文化研究》，北京大学出版社 1994 年版。

77. 王玉哲：《古史集林》，中华书局 2002 年版。

78. 王志民等：《安作璋先生史学研究六十周年纪念文集》，齐鲁书社 2007 年版。

79. 王钟翰：《中国民族史》，武汉大学出版社 2012 年版。

80. 翁独健：《中国民族关系史纲要》，中国社会科学出版社 2001 年版。

81. 乌恩岳斯图：《北方草原考古学文化研究》，文物出版社 2007 年版。

82. 吴镇烽：《金文人名汇编》，中华书局 2006 年版。

83. 徐少华：《周代南土的历史地理与文化》，武汉大学出版社 1994 年版。

84. 徐旭生：《中国古史的传说时代》，广西师范大学出版社 2003 年版。

85. 徐中舒、徐亮工：《川大史学·徐中舒卷》，四川大学出版社
2006年版。

86. 严文明：《夏史论丛》，齐鲁书社1985年版。

87. 杨建华：《春秋战国时期中国北方文化带的形成》，文物出版社
2004年版。

88. 杨宽：《战国史》，上海人民出版社1955年版。

89. 杨树达：《积微居金文说》，上海古籍出版社2007年版。

90. 杨向奎：《大一统与儒家思想》，北京出版社2011年版。

91. 尹盛平：《周文化考古研究论集》，文物出版社2002年版。

92. 尹盛平：《周原文化与西周文明》，江苏教育出版社2005年版。

93. 佘太山：《古族新考》，中华书局2000年版。

94. 袁少芬、徐杰舜主编：《汉民族研究》（第一辑），广西民族出
版社1989年版。

95. 张碧波、庄鸿雁：《华夷变奏——关于中华多元一体的运动规
律的探索》，黑龙江人民出版社2009年版。

96. 张昌平：《曾国青铜器研究》，文物出版社2009年版。

97. 张福祥：《东夷文化通考》，上海古籍出版社2008年版。

98. 张光直：《商文明》，辽宁教育出版社2002年版。

99. 张光直：《中国青铜时代》，生活·读书·新知三联书店1999
年版。

100. 张声作：《宗教与民族》，中国社会科学出版社1997年版。

101. 张正明：《楚史》，中国人民大学出版社2010年版。

102. 张自慧：《礼文化的价值与反思》，学林出版社2008年版。

103. 赵世超：《瓦缶集》，人民出版社2003年版。

104. 赵汀阳：《天下体系》，江苏教育出版社2005年版。

105. 《中国大百科全书·民族卷》，中国大百科全书出版社1986
年版。

106. 中国社会科学院考古研究所：《中国考古学》（夏商卷），中国
社会科学出版社2004年版。

107. 中国社会科学院考古研究所：《中国考古学》（两周卷），中国

社会科学出版社 2004 年版。

108. 钟柏生、陈昭容:《新收殷周青铜器铭文暨器影汇编》,台湾艺文印书馆 2006 年版。

109. 朱芳圃:《甲骨学文字》,台湾商务印书馆 1983 年版。

110. 朱凤瀚:《中国古代青铜器》,南开大学出版社 1995 年版。

111. 朱凤瀚:《中国青铜器综论》,上海古籍出版社 2009 年版。

112. 朱顺龙、顾德融:《春秋史》,上海人民出版社 2003 年版。

113. 邹衡:《夏商周考古学论文集》,文物出版社 1980 年版。

论文

1. 〔以色列〕吉迪:《公元前 1000 年以来中国东北地区牧业生活方式的兴起》,张玲、余静、滕铭予校,《边疆考古研究》2005 年第 3 辑。

2. 〔美〕郝瑞:《再谈"民族"与"族群"》,《民族研究》2002 年第 5 期。

3. 安志敏:《试论文明的起源》,《考古》1987 年第 5 期。

4. 郭沫若:《尸敖簋考释》,《考古》1973 年第 2 期。

5. 陈秉新:《害即胡簋之胡本字说》,《考古与文物》1990 年第 1 期。

6. 陈连开:《论华夏汉民族的形成》,《中华民族研究初探》,知识出版社 1994 年版。

7. 陈连山:《山海经对异族的想象与自我认知》,《北京大学学报》(哲学社会科学版) 2012 年第 1 期。

8. 陈其泰:《儒家公羊派夷夏观及其影响》,《史学集刊》2008 年第 5 期。

9. 陈致:《夷夏新辨》,《中国史研究》2004 年第 4 期。

10. 程有为:《中原文化、海岱文化的互动与汉民族的形成》,《郑州大学学报》2006 年第 2 期。

11. 崔璇:《内蒙古先秦时期畜牧遗存述论》,《内蒙古社会科学》1988 年第 1 期。

12. 戴春阳：《礼县大堡子秦公墓地及有关问题》，《文物》2000 年第 5 期。

13. 邸永君：《"民族"一词见于〈南齐书〉》，《民族研究》2004 年第 3 期。

14. 杜金鹏：《华夏文化之根——嵩山地区在华夏文明起源及早期发展中的地位》，《中原文物》2002 年第 2 期。

15. 杜勇：《令簋、禽簋中的伐楚问题》，《中国历史文物》2002 年第 2 期。

16. 杜正胜：《欧亚草原动物文饰与中国古代北方民族之考察》，《"中央研究院"历史语言研究所集刊》1993 年第 64 本。

17. 朱凤瀚：《由伯父簋铭再论周厉王征淮夷》，《古文字研究》2008 年第 27 辑。

18. 付林鹏：《夷夏之争与韶乐传承》，《民族艺术》2012 年第 2 期。

19. 顾颉刚：《从古籍中探索我国的西部民族——羌族》，《社会科学战线》1980 年第 1 期。

20. 关凯：《族群竞争与社会构建、反思西方资源竞争理论》，《民族研究》2012 年第 5 期。

21. 张亚初：《周厉王所作祭器簋考—— 兼论与之相关的问题》，《古文字研究》1981 年第 5 辑。

22. 李学勤：《害簋铭文考释》，《故宫博物院院刊》2001 年第 1 期。

23. 郭沫若：《敔簋考释》，《考古》1973 年第 2 期。

24. 韩建业：《庙地沟时代与早期中国》，《考古》2012 年第 3 期。

25. 韩茂莉：《论中国北方畜牧业产生与环境的互动关系》，《地理研究》2003 年第 1 期。

26. 韩茂莉：《中国北方农牧交错带的形成与气候变迁》，《考古》2005 年第 10 期。

27. 韩汝玢、［美］埃玛·邦克：《鄂尔多斯式青铜器饰品的研究》，《文物》1993 年第 9 期。

28. 何志虎：《中国观在元代的转化》，《内蒙古师范大学学报》2002 年第 10 期。

29. 姜建设：《夷夏之辨发生问题的历史考察》，《史学月刊》1985 年第 5 期。

30. 蒋刚：《南流黄河两岸出土青铜器的年代与组合研究》，《公元前 2 千纪的晋陕高原与燕山南北》，科学出版社 2008 年版。

31. 黎业明：《孔子孟子对管仲评价之比较分析》，《深圳大学学报》（社会科学版）2004 年第 5 期。

32. 李伯谦：《论夏家店下层文化》，载《纪念北京大学考古专业三十周年论文集》，文物出版社 1990 年版。

33. 李学勤：《簋铭文考释》，《故宫博物院院刊》2001 年第 1 期。

34. 李学勤：《班簋续考》，《古文字研究》1986 年第 13 辑。

35. 李学勤：《论多有鼎的时代及意义》，《人文杂志》1981 年第 6 期。

36. 李学勤：《论墙盘及其意义》，《考古学报》1978 年第 2 期。

37. 李学勤：《师同鼎试探》，《文物》1983 年第 6 期。

38. 李学勤：《史密簋铭文所记西周重要史实考》，《中国社会科学院研究生院学报》1991 年第 2 期。

39. 李学勤：《探寻久被遗忘的周代应国》，《文史知识》2010 年第 11 期。

40. 梁葆莉：《从重耳流亡看春秋前期戎狄与晋国融合的精神轨迹》，《徐州师范大学学报》（社会科学版）2009 年第 7 期。

41. 梁启超：《春秋蛮夷戎狄考》，载《梁启超全集》，北京出版社 1999 年版。

42. 林沄：《夏至战国中国北方长城游牧文化带的形成过程》，《燕京学报》2003 年第 14 期。

43. 刘锋焘：《艰难的抉择与融合——浅论"华夷之辨"观念对中华民族史的负面影响》，《文史哲》2001 年第 1 期。

44. 刘国祥：《夏家店上层文化青铜器研究》，《考古学报》2000 年第 4 期。

45. 刘怀君、辛怡华、刘东：《四十二年、四十三年逨鼎铭文试释》，《文物》2003 年第 6 期。

46. 刘礼堂：《关于周昭王南征江汉地区有关问题的讨论》，《江汉考古》2000 年第 3 期。

47. 刘启益：《西周矢国铜器的新发现与有关历史地理问题》，《考古与文物》1982 年第 2 期。

48. 刘起釪：《〈禹贡〉写成年代与九州来源诸问题探研》，《九州》2003 年第 3 辑。

49. 娄金山、马新民、祝容：《应侯见工诸器年代略考》，《中原文物》2012 年第 5 期。

50. 罗丰：《固原青铜文化初论》，《考古》1990 年第 8 期。

51. 罗志田：《夷夏之辨的开放与封闭》，《中国文化》1996 年第 2 期。

52. 吕亚虎：《东周时期"烝"、"报"婚现象考辨》，《人文杂志》2004 年第 6 期。

53. 马利清、宋远茹：《关于匈奴文字的新线索》，《考古与文物》2004 年第 2 期。

54. 马赛：《考古学文化与族群关系的思考》，《文博》2008 年第 5 期。

55. 内蒙古自治区文物考古研究所、包头市文物管理处：《包头西园春秋墓地》，《内蒙古文物考古》1991 年第 1 期。

56. 潘其风、韩康信：《内蒙古桃红巴拉古墓和青海大通匈奴墓人骨的研究》，《考古》1984 年第 4 期。

57. 潘其风：《毛庆沟墓葬人骨的研究》，载《鄂尔多斯式青铜器》，文物出版社 1986 年版。

58. 彭裕商：《周伐猃狁及相关问题》，《历史研究》2004 年第 3 期。

59. ［加］蒲立本：《上古时代的华夏人和邻族》，《扬州大学中国文化研究所集刊》1998 年第 1 辑。

60. 齐晓光：《夏家店上层文化空首青铜斧及相关问题》，载《内蒙

古文物考古文集》（第一集），中国大百科全书出版社 1994
年版。

61. 裘锡圭：《读逨器铭文札记三则》，《文物》2003 年第 6 期。

62. 裘锡圭：《史墙盘铭解释》，《文物》1978 年第 3 期。

63. 裘锡圭：《应侯视工簋补释》，《文物》2001 年第 7 期。

64. 茹莹：《汉语"民族"一词在我国的最早出现》，《世界民族》
2001 年第 6 期。

65. 邵望平：《禹贡九州的考古学研究》，《九州学刊》1987 年第
5 期。

66. 沈长云：《华夏民族的起源与形成过程》，《中国社会科学》
1993 年第 1 期。

67. 沈长云：《谈"令簋"中的楚及相关诸问题》，载《上古史探
研》，中华书局 2002 年版。

68. 沈长云：《由史密簋铭文论及西周时期的华夷之辨》，《河北师
院学报》1994 年第 3 期。

69. 沈长云：《周族起源诸说辨证》，《中国史研究》2009 年第
3 期。

70. 史念海：《论两周时期农牧地区的分界线》，《中国历史地理论
丛》1987 年第 1 期。

71. 水涛：《从周原出土蚌雕人头像看塞人东进诸问题》，载《中国
西北地区青铜时代考古论集》，科学出版社 2001 年版。

72. 斯大林：《马克思主义和民族问题》，《斯大林全集》第 2 卷，
人民出版社 1953 年版。

73. 苏秉琦：《从楚文化探索中提出的问题》，《江汉考古》1982 年
第 1 期。

74. 苏秉琦：《关于仰韶文化的若干问题》，《考古学报》1965 年第
1 期。

75. 苏秉琦：《姜寨遗址发掘的意义》，《考古与文物》1981 年第
2 期。

76. 孙开泰：《关于东夷思想史的两个问题》，《东夷古国史研究》

1990 年第 2 辑。

77. 孙中山：《中国问题的真解决》，《孙中山选集》，人民出版社 1981 年版。

78. 覃东平：《试论汉民族形成的过程、特点和条件》，《贵族民族研究》1997 年第 2 期。

79. 唐兰：《西周铜器断代中的"康宫"问题》，《考古学报》1962 年第 1 期。

80. 田广金、史培军：《内蒙古中南部原始文化的环境考古研究》，载内蒙古自治区文物考古研究所编《内蒙古中南部原始文化研究文集》，海洋出版社 1991 年版。

81. 田广金：《论内蒙古中南部史前考古》，《考古学报》1997 年第 2 期。

82. 田广金：《桃红巴拉墓群》载田广金、郭素新编著《鄂尔多斯式青铜器》，文物出版社 1986 年版。

83. 田继周：《夏族的形成及更名汉族》，《民族研究》1990 年第 4 期。

84. 田率：《四十二年逨鼎与周伐猃狁问题》，《中原文物》2010 年第 1 期。

85. 佟屏亚：《梅史漫话、农业考古》1983 年第 2 期。

86. 王晖、黄春长：《商末黄河中游气候环境的变化与社会变迁》，《史学学刊》2002 年第 1 期。

87. 王晖：《从"藝（埶、蓺）"与 culture 的本义比较说到"文化"概念的原来》，《东亚汉学研究》2011 年第 5 期。

88. 王晖：《西周蛮夷"要服"新证》，《民族研究》2003 年第 1 期。

89. 王晖：《中国文字起源时代研究》，《陕西师范大学学报》2011 年第 3 期。

90. 王辉：《㝬鼎通读及其相关问题》，《考古与文物》1983 年第 6 期。

91. 王俊荆、叶玮、朱丽东、李凤全、田志美：《气候变迁与中国战争史之间的关系综述》，《浙江师范大学学报》（自然科学版）2008 年第 2 期。

92. 王浚波：《论孔子"礼制"思想与晋国文化之冲突性》，《太原大学学报》2009 年第 3 期。

93. 王明珂：《鄂尔多斯及其邻近地区专业化游牧业的起源》，《"中央研究院"历史语言研究所集刊》1994 年第 65 本。

94. 王明珂：《辽西地区专化游牧业的起源》，《"中央研究院"历史语言研究所集刊》1996 年第 67 本。

95. 王仁湘：《中国史前的艺术浪潮》，《文物》2010 年第 3 期。

96. 王天海：《周穆王凿空西域三千年祭》，《贵州大学学报》（社会科学版）2008 年第 4 期。

97. 王巍：《公元前 2000 年前后我国大范围文化变化原因探讨》，《考古》2004 年第 1 期。

98. 王文光、沈芸：《史记·匈奴列传与匈奴社会》，《思想战线》2013 年第 1 期。

99. 王煦华、顾颉刚：《关于夏史的论述》，载《夏文化研究论集》，中华书局 1996 年版。

100. 王永波：《西周早期铜器王年及相关历史问题》，《文史哲》2000 年第 2 期。

101. 王宇信、杨宝成：《殷墟象坑和殷人服象的再探讨》，载《甲骨探史录》，生活·读书·新知三联书店 1982 年版。

102. 王震中：《试论陶文"炅""火"与"大火"星及火正》，《考古与文物》1997 年第 6 期。

103. 闻广：《中国古玉地质考古学研究的续进展》，《故宫学术季刊》1993 年。

104. 乌恩：《论古代战车及其相关问题》，载《内蒙古文物考古文集》（第一辑），中国大百科全书出版社 1994 年版。

105. 乌恩：《论匈奴考古研究中的几个问题》，《考古学报》1990 年第 4 期。

106. 乌恩：《殷至周初的北方青铜器》，《考古学报》1985 年第

2 期。

107. 吴镇烽、尚志儒：《关于应侯钟"见工"一词的解释》，《文物》1977 年第 8 期。

108. 肖滨：《民族主义的三种导向——从吉登斯民族主义的论述出发》，《开放时代》2007 年第 6 期。

109. 谢剑：《匈奴政治制度研究》，《"中央研究院"历史语言研究所集刊》1969 年第 41 本。

110. 徐中舒：《西周墙盘铭文笺释》，《考古学报》1978 年第 2 期。

111. 许倬云：《寻索中国历史发展的轨迹》，载《江渚候潮汐》（一），三民书局 2004 年版。

112. 阎忠：《〈左传〉大原考》，《中国史研究》1993 年第 3 期。

113. 杨建华：《春秋和左传中所见的狄》，《史学集刊》1999 年第 2 期。

114. 杨建华：《试论东周时期北方地带的内蒙古地区》，《内蒙古文物考古》2001 年第 1 期。

115. 杨建新：《论戎族》，《西北史地》1984 年第 1 期。

116. 杨荆楚：《汉民族成为世界第一大民族浅析》，《汉民族研究》1989 年第 1 辑。

117. 杨文山：《青铜器臣谏簋与"邢侯搏戎"》，《文物春秋》2005 年第 6 期。

118. 于豪亮：《墙盘铭文考释》，《古文字研究》1982 年第 7 辑。

119. 于省吾：《释中国》，载《中华学术论集》，中华书局 1981 年版。

120. 俞伟超：《长江流域青铜文化发展背景的新思考》，载《古史的考古学探索》，文物出版社 2002 年版。

121. 臧振：《玉器与周人的社会生活》，载宋镇豪《西周文明论集》，朝华出版社 2004 年版。

122. 翟德芳：《北方地区出土之马衔与马镳略论》，《内蒙古文物考古》1984 年第 3 期。

123. 张光直：《中国相互作用圈与文明的形成》，载本书编写组编

《庆祝苏秉琦考古五十五年论文集》，文物出版社 1989 年版。

124. 张怀通：《邢侯所搏之戎考》，《文物春秋》1999 年第 2 期。

125. 张文立、林沄：《黑豆嘴类型青铜器中的西来因素》，《考古》2004 年第 5 期。

126. 张懋镕、赵荣、邹东涛：《安康出土史密簋及其意义》，《文物》1989 年第 7 期。

127. 张懋镕：《西周南淮夷称名与军事考》，《人文杂志》1990 年第 4 期。

128. 张其贤：《春秋时期族群概念新探》，《政治科学论丛》（台北）2009 年第 39 期。

129. 张渭莲：《气候变迁与商人南下》，《中原文物》2006 年第 1 期。

130. 张应桥：《重评周厉王》，《郑州大学学报》2006 年第 3 期。

131. 赵春青：《〈禹贡〉五服的考古学观察》，《中原文物》2006 年第 5 期。

132. 赵世超：《铸鼎象物说》，《社会科学战线》2004 年第 4 期。

133. 朱凤瀚：《由伯父簋铭再论周厉王征淮夷》，《古文字研究》2008 年第 27 辑。

134. 朱泓：《内蒙古凉城东周时期墓葬人骨研究》，《考古学集刊》1991 年第 7 集。

135. 朱泓：《内蒙古长城地带的古代种族》，《边疆考古研究》2002 年第 1 辑。

136. 朱泓：《中国西北地区的古代种族》，《考古与文物》2006 年第 5 期。

137. 朱永刚：《试论我国北方地区銎柄式柱脊短剑》，《文物》1992 年第 12 期。

138. 周伟洲：《周人、秦人、汉人和汉族》，《中国史研究》1995 年第 2 期。

139. 竺可桢：《中国近五千年来气候变迁的初步研究》，《考古学报》1972 年第 1 期。

考古发掘报告

1. 高东陆、许淑珍：《青海湟源莫布拉卡约文化遗址发掘简报》，《考古》1990 年第 11 期。

2. 河南省文物考古研究所：《河南新郑郑韩故城的钻探与实掘》，《文史资料丛刊》1980 年第 3 期。

3. 侯马市考古发掘委员会：《侯马牛村左城南东周遗址发掘简报》，《考古》1963 年第 2 期。

4. 黄盛璋：《猃狁新考》，《社会科学战线》1983 年第 2 期。

5. 睡虎地秦墓竹简小组：《睡虎地秦墓竹简》，文物出版社 1990 年版。

6. 山东省济宁市文物管理局：《薛国故城勘察和墓葬发掘报告》，《考古学报》1991 年第 4 期。

7. 中国社会科学院考古研究所甘肃工作队：《甘肃永靖张家嘴与姬家川遗址的发掘》，《考古学报》1980 年第 2 期。

西文文献

1. Benedict Anderson, *Imagined Communities*: *Reflections on the Origin and Spread of Nationalism*, New York: Verso, 1991.

2. Barfield, Thomas, "The Hsiung – nu Imperial Confederderacy: Organization and Foreign Policy", *The Journal of Asian Studies*, 41, 1981.

3. Chun Chang Huang and Hongxia Su, "Climate change and Zhou relocations in Early Chinese history", *Journal of Historical Geography*, 35, 2009.

4. Michael Bentley, *Historiography and Ancient Greek Self – definition*, London and New York: Routledge, 1997.

5. David Kang, "Getting Asia Wrong: The Need for New Analytical Frameworks", *International Security*, Vol. 27, No. 4, Spring, 2003.

6. D. W. Anthony and N. B. Vinogradov N. B，"The Birth of the Chariot"，*Archaeology*, Vol. 48, No. 2，1995.

7. Thomas Hylland Eriksen，*Ethnicity and Nationalism*：*Anthropological Perspec - tives*，London：Pluto Press, 1993.

8. Michael Loewe and Edward L. Shaughnessy，*The Cambridge History of Ancient China*：*From Origins of Civilization to* 221B. *C.*，*The Waning of the Bronze*，New York：Cambridge University, 1999.

9. Milton M. Gordon，"Toward a General Theory of Racial and Ethnic Group Relations, Nathan Glazer and Daniel P. Moynihan eds."，*Ethmicity*：*Theory and Experience*, 1975.

10. Jian Jun mei，*Copper and Bronze Metallurgy in late Prehistory Xinjiang*，Oxford, 2000.

11. S. V. Kiselev，*Drevniaia Istoriia Iuzhnoi Sibiri* 20*d. ed.*，Moscow，1951.

12. Steven A. Ronsen，"Notes on the Origins of Pastoral Nomadism：A Case Study from the Negev and Sinai"，*Current Anthropogy*，1988.

13. Anthony D. Smiths，*National Identity*，Reno：University of Nevada Press, 1991.

引用书目简称对照表

书名	简称
《殷周金文集成》	《集成》
《近出殷周金文集录》	《集录》
《近出殷周金文集录二编》	《集录二》
《商周青铜器铭文选》	《铭文选》
《殷周金文集成释文》	《释文》
《殷周金文集成引得》	《集成引得》
《金文引得》	《引得》
《金文常用字典》	《字典》
《西周青铜器分期断代研究》	《分期》
《西周铜器断代》	《断代》
《两周金文辞大系图录考释》	《大系》
《西周青铜器铭文分代史征》	《史征》
《积微居金文说》	《金文说》
《甲骨文合集》	《合集》

后　记

　　本书是在我的博士学位论文的基础上修订而成的。2011 年 9 月，我再次回到陕西师范大学，跟随著名的先秦史专家王晖教授攻读先秦史。博士论文从选题到框架的设计，从遣词造句、标点符号到段落结构的安排，点点滴滴都凝结了王老师太多的心血，学生愚钝，老师就格外辛苦，每每想到这里心里就惴惴不安，唯有在今后的工作学习中认真细心，潜心向学，才不辜负老师的谆谆教诲。

　　在陕西师范大学读书期间，先后得到尹盛平研究员、臧振教授、胡戟教授在学业上对我的帮助。先后聆听历史文化学院赵世超教授、张懋镕教授、曹玮教授、袁林教授、商国君教授在各自领域的大雅之音，使我获益匪浅。诸位先生在学术上的独特见解成为我人生的宝贵财富。感谢诸位先生精心栽培！赵世超教授在论文的写作上提出诸多具体的指导和建议，解开我的迷惑，让我获益良多。

　　2014 年 5—6 月份，在论文的送审过程中，分别得到浙江大学龚缨晏教授、武汉大学罗运环教授、西北大学徐卫民教授、南京师范大学张进教授和云南大学陆韧教授的审阅和评议。在肯定论文的同时，也提出了中肯的修改意见。对诸位先生的指导，谨表示感谢！

　　吕亚虎老师是我的师兄，后又在我们专业任教，亦师亦友，我们相处融洽，在学习和生活上也给予我许多帮助，非常感激。同门谢伟峰、王向辉、聂云峰、武刚、章秀霞、李春燕都在论文写作中于收集资料方面给予我不少帮助。在论文后期的校对中，聂云峰、武刚、张志祥、商晓辉做了许多工作，见证了我们同窗深厚的友谊。武刚聪颖好学，思想敏锐，在探讨问题中给我帮助颇多。

2014 年，我在宝鸡文理学院周秦伦理文化与现代道德价值研究中心和王兴尚教授一起工作，对本书部分内容进行了探讨，同时对几处观点进行了调整。

我的妻子田化平在我求学的过程中勇于挑起家庭的重担，使我能够安下心来学习，在这里我要真诚地致谢，在时光流逝中，我们的承诺也变得历久弥坚。我的家人在我学习过程中对我和家庭多有帮助，让我领略了血浓于水的亲情。

本书的出版得到陕西省教育厅社科基地重点项目基金、宝鸡文理学院周秦伦理文化与现代道德价值研究中心社科基地基金的资助。石玉平教授在出版过程中付出不少心力，责任编辑孙铁楠为书的出版付出辛苦的劳动，在此诚挚感谢！

由于本人学力有限，书中不足之处在所难免，敬请读者诸君不吝赐教！

冯盛国
2016 年夏日于宝鸡